語源　語感　イメージで
ごっそり覚える
英単語事典

すずきひろし

はじめに

　私はこれまで9年間、自分の塾やカルチャーセンターで小学生から80代までの方々に英語を教えてきました。生徒さんたちに「単語を覚えるのは簡単だよ」と説明しても、多くの人が「嘘だ」と言ってなかなか信じてくれません。確かに英検1級レベルの語を覚えるのは容易ではありませんが、準1級レベルやTOEICレベルの英単語を覚えることは、皆さんが思うよりずっと簡単なのです。その「簡単だ」ということをどうやって伝えたらいいか、いろいろ考えました。その答の1つと考えるのがこの本です。

　私自身も「学習者」として英単語を覚えることには何年も苦労してきました。暗記の作業はとにかく苦痛でした。ところが15年ほど前に英単語の語源を調べ始めたときに様子が一変しました。英単語と語源をEXCELに入れて整理していくうちに、なんだか単語の意味が「見える」ようになったのです。

　それらをより明確にできるようにと図解化し始めたときに、さらに様子が変わりました。単語を覚えやすくなったのはもちろん、単語の意味を「感じられる」ようになってきたのです。「訳語」でとらえることによる「真の意味とのズレ」がどんどん解消されていきました。そうなるまでに時間はそれほどかかりませんでした。

　その後も、「もっと簡単な方法はないか、面白い方法はないか」を模索して10年以上になりますが、その中で見つけてきた答えをこの本の中に詰め込みました。「こうすれば簡単だ」ということを次世代に伝える役割が体験者としての自分にあると思っています。

　中心はやはり「語源」です。でも、語源を使うと「かえってややこしいのではないか」、「まわりくどい」「めんどくさそう」と思われがちで、私が共著した「英単語の語源図鑑」（かんき出版）にもなかなか手を付けられない人がた

3

くさんいるようです。そういう人たちのために、もうすこし「ゆるく」考えるようにしました。厳密には異なる語源の単語も、同じイメージならばいっしょに混ぜたり、アルファベットの「文字」のイメージを表現したり、音や漢字や日本語でイメージして語源につなげるなどの工夫をしました。知っている日本語や感覚と、英単語を関連付けようとしたのです。

　それから、やさしい英単語も入れました。「語源」で考えることができるのは主に「ラテン語由来」の単語なのですが、それより古い古英語由来の単語はそうはいきません。中学で出てくるような基本単語の中には古英語由来の単語、つまり「語源」では説明しにくい語がたくさんあります。そういった語をなるべく入れられるように考えました。

　それと、なんとなく「面白い」「楽しい」と思ってもらえるようにすることを考えました。一部の方々からは「くだらん」とお叱りを受けるかもしれませんが、なんとなく楽しい本にしたかったのです。私の塾に来る中高生や受験生の話を聞くと「きついだろうなあ」と思います。学校で指定された単語集の端から順に、一週間に20 〜 50単語覚えることを強制されます。毎週テストですから、嫌になるのは当然です。でも実際は、英単語学習って面白いのです。

　お使いの単語集の中の覚えたい単語をこの本の中で調べてみてください。単語の意味がイメージできて、単語がただの「アルファベットの集合体」ではないように見えてくるはずです。すでに知っている単語と同じ語根が入っているかもしれません。そうしたらそれらを関連付けて、なんだったらついでに他の関連単語も覚えてしまえばいいのです。

　イラストをたっぷり入れました。イラストレーターに頼まず自分で描いているので、思っていることが正確に表現できるところが強みです。

本の内容

！箸にも棒にも掛からない単語を、箸か棒に引っ掛ける、感性を活用する

×"たくさんの単語にうんざり"

　単語を覚えるのが嫌なのは、「模様」や「呪文」のようにさえ見える「アルファベットの集合体」を無理やり頭に叩き込まなければならないからです。文字だらけの単語集のリストを見るだけで、ため息が出ます。学生時代以来、何度も挫折した人も多いと思います。継続には「根性」が要ります。

〇 知らない語も**何かにがっちり**

　この本は、**「箸にも棒にも掛からず」覚えられないような単語を、どこかに引っ掛けます**。既に知っている単語に引っ掛けたり、知っているカタカナの外来語に引っ掛けたり、オノマトペのような「感覚」に引っ掛けたり。

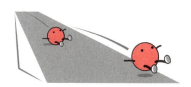

何にも引っ掛からずに滑り落ちる

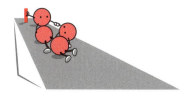

何かに引っ掛かり記憶に残る

〇 関連語を**絡めてごっそり**

　関連語を**ごっそり「一網打尽」**に引っ掛けます。形が似ている語をいっしょに覚えると「どっちがどっちかわからなくなって混乱するからやめなさい」という考えがあります。それはひとつの考え方でしょう。でも逆に、似ているところを利用して「一網打尽」に覚えてしまうというのもひとつの方法です。混乱してしまう原因は「単語の構造をきちんと知っていない」から。呪文に

も思えるアルファベットの集合体を無理やり複数暗記するようなものです。でも、構造を知ってしまえばそのような混乱はし難くなります。

単語の一本釣り

関連語を絡めて一網打尽

○ 構造が**わかればすっきり**

　長い単語は見るのも嫌という人もいます。ところが語源要素のカタマリに分けて考えれば意外に簡単です。こういう方法で英単語を覚えるハードルがどんどん下がります。

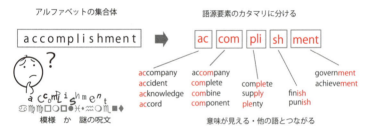

○ 感性で**心にしっくり**（第3章、第4章）

　語感：アルファベットの文字やオノマトペで感じたりしてみます。ダンスやスポーツを体で覚えるイメージです。
　アルファベット文字に持てるイメージ。例えば：
　G＝がっちり、L＝長い・明るい、R＝丸い・粗い
　オノマトペ的に思える語。例えば：

gl=ギラギラ、pl＝ペラ、cl=キラキラ、sw＝スイスイ

○ ハードルを下げてたっぷり

「語源で覚える英単語」に関しては、関連本がたくさん出版されています
からその認識がある人は多いと思います。ただ、それほど簡単ではありま
せん。「接頭辞はいくつか覚えられても、語根の数が多くて無理」と思って
いる人も多いと思います。でも、諦めるのはまだ早い。自分がすでに持っ
ている知識や知恵を活用すれば記憶のどこかに引っ掛けることができま
す。覚えられる量が増えます。

con が頭につく単語は非常に多いですよね。con が「いっしょに」を意味
することは覚えられても、その後に続く部分がわからなければ意味は見え
ません。contactとcontest が「そっくりさん」に見えてしまう。つまり「半分
しかわからないから結局全部がわからない」「わかるどころか混乱する」と
いう状態です。漢字でできた語（漢語）も同じで、例えば「共」の意味がわかっ
ても「共通」「共学」「共益」のそれぞれ「通」「学」「益」の意味がわからなけれ
ば語の意味はわかりません。でも、「半分しかわからない」ではなく「半分
までわかっているからもうちょっとだ」と考えましょう。語根をわかるように
なりましょう。安心してください、良い方法がこの本には書いてあります。

ラテン語由来の英単語は漢字の「へんとつくり」のようだと言われること
があります。確かにそのようなことも言えます。漢字の場合、例えば「さか
なへん」がついたら魚の種類を表すとか。英単語もそのように覚えればよ
いと。でも問題があります。「さかなへん」の「魚」は、日本語話者にとって
は見てすぐに「魚」だとわかります。漢字は「象形」である場合が多いので
す。

7

↑漢字ならイメージできる。英語だってそうできるかも。

　一方、例えば英単語語根のducは「導く」のような意味なのですが、見て直感的に「導く」には見えません。そういう問題を解決するために少し頭を使いました。ここがこの本の特徴です。

○ 日本語と似ていてびっくり（第5章、第6章）

　日本語(和語)って、なぜだか英語と似ているときがあります。日本語の音に似た語根があるのです。例えば：

　cover＝かぶる、dic＝説く、merge＝みず、serial＝そろう
似ていますよね。これを利用します。これでごっそり。

　漢字だって英語と似ています。語根に漢字を当てはめてみる。特に音も意味も似た漢字。例えば：

　ducの場合は「導(ドウ)」、「進む」を意味するceedは「進(シン)」。それを表すイラストも工夫してみました。これでもごっそり。

introduce, produce, conduct, abduct, duct
reduce, deduct, education

proceed, succeed, access, exceed, process
ancestor, recession

○ なじみの語につなげてちゃっかり（第7章）

カタカナ語として日本語に定着している外来語もちゃっかり利用します。
例えば：

grade（グレード）、**spec**（スペック）、**fund**（ファンド）

これらに引っ掛けて関連語をごっそり覚えることが可能です。

○ 納得の語呂でにっこり（第9章）

最終兵器として「語呂」も作りました。ちょっとハナで笑ってください。

これらについても、「ごっそり一網打尽式」ができるように単語を並べて
あります。

！語源構造理解の別のメリット活用

○ 体操で体にしっかり

Etymocise（語源体操）

体で英単語を覚える工夫です。接頭辞や語根が感じられるようになるか
も知れません。

○ 似ている語の違いがはっきり

単語の語源構造を理解したらその「知恵」を活用してみましょう。「訳語
を覚える」以外にも効き目があります。

知恵の活用：違いがわかる!

「類語」の意味の違いを説明しています。これは「語の成り立ち」を知ると
案外簡単に頭に入れられます。「語源」で考える英単語習得の利点の１つ
はこれです。語源の理解によって、語の「コアの意味」がわかるようになり
ます。そうすると訳語ではわからないような類語との意味の違いがわかる

ようになります。

知恵の活用：似ている単語を見極める!

　形が似ているけど意味がまったく違うような語があります。これも「語の成り立ち」を知ると案外簡単に頭に入れられます。

知恵の活用：こうすれば間違えない!

　例えば「LとR」がややこしいく混乱してしまうような単語を比較して、ややこしくなくしています。

知恵の活用：多義語がわかる

　ひとつの単語がいろいろな意味を持つ場合があります。日本語訳語を見る限りは一見「いろいろな意味」に見えますが、語源的な成り立ちを見ると「なるほど」と思える語があります。それを紹介しています。

！単語のレベル分け

　掲載語数は約2400です。

　学校が指定するような単語集「ターゲット1400/1900」(旺文社)の単語、英和辞典上で中学や高校の必修語彙となっている語がなるべく入るようにし、それからビジネス英語の中やニュース英語、TOEICで出そうな単語を意識して選びました。英検3級レベルから英検準1級レベルまで長く使えることを考えました。

	学校・英検	TOEIC (参考)
⁝ (約10%)	中学必須・英検3級レベル	
⁝ (約40%)	高校必須・英検2級レベル	650点レベル
⁝ (約40%)	英検準1級レベル	850点レベル
無印 (約10%)	専門語、暗記の参考となる語など	

　掲載した訳語は「代表的」なもので、複数の品詞を持つものもすべてを記載しているものではありません。用法など詳細は必要に応じて辞書を確認してください。発音記号を入れていますが、品詞によってアクセントが

異なる場合もスペース上の制約の都合により代表1つにしている場合があります。

　表中のスペース上の制約から、複数の品詞を持つ単語については、「動 ○○する 名 ○○」とするべきところも「動 名 ○○（する）」のように記載しました。また、動詞は自動詞と他動詞の区別なく、他動詞の場合も「をする」の「を」の部分は省いています。詳細は辞書で確認するようにしてください。

この本の活用法

　いろいろな活用法が考えられると思いますが、おすすめの方法はこうです：最初に、第1章を読んで感性を活用して「感じる練習」をしてもらう。⇒そして第2章、「接頭辞と接尾辞」を見てもらう。⇒あとは、どんなことが書かれているかをざっと見てもらう。

　もちろん最初から根性で几帳面に見ていってもいいのですが、そうするとなかなか進まずにつまらなくなってしまうかもしれません。また、知っている単語に印をつけて読み進めるのもいいと思います。「知っているからもういい」ではなく、知っている語も「語源の成り立ち」を知ればもっと理解が増しますし、知らなかった語をそこに絡みつけて覚えることもできます。

　だいたい読めたらあとは、単語集として使うもよし：掲載語は約2400。ですから端から進めるとたいへん過ぎるかもしれません。そこはあまり無理せずに。

○ 探してばっちり、あわせてごっそり

　覚えられない語の覚え方を調べるのもよし：たとえば学校や予備校指定の単語集の語を覚えるとします。その場合、覚えたい単語を索引から見つける。掲載ページに行って説明を読む。そして表の中で知っている単語を

11

見つけてそれと関連させる。なんならほかの単語も「一網打尽」。こんな使い方が一般的かと思います。その意味でタイトルに「事典」とつけました。

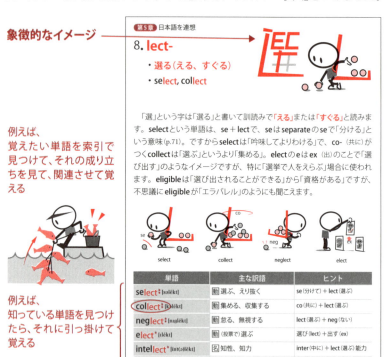

類書では掲載数は1000語程度。この本では**どっさり2400語**を掲載していますから、探したい語がたいてい見つかります。掲載語数で優る立派な辞書よりは、親しみやすく柔らかい説明になっていると思います。

！英語はたくさん聴いたり読んだりして覚えろと言われたけど…

○ はじめはざっくり、あとでしっかり

「英単語は無理に覚えるのではなく、実際の文章に触れることを積み重ねていかなければならない」、そういう考えはもっともだと思います。ただ、**その単語を覚えられるくらいの回数「実際に触れる」ことは現実的には難しいことです。**

限られた時間の中で単語を修得しようとすれば、**とにかく何らかの方法で「いったん頭の中に詰め込む段階」が必要です。多くの人の悩みはここにあります。**もちろん「詰め込む」で終わらせるのではなく、その後の段階で、ある程度の回数各々の単語に遭遇するうちに、徐々に頭に定着していくものです。最終ゴールは「英語のまま」理解可能になるようにすることです。そうなるための「読む」「聴く」の努力は継続してください。

例文はほとんど入れていませんし、語法の解説もほとんど入れていません。これは「語数」を優先したためです。例文や語法の解説は辞書の中に豊富にあり、これに優るものはありませんので、覚えようとするターゲットの語を辞書上でも確認するようにしてください。

○ 多くても焦らずゆっくり

私が15年間でわかってきた記憶の知恵を欲張っていろいろ入れて作った本です。盛りだくさんですが、気軽に遊びながら読んでください。全部で2400語以上ありますが、欲張りすぎずに、気になった時にその語を検索して調べてみるなど、時間をかけて楽しんでください。

すずきひろし

語源×語感×イメージでごっそり覚える英単語事典〈目次〉

はじめに………3
本の内容………5
この本の活用法………11

第1章 てはじめ：「語感」を感じる練習 ──────── 24

この章の狙い ……………………… 26
こんなにあるオノマトペ ………… 27
たとえば短い動詞と長い動詞 …… 28
知恵の活用：違いがわかる! ……… 29
　1. "laugh"など……………………… 30
　2. "bump"など …………………… 31
3. "ban"「ダメ」→禁止する ……… 32
4. "put" "ポイ"と置く …………… 34
5. "set" "そっと"置く …………… 35
6. "break" "ボロッ"、"分裂" ……… 36
コラム：知っていると役立つ
　　　　「音の変化」………………… 38

第2章 下地：まず接頭辞と接尾辞から ──────── 40

たくさん出てくる接頭辞 ………… 42
　1. ad-/at- "当て"、"宛て"/
　　 向かって、到達 ……………… 44
　2. con-/com-/co- "協"、"共"、"混"/
　　 共に、いっしょ ……………… 46
　3. con/com/co-(2) "完"、"こ"、強意/
　　 完全に、すっかり ………… 47
　4. de-/dis- "脱"、"出す"/離れる … 48
　5. de-(2) "脱"、"出す"/下 ……… 49
　6. de-/dis-(3) 反対 …………… 50
　7. de-(4) "ど"/すっかり ……… 51
　8. dia- "対(タイ)"/
　　 横切って、全体 …………… 52
　9. e-/ex- "出"、「エキス」/外 …… 53
10. en- "円"/囲う、状態にする …… 54
11. -en "円"/状態にする………… 55
12. fore- "方(ほう)"/前、先、予 …… 56
13. pre-/pro- 前、先、予 ………… 57
14. in-(1) 内/中で、中へ、入 …… 58
15. in-(2) "印(イン)"/
　　 上からギュッと………………… 59
16. in-(3) "否(いな)"/
　　 不、ない/逆 …………………… 60
17. un- 否/不、ない、反対/逆……… 61
18. ob- 対して、向かって ……… 62
19. re-(1) 戻(り)/再、元に ……… 64
20. re-(2) "戻(リ)"/
　　 繰り返し、強調 ……………… 65
21. re-(3) "離(リ)"/退、後ろ……… 66
22. re-(4) 反、返/跳ね返る ……… 67
23. sur- "サーッ"と覆う/
　　 越える、上 …………………… 68

14

24. **sub-** 下に、下の、下から……… 69

25. **a-** ○○状態、〇上……………… 70

26. **se-** 離す、離れて ……………… 71

27. **syn-** "相（ソウ）"/同じ、いっしょに
合わせる ……………………… 72

Etymocise（語源体操）**1** ……………… 73

Etymocise（語源体操）**2** ……………… 74

Etymocise（語源体操）**3** ……………… 75

28. **-al** "ある/なる"/形容詞を作る…… 76

29. **-le** 反復 ……………………… 77

30. **-er** 反復 ……………………… 79

31. **-ish** "よいしょ"/動詞を作る……… 80

32. **-ish** "っぽい"/形容詞を作る …… 81

33. **-(e)ry** "類（るい）"/集合名詞などを
作る ……………………………… 82

34. **–tic** "○○的（てき）"/
形容詞を作る ……………………… 83

35. **-tude** "程度"/名詞を作る………… 84

36. **–ous** "多し"/形容詞を作る ……… 85

37. **-y** "〜い"/形容詞を作る ………… 86

38. **–ary** "〜あり"、"〜なる"/
形容詞を作る ……………………… 87

39. **-fy** 為す、〜化する/動詞を作る … 88

40. **–ly** 名詞について形容詞化、
形容詞について副詞化 …………… 89

41. **-ate** 動詞化「〜する」
「〜させる」………………………… 90

42. **-ion** 名詞化………………………… 90

43. **-ate+-ion=-ation** ……………… 90

44. **-ate** 形容詞化…………………… 90

45. **-ment** 名詞化…………………… 91

46. **-able/ible** 形容詞化「〜できる」 … 91

47. **-ful** 形容詞化 …………………… 91

第3章 **意味を感じる（1）：アルファベットを感じる──** 92

1. **"f"**（1）"浮遊"、"ふらり"、"ふわり"… 94

2. **"f"**（2）"不"、つくりもの ………… 95

3. **"f"**（3）強い、しっかり、形 ……… 96

・違いがわかる!「形」:**shape**と
form ……………………………… 97

4. **"g"** "ぐいっ" …………………… 98

・違いがわかる!「得る」:
get, take, obtain, gain, acquire … 99

5. **"h"** 家、住む、保持 …………… 100

6. **"k"** "かたい"、尖った、辛辣さ… 101

7. **"L"**（1）長い………………………… 102

8. **"L"**（2）絆、責任、つながり、

むすぶ ……………………………… 106

9. **"L"**（3）緩める、解く、ほどく … 107

10. **"L"**（4）ずるずる長く、緩める … 108

11. **"L"**（5）液体、流れる…………… 109

12. **"L"**（6）明るい ………………… 110

・こうすれば間違えない:**lamp**と
ramp ……………………………… 111

13. **"m"**（1）水、湿気、霧 ………… 112

14. **"m"**（2）揉む、柔らかい ……… 113

15. **"m"**（3）大きい、多い ………… 114

・違いがわかる!「主な」:**major**と
main…………………………… 115

15

16. "p"(1)　"ピン"と尖った、刺す、
痛い　……………………　116

17. "p"(2)〈pushの仲間〉押す、
"迫(パク)"　…………………　118

18. "P"(3)〈pressの仲間〉圧す(へす)、
おっぺす　……………………　119

19. "P"(4)〈pact-の仲間〉
"縛(パク)"　…………………　120

　・違いがわかる!「表現する」「表す」:
　expressとdescribe　…………　121

　・違いがわかる!「影響」:impactと
　influence　…………………　121

　違いがわかる!「小さい」: compact,
　small, little　…………………　121

20. "Q"(1)"求"、"究"、"何(qua)"、
"幾(iqu)"　……………………　122

21. "Q"(2)〈quest-/quire-の仲間〉"求"、
"究"、求める　………………　123

　・違いがわかる!「問題」: question,
　quiz, problem, issue　…………　124

　・Qついでに"equa-"　…………　125

22. "R"(1)　丸い、回転　…………　126

　・こうすれば間違えない:
　rocketとlocket　…………　127

23. "R"(2)"烈"、"乱"、荒々しい、
無理やり　……………………　128

24. "S"正、清々、粛々…………　130

　・違いがわかる!「とても」:
　so, very , too　…………………　131

25. "T""手"、先端、到達　………　132

26. "v"(1)"ブイブイ"、振動、躍動、
生命感　………………………　134

27. "v"(2)　空っぽ、"莫(バク)"　……　136

28. "v"(3)　勝利、打ち負かす　……　138

　・コラム:「勝つ・負ける」
　win, beat, defeat　…………　139

29. "w"(1)　水、"湧く"　…………　140

30. "w"(2)　見る、注視する　……　142

　・違いがわかる!「見る」:watchと
　see　………………………　143

第4章　**意味を感じる(2):オノマトペ的に感じる** ───── 144

1. beat "バタバタ"　………………　146

2. bl-　"バー"、"房"、"膨"、
"爆"　…………………………　148

3. bal-/-bel-　腹(バラ)、
"膨(ボウ)"　…………………　150

4. br-　"ブクブク"、発酵、温、熱　…　151

5. cap-　"カポッ"、頭、捕らえる　…　152

　・違いがわかる!「能力」:ability,
　skill, capability, capacity, literacy,
　potential　…………………　154

6. cap-　(つづき)　頭(かしら)　………　155

7. circle "クルクル"、円　………　156

8. cl-　"キラキラ"、"きれい"　………　158

9. clud-　"くるんで"、閉じる　………　159

10. car-　"コロコロ"、荷車、運ぶ　…　160

11. cur-　コロコロ、滑走する、駆る　…　161

　・違いがわかる!「起こる」:
　happenとoccur　…………　162

コラム:辞書の使い方　………　163

12. cor-　"ココロ(こころ)"　……　164

13. cardi-　心臓　………………　165

14. cell "殻（カラ）" ················· 166

15. dr- "ダラ"、水に関係 ··········· 167

16. fl- "浮浪"、"浮流" ··········· 168

17. gl- "ギラギラ"、輝く、まぶしい ··· 170

18. gr-（1）暗い、重い················· 172

19. gr-（2）"厳"、"豪"、厳粛、偉大··· 173

20. gr-（3）"ゴリゴリ"書く ··········· 174

21. gr-（4）"ゴリゴリ"削る ··········· 175

22. har-/hor- "ヒリヒリ"、痛む、毛··· 176

23. pan- "パン"、"パーン" ········· 177

24. ped- "ペタ"、"歩（ポ）"········· 178

25. pas- "ペタ"、通る、過ぎる······ 179

26. pl-/fl- "ペラ"、"ヒラ"、平ら ··· 180

・違いがわかる!「説明する」:
explain, describe, illustrate ··· 181

27. ple-/pli- "ペラッ"、複、
重ねる ·························· 182

28. pl-/ful "たっぷり"、
"あふれる" ··················· 184

・違いがわかる!「供給する」: give,
provide, supply ··············· 185

29. pone-/pos- "ポンッ"、置く······ 186

Etymocise（語源体操）4 ··········· 188

30. rase- "ずりずり"、"擦る" ········ 189

31. s+chk "チョキチョキ"、
"切（セツ）"··················· 190

32. scrib- "カリカリ"、書く··········· 192

33. sci- "知（チ）" ················· 193

34. sl- "スリスリ"、"ズリズリ" ····· 194

35. sp- "シュパッ"、分散 ··········· 196

36. spon- スッポン、約束、責任 ··· 197

・違いがわかる!「返事する」:
respondとreply ··············· 198

・違いがわかる!「責任」: liability,
obligation, responsibility,
accountability ··············· 199

37. sta- "すたっと"立つ ············· 200

38. sist- 在る、居る ················· 201

39. st- 静（s）止（t） ··· 202

40. sw- "スイスイ" ················· 204

41. tr- "つる"、くるり、巻く ········ 206

・違いがわかる!「旅」: tour, trip,
journey, travel ··············· 207

42. urge "アゲアゲ"、
ぐいっと上がる ··············· 208

Etymocise（語源体操）5 ··············· 209

43. wr- "うりうり"、ねじる/
ひねる動き ··················· 210

・こうすれば間違えない: lapと
wrap ·························· 212

44. zeal 熱くて"ジュー"、
熱意、ねたみ ·················· 213

第5章 意味を感じる（3）: 日本語の連想で感じる ——— 214

1. anti- "反対（フ・アンタイ）"······ 216

2. ambi- "あいまい"、"あんばい" 217

3. archi- "主（あるじ）"、
頭（かしら） ·················· 218

4. cover "かぶる""かばう"、覆う··· 219

17

5. dic- "説く(とく)"、言う、ことば … 220

6. fac-/fect- "矧ぐ(はぐ)"、作る … 222

・違いがわかる!「工場」：factory, plant, facility, shop ………… 224

7. issue "出づる(いづる)" ………… 225

8. lect- 選る(える、すぐる) ……… 226

・違いがわかる!「選ぶ」：pick, choose, select, elect ………… 227

・こうすれば間違えない：electとerect………………………… 227

9. mal- 「〇なのに×(バツ)」…… 228

10. merge "水(みず)"、浸す ……… 229

・違いがわかる!「緊急の」「即座」：emergent, urgent, immediate 230

Etymocise(語源体操)6 ………… 231

11. mir- "見る"、驚きを持って見る 232

12. mount "盛り土"、"もっこり" … 233

13. pos-/pot- "保す(ぽす)"、持つ力 …………………… 234

・違いがわかる!「力」：forceとpower …………………… 235

14. sek-/sec- "先(さき)"、追う …… 236

・違いがわかる!「合う」：fit, suit, match, agree ………… 237

15. serial "そろえる"、並べる、結ぶ … 238

16. suffer "娑婆(シャバ)" ………… 239

17. through, thr- "通る(とほる tohoru)" ………… 240

・違いがわかる!「恐怖」：threat, fear, terror, horror, dread …… 241

18. vary, var- "バラ"つく、"バラバラ" ………………… 242

・違いがわかる!「変動する」「変わる」：fluctuateとvary ………… 243

19. half : "半分" ……………… 244

20. ease/easy : "癒す"、"やさしい" ………………… 244

・違いがわかる!「やさしい」「簡単な」：simple, plain, easy, quick, brief ……………………… 245

21. each : "いちいち" ………… 246

22. even : "言い分" ………… 246

23. gorgeous : "豪華" ………… 247

24. load : "労働" ……………… 247

25. cum : "込む"、積む ………… 248

26. hate : "へど" …………… 248

27. auc/aug : "仰ぐ"、"多く" …… 249

28. awful/awe : "畏怖" ………… 249

第6章 意味を感じる（4）：漢字の連想で感じる ——— 250

1. bio- "培"、生物の、生命の…… 252

2. bi- "倍"、2つの ………… 253

3. care/cure "気" …………… 254

・違いがわかる!「正確な」：accurate, exact, precise …… 255

4. cave "窪(くぼ)" ……………… 256

5. hollow "洞(ほら)"、"掘る"…… 257

6. ceed-/cess- "進"、歩を進める ………………… 258

7. cent- "中(チュン)" …………… 260

8. mid-/med- "間(マ)" ………… 261

9. change "換"、変、替 ………… 262

10. turn "転"、くるっと変わる……… 263

・違いがわかる!「回転する」: turn, spin, roll ……… 263

11. cide/cise "裁断"、切る ………… 264

・違いがわかる!「決める」: decideと determine ……… 265

12. duc- "導(ドウ)"、導く ……… 266

13. don- "授(ジュ)"、 どんと授ける ……… 267

14. dur- "中(じゅう)" ……… 268

・違いがわかる!「期間」: period, term, duration ……… 269

15. gen- "源(ゲン)"……… 270

16. geo- "地(ジ)"、地球 ……… 272

17. gn-/kn- "認"、"念" ……… 273

18. ject- 射(シャ)、 (シャッと)投げる……… 274

・多義語がわかる! subject …… 275

19. labor- "労"……… 276

20. log "論"、話す、ことば………… 277

・無駄話: blogとlog house…… 278

21. mun- "民(みん)" ……… 279

22. nat-/nu- 然(ネン)、 乳(ニュウ) ……… 280

23. n "悩(ノウ)" ……… 281

24. rate "理"、"率" ……… 282

25. sort "送"、"揃える" ……… 283

26. sume- "収(シュウ)"、 摘み取る ……… 284

27. term- 端(タン)"、境界 ……… 285

28. tens-/ten- "展"、延、張、 ピンと張る ……… 286

・違いがわかる!「仮の」「暫定の」: temporary, tentative, provisional, preliminary……… 288

29. str- 引っ張る、縛る ……… 289

・違いがわかる!「制限」: limit, restriction, constraint ……… 290

30. dirt : "泥(デイ、どろ)"………… 291

31. fool : "呆"、"アホ"、"ホラ" … 291

32. route : "路(ロ、ルー)"………… 292

33. cult- : "耕" ……… 292

34. hide : "背(ハイ)" ……… 293

35. call : "呼(コ)"……… 293

第7章 もはや日本語になった語に引っ掛ける ─── 294

1. serve サーブ ……… 296

・違いがわかる! reserve, conserve, preserve ……… 297

2. grade グレード ……… 298

3. spec スペック ……… 300

4. concrete コンクリート ……… 302

・違いがわかる!「具体的な」: concrete, specific ……… 303

5. performance パフォーマンス … 304

・似ている単語を見極める: perspectiveとprospective … 305

・違いがわかる!「危険」「危機」: danger, peril, risk, hazard … 305

6. indie インディーズ……… 306

19

- 違いがわかる！「頼る」「頼りにする」：rely on, depend on, trust, count on ……… 307
7. agent エージェント ……… 308
8. fund ファンド ……… 309
9. inspiration インスピレーション … 310
10. party パーティー ……… 311
11. price/prize プライス/プライズ … 312
12. test テスト ……… 313
13. value バリュー ……… 314
14. volume ボリューム ……… 315

第8章 紛らわしい語を感じ分ける ———— 316

adaptとadopt ……… 318

expectとexcept ……… 318

contrastとcontractとcontraction … 319

augmentとargument ……… 319

illuminationとelimination ……… 320

investとinvestigate ……… 320

embarrassとembrace ……… 321

confidentとconfidential ……… 321

reminder：思い出させるもの ……… 322

remainder：残り ……… 323

innovation：革新、発明……… 324

invention：発明品 ……… 325

- 違いがわかる！「道」：street, avenue, road, way ……… 326
- 違いがわかる！「出来事」：event, incident, accident ……… 327

convertible：変換できる……… 328

compatible：互換性がある……… 329

- 似ている単語を見極める：adverseとadvertise ……… 330
- 似ている単語を見極める：controversialとcontribute … 330
- 違いがわかる！「感情」：feeling, emotion, passion ……… 331

legal、loyal：合法な、忠誠心のある ……… 332

regal、royal：王の、王族の ……… 333

その他の"L"と"R"：bleedとbreed、bleachとbreach、overlapとoverwrap、misleadとmisread、lagとrag、lawとraw、……… 334

laceとrace、layとray ……… 336

その他のややこしい語believeとbereaved、diseaseとdecease、cooperationとcorporation …… 336

Etymocise（語源体操）7 ……… 338

Etymocise（語源体操）8 ……… 339

第9章 語呂という最終兵器 ———— 340

1. "なによりプリン" pri- 最初の、主な ……… 342
2. "こいつぁ子分の取り分と" tribute 貢物 ……… 343

3. "おそれいって authority" 権威 ………………………………………… 344

　・違いがわかる!「本当の」「本物の」: genuine, authentic, real ………………… 345

4. "並んでパラパラ" par- きちんと並べる、等しい …………………………… 346

　・似ている単語を見極める: compare, competitive, compatible,
　　compartment ……………………………………………………………… 347

5. "傾きはこれくらいに" recline 椅子を傾ける ………………………………… 348

　・違いがわかる!「状況」「環境」「風土」: situation, condition, circumstance,
　　surroundings, environment, climate …………………………………… 350

6. "入国審査で移民、ぐらっと" immigrant 移民 ……………………………… 352

7. "朝委員に任命" assign 任命する ……………………………………… 353

8. "真実しゃべろう" ver- 真実 ………………………………………………… 354

　・違いがわかる!「確かめる」「確認する」: check, confirm, verify, ascertain,
　　double-check ……………………………………………………………… 355

9. "詳細が出ている" detail 細部、詳細 ………………………………………… 356

　・違いがわかる!「丁寧な」: detailed, thorough, comprehensive, careful …… 357

10. "健康毛布を売るセラー " wholesaler 卸売業者 …………………………… 358

11. "トラ引く邪魔で交通渋滞" traffic jam 交通渋滞 ………………………… 359

12. "彼には疾患あるんだそうだ" disorder 不調、異常、疾患 ………………… 360

　・違いがわかる!「普通の」: common, ordinary, regular, normal, typical …… 361

13. "うわべだけでも調査するべえ" survey 調査(する) ……………………… 362

　・違いがわかる!「調べる」: survey, inspect, research, examine, consult ……… 363

14. "まるで問答無用のdemand" 需要、要求 ………………………………… 364

15. "混むと変える通勤経路" commute 通勤、通学 ………………………… 365

16. "何でも引き出すドラえもん" draw 引く ……………………………… 366

17. "構築すると楽じゃ" structure 構造 ……………………………………… 368

　・似ている単語を見極める: obstructとabstract ……………………… 369

18. "「こんでもダメじゃ」と非難され" condemn 非難する ……………… 370

　・違いがわかる!「壊す」: break, damage, destroy, demolish ……………… 371

19. "この補償で「勘弁せい」と" compensate 補償する …………………… 372

　・違いがわかる!「費用」: costとexpense ……………………………… 373

21

20. "改正するのがあー面倒" amend 修正する ································· 374

　・違いがわかる!「改める」「直す」: amend, remedy, rectify, mend, repair,
　　fix ·· 375

21. "お泊り施設でアッコもデート" accommodation 宿泊施設 ············ 376

22. "捨てんじいさん、ケチだから" stingy けちな ······················ 378

23. "年に1回、兄にやる" annual 年1回の ···························· 380

24. "体をねじって父さん寝る" torsional ねじりの ···················· 381

25. "ママは素材でこまっている" material 材料、資料 ·················· 382

26. "自主にまかせて夫に飲ます" autonomous 自主的な ················ 383

27. "あの味に似てらあ、心に染みらあ" similar 似ている ··············· 384

28. "ふたり同時にサイ見る手に汗" simultaneous 同時の ·············· 385

29. "みんなの揃いで固いのです" solid 固体の、固い ··················· 386

　・違いがわかる!「固い」「硬い」: hard, firm, solid, stiff ············ 387

30. "数ある偶然" casual 偶然の ····································· 388

31. "隕石ドーンとincident" 事件 ···································· 389

32. "旅程に沿って行って乗り降り" itinerary 旅程 ···················· 390

33. "出た杭は抑える" deter 抑止する、阻む ·························· 391

34. "明らかにオビ押す重み" obvious 明らかな ························ 392

　・違いがわかる!「明らかな」: clear, obvious, evident ············· 393

35. "規模を減らして地味にする" diminish 減らす、減る ··············· 394

36. "おそらく今ごろ風呂バブル" probably おそらく ··················· 395

37. "名前のみなり" nominal 名目上の ································ 396

38. "非難され、出直す" denounce 非難する ·························· 397

39. "無理くり仕分ける""基準はこれくらいでいいや" criteria 判定基準 ····· 398

40. "認証? さっと拭きゃイイっしょ""お里は確か?" certification 認証 ······· 399

41. "ここ通るには通行料" toll 通行料 ······························· 400

　・違いがわかる!「料金」: charge, rate, fee, fare ················· 401

42. "慈悲がある。だからまし" mercy 慈悲 ··························· 402

43. "弟子の振り見て我が振り直せ""教祖、教義で毒とりに" discipline 規律、doctrine
　教義 ··· 403

22

44. "候補者名は「漢字で」と！" candidate 候補者 ……………………………… 404

45. "杵つく運動 kinetic" kinetic 運動の ……………………………………… 405

46. "おらが組織のおらがニセ医者" organization 組織 ……………………… 406

47. "予測受け取る「あんた失敗」と" anticipate 予測する ………………… 407

48. "解雇通告を出しまする" dismissal 解雇（通告） ………………………… 408

49. "除外はすでにお見とおし" omit 除外する ……………………………… 409

50. "別の原稿をあらためる" alter 変える、改める ………………………… 410

51. "「言う？ なに申す？」" unanimous 満場一致の ………………………… 411

52. "あれだんだんと余分になる" redundant 余分な ……………………… 412

53. "コンセント工事に同意" consent 同意 …………………………………… 413

54. "ここから先はダメ（domain）" domain 領土 ………………………… 414

55. "補助金、額はさびしいで" subsidy 補助金、助成金 ………………… 415

56. "「信じてくれ」と、クレジット！" cred- 信じる …………………… 416

57. "なぞ解くそろばん" solve 解く、解決する ………………………… 417

58. "さるとびサスケのコンサルト" sult- 飛ぶ、sult- 考える ………… 418

　　・違いがわかる！「結果」：result, outcome, effect, consequence …………… 419

59. "心は、あの頃に住む" anachronism 時代錯誤 ……………………… 420

60. "財政、不意に終わる" fin- 終わり、端、完成、極限 ……………… 421

索引………423

第1章

てはじめ
「語感」を感じる練習

　「てはじめ」として、この章では、「英単語を感じる」練習をしてみます。「なにそれ？」と思う方もいると思います。

　デザートの「プリン」は英語では **pudding**。日本人の感覚で言えば、あれは「プディング」ではなく「プリン」です。

　「カラっと揚がった唐揚げ」。「唐揚げ」の「から」は「唐」で、中国が「唐」だった時代に遣唐使が日本に伝えた揚げ物だと言われているらしいのですが、そんなことは関係なく「カラっと揚がった揚げ物」の感覚でとらえます。

　散髪に使う「バリカン」はもともとそれを作ったメーカー名が日本に定着したものらしいのですが、それも「バリバリ刈り込む道具」のイメージと一致するからこそ、「バリカン」の名が定着したのだと思います。

　英単語を「感じて覚える」に当たって、そんな「イメージ」「感じ」「語感」を使ってみようと思います。この章では「準備体操」として「感じ方」を練習してみます。感性を活用するようにしましょう。

　感性につながる部分を赤字にしています。

この章の狙い

　ニワトリの鳴き声は英語では「コケコッコー」じゃない。こんなふうに、私たちは中学で最初に英語を習い始めたときから「英語は日本語と全然違う」という刷り込みをされてきたような気がします。でも、実際は「けっこう似ている」ことに気づきます。鳴き声に限っても、たとえば鳥の「カッコウ」は"cuckoo"と呼ばれます。「へえ、英語でもこういうんだ」というような事例はいくつも見つかります。「英語は日本語と似ていない」という先入観を変えて「こんなに似ている」という発想にしたらどうでしょうか。

　ルソーは「言語は自然界の模倣である」と言ったそうです。"cuckoo"のように、確かにそういうケースは多いと思います。ということは、たとえ違う言語同士であっても、構造が同じ人間が生み出すものですから、同じ対象を似ている音で表すことがたくさんあってもまったく不思議はありません。例えば"gong"（ゴング）はもともとはマレー語由来の語ですが、英語からの外来語として日本語としても定着しています。

　また、**baby**は「ばぶばぶ」、**shake**は「シャカシャカ」など、語の「音」が「感覚」ととても近い語もたくさんあります。

　私たちは英単語を「記号」として見がちです。だから「暗記」が嫌なのです。そこから少し離れて、「音」「響き」「語感」という見方をしたら、少し違った感覚になるのではないかと考えました。「暗記」のためだけではありません。英単語の意味を「記号」としてではなく、「感覚として定着させること」をゴールにすれば、この「感じ方」はかなり役立つと思います。

　この本全体が、そのような考え方を基本としていますが、まず手始めに、「感覚でとらえる練習」として、この章では、「なんとなく語感がわかる」というような単語を並べてみました。

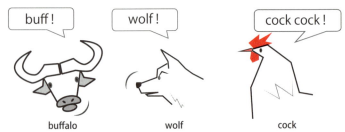

buffalo　　　wolf　　　cock

こんなにあるオノマトペ

　オノマトペ由来であろうと考えられる英単語を並べてみます（諸説あり）。けっこうあります。

単語	主な訳語	ヒント
ahem [əhém]	間「えへん」	咳払いの音
babe [beɪb]	名 赤ん坊	「ばぶばぶ」
baby*: [béɪbi]	名 赤ん坊	babe に愛称を表す y をプラス
bash*: [bæʃ]	動 ぶつける、ぶつ	「バシッ」
bomb* [bɑ(:)m]	名 爆弾 動 爆破する	「ボーン」
chew* [tʃuː]	動 噛む	「クチャ」
clash* [klæʃ]	名 動 衝突（する）	「ガシャン」「カシャン」
click* [klɪk]	名 動 カチッと音（をさせる）、クリック（する）	「クリッ」「カチッ」
clink [klɪŋk]	動 カチンと鳴らす	「カチン」
cough* [kɔːf]	動 咳をする 名 咳	「コンコン」
crack* [kræk]	名 動 ひび（が入る）	「カリッ」
chatter* [tʃǽtər]	動 ぺちゃくちゃする	「ペチャ」に繰り返しの -er
drum* [drʌm]	名 動 太鼓（を鳴らす）	「ドン」
gargle [gɑ́ːrɡ(ə)l]	名 動 うがい（をする）	「ガラガラ」
shake*: [ʃeɪk]	動 振る、揺れる 名 振動	「シャカシャカ」
slurp [sləːrp]	動 名 すすり飲む（音）	「ズルー」
yell* [jel]	動 名 大声で叫ぶ（声）	「ヤー」

　これらはわかりやすい例ですが、他にももっとあるはずです。たとえオノマトペ起源でなかったとしても、なんとなく感覚的に合っていれば、それが人々の中で「ことば」として定着することは十分に考えられます。

たとえば短い動詞と長い動詞

一音節でできている英語の動詞を見てみます。中にはオノマトペに由来すると考えられる動詞もあるので当然ですが、短い母音と「硬い」子音（pやkなど）の組み合わせでできた動詞は「短い動作」を表すものが多いようです。

タンッ

cut	切る	kick	蹴る
hit	打つ、たたく	slap	ピシャリと叩く
put	置く	skip	飛び跳ねる
catch	つかむ、捕らえる	tap	軽くたたく
get	得る	chop	たたき切る
sit	座る	stop	止まる、止める
pitch	投げる（すばやく）	tick	カチカチと鳴る
shut	閉める	flick	はじく
pat	たたく	dump	ドサッと落とす
click	カチッと音を立てる		

一方で、長い母音の動詞は時間がかかる動作が多いように思えます。

keep	保つ
hold	保つ
sleep	眠る
sweep	掃く
eat	食べる

ターッ

grow	育つ、育てる
fall	倒れる、落ちる
throw	投げる、投げかける
become	なる
burn	燃える、燃やす
lead	導く

ターン

知恵の活用：違いがわかる!

　同じ「切る」でも、cutやchopは素早く、sliceは「スーッと切る」感じがします。

　同じ「投げる」でもpitchは「ピッ」と投げる感じに対して、throwという語の視点は「腕を大きく振る動き」にあります。

　「閉める」でも「ピシャリ」という速い動きのshutに対して、必ずしもそうでない動きがcloseに思えます。

　動詞以外でもあります。「短い」感じがする一音節の形容詞の例がquickです。quickは「瞬発的な速さ」や「急激さ」を表しますが、それに対して短くない音のfastは「持続性のある速さ」を表します。

shut

close

quick

fast

日本語では「パパッとやる」「チャチャっと済ます」が短く、「ゆうゆうと」「堂々と」が長いですよね。

　なんとなくはわかってはいましたが、並べてみると「なるほどな」という感じがします。こういうことを意識してみるのも、単語を覚えたりその意味を感じたりすることに役立つのではないかと思います。この感覚を利用して単語を記憶して定着させるアプローチをこのあとしてみます。

第1章 語感で感じる

1. "laugh"など

- "ははは"
- giggle, chuckle

音を感じる練習です。「笑う」にも複数の英単語がありますが、オノマトペ感覚でとらえると理解しやすいです。音と意味をもっと感じるために、「笑う」以外の生理現象も並べてみます。

単語	主な訳語	ヒント
laugh [læf]	動 笑う 名 笑い	「ハッハッハ」
giggle [gíg(ə)l]	動 くすくす笑う	
chuckle [tʃʌ́k(ə)l]	動 くっくっと笑う	「クックック」
guffaw [gʌfɔ́ː]	動 ばか笑いする	「ガッハッハ」
grin [grɪn]	動 (歯を見せて)笑う	「ニッ」
cough [kɔːf]	動 咳をする	「コンコン」
burp [bəːrp]	動 げっぷをする	「ブッ」
hiccup [híkʌp]	動 しゃっくりをする	「ヒック」

第1章 語感で感じる

2. "bump"など

- "バンッ"、"ボン"
- bang, bound, bong

bump

　車の「バンパー」は、ぶつけても本体のボディーに影響を与えないための部品です。bumpは「ぶつかる」「どしんと当たる」というわかりやすいオノマトペ。bounce「跳ね返る」、bound「はずむ」の2つは同源で、日本語の「ぼん」、「ぼよん」というオノマトペと結びつけるとイメージしやすいです。bashというのは「(強く)ぶつける」の意味で、まさしく、「バシッ」。日本語で言う「バッシング」(bashing)は、個人や団体の行為に対する過剰または根拠のない非難を指します。

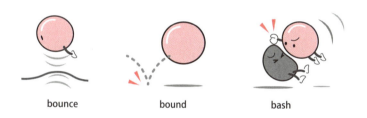

bounce　　　　bound　　　　bash

単語	主な訳語	ヒント
bump* [bʌmp]	動 ぶつかる、ぶつける 名 こぶ、でこぼこ	「バン」
bounce* [bauns]	動 跳ね返る、跳ねる	「ぽん」「ぽよん」
bound* [baund]	動 はずむ 名 バウンド	「バウン」
bash [bæʃ]	動 ぶつける、ぶつ	「バシッ」
bang* [bæŋ]	名 ドカン(音) 動 ドスンと閉める、ドンドンたたく	「バンッ」
bong* [bɑ(:)ŋ]	名 深い鐘の音 動 ゴーンと鳴る	「ボーン」「ゴーン」

第1章 語感で感じる

3. "ban"

- "バン"→ダメ
  →禁止する
- banish, bandit, abandon

　さらに「感じる」練習です。「禁止する」のbanは「公に言う」「布告する」を語源としているようですからオノマトペのbangとは異なるわけですが、机をたたいて「ダメ！」と言っているイメージで覚えるのも１つの方法だと思います。一般の英語学習者が求めるのは歴史的真相の究明でなく、たとえ語源と関係なくても単語を覚えられればそれで良いのですから、これも「アリ」です。ついでに、このbanと同源語であるbanish「追放する」、bandit「追いはぎ」、さらにabandon「見捨てる」という語もいっしょに覚えられます。

banish　　　　　bandit　　　　　abandoned

単語	主な訳語	ヒント
ban [bæn]	動 名 禁止（する）	（オノマトペとは無関係）
banish [bǽnɪʃ]	動 追放する	-ish（動詞を作る接尾辞）
bandit [bǽndɪt]	名 追いはぎ、盗賊	「無法者」
abandon [əbǽnd(ə)n]	動 見捨てる、放棄する	ad（向かって）＋ban

無駄話

「禁止する」の**ban**を「バンッ」で連想して覚えるというのは、邪道と言われるかもしれません。でも、実は日本語でも同じようなことをしています。

例えばハワイの「フラダンス」の「フラ」は実は「踊り」を表すそうなのですが、「お尻フリフリ」のイメージでとらえている人、いませんか?それでいいと思うのです。

「バズーカ砲」もそうかもしれません。「バズーカ砲」の名は意外にもアメリカのコメディアンが由来だそうで、その人が使っていたラッパの形からついた名だそうです。でも、「バズーン」という感じがしますよね。

カブト虫の**beetle**は羽の音に由来するかと思いきや、残念ながら「噛む虫＝**bite**する虫」に由来するそうです。**butterfly**「チョウ」も「バタバタ」ではなくて、どうも**butter**「バター」に関係ありそうです。

バスケットボールの「ダンク・シュート」ですが、上から「ダン!」と勢いよく投げ込むイメージがありますよね。ところが**dunk**はもともと「食べ物を食べる前に液体に浸す」「水に沈める」の意味で、実は "slam dunk" の "slum" の方に「ダン!」の意味がありました。実際の由来はともかく、そんな「感じ」がする語です。

単語	主な訳語	ヒント
bite* [baɪt]	動 噛む	
beetle* [bíːt(ə)l]	名 カブトムシ	「噛む虫」
bitter* [bítər]	形 苦い	「噛み切るような」
bait* [beɪt]	名 動 餌 (を付ける)	bite, bitterと同源「噛む」
slam* [slæm]	動 バタンと閉める	
dunk [dʌŋk]	動 (食べ物を液体に)浸す、水に沈める	

33

第1章 語感で感じる

4. "put"

- "ポイと"置く

　基本動詞putは「何かをあるところに位置させる」ということであり、それ自体は意味が広くて弱いので、putを補強することば（副詞や前置詞句）を添えて使われることが多いです。putといっしょに、onやin、into、through、それからunderやback、down、off、outなどを付け加えることで、置く場所や方向や状態を表せます。そうすることで日本語で言えば「置く」の他に、「付ける」「入れる」「通す」「動かす」「みなす」「置き換える」などの意味を表すことができます。日本語で表現するならputは「ポイと置く」「ポンと置く」のような感じです。次ページのsetとも対比してみましょう。

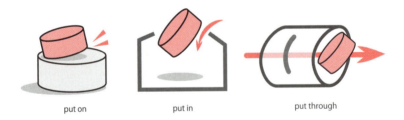

put on　　　　　　　put in　　　　　　　put through

単語	主な訳語	ヒント
put on	動 身につける	
put in	動 入れる	
put through	動 (電話を)つなぐ、やり遂げる	
put up	動 (建物などを)建てる	

第1章 語感で感じる

5. "set"

- "そっと"置く

　setは「定められた位置に据える」ということです。putのように無造作に置くのでなく、あるべき位置にきちんと置くことです。**「設定する」「据えつける」「定める」「そっと置く」「整頓する」**という感じで、日本語の「さ行」の感覚です。日本語のさ行には「そっと」の感覚があるのかもしれません。
　いずれにしても音の感じでputとsetの違いはイメージできます。

単語	主な訳語	ヒント
set [set]	動 置く	
setup [sétÀp]	名 セットアップ	
settle [sét(ə)l]	動 定住する、解決する	
mindset [máɪndsèt]	名 考え方、思考	
upset [Àpsét]	動 動揺させる 形 取り乱して	
sit [sɪt]	動 座る、座らせる	setと同源
seat [siːt]	名 座席 動 着席させる	setと同源

第1章 語感で感じる

6. "break"

- "ボロッ"、"分裂(ブんレつ)"
- 壊れる、壊す、中断する

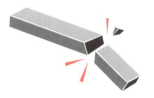

　breakという語は「壊れる」「壊す」という訳語がおなじみですが、「連続していたものが複数に分裂する」というコアの意味を知るとbreakのいろいろな意味が理解できます。「割れる」「骨が折れる」という「分裂」の他、「約束を破る」「記録を破る」、電話回線などで「声が途切れ途切れになる」、それから時間がbreakすると「中断する」「休憩」の意味になることが理解できます。"br"のイメージから「ブんレつ」を考えましたが、「ばらける」という日本語も"br"に通じます。これはコアの意味を理解するには良い方法だと思います。

　"br"はラテン語由来語では"fr"になっていて(p.38参照)、その中にfragile、fragmentなどbreakの意味から連想できる語がいくつかあります。

単語	主な訳語	ヒント
break [breɪk]	動 壊れる、割る	
breach* [briːtʃ]	名 違反、不履行、裂け目	
brick* [brɪk]	名 れんが	「割れたかけら」
fragile* [frǽdʒ(ə)l]	形 壊れやすい	-ile(形容詞化)
fragment* [frǽgmənt]	名 破片、断片	-ment(名詞化)
fracture* [frǽktʃər]	名 破砕 動 砕ける	
fraction* [frǽkʃ(ə)n]	名 分数	-tion(名詞化)
infringe [ɪnfríːn(d)ʒ]	動 (法律に)違反する	in(〜にする)＋壊す

brick　　　　　　　　　fragile　　　　　　　　fragment

　breakを含む単語もついでに覚えられます。breakは「分裂」なのでそれに「下す」「すっかり」の意味の"down"が付けばbreakdown「内訳」「（金額などの）明細」、「崩壊」「神経衰弱」「機能停止」のような意味になります。breakthroughは「砕いて通り抜ける」イメージですから「打破」「打開策」「重大な発見」。breakfastのfastは「断食」であり、「断食を破って最初に食べる食事」の意味です。"break the ice"はパーティーやセミナーなどで「緊張している場を和ませる」ことを表すイディオムで、それを目的とする活動をicebreakerと呼びます。outbreakは戦争や伝染病などの「勃発」、「発生」で、突然砕けて出て行くイメージを持つことができれば、この語の意味をとらえることができます。

breakdown　　　　　　breakthrough　　　　　outbreak

単語	主な訳語	ヒント
breakdown* [bréɪkdàun]	名 崩壊、破綻、明細	
breakthrough* [bréɪkθrùː]	名 突破、打破、大発見	
breakfast [brékfəst]	名 朝食	fast（断食）を破る
icebreaker [áɪsbrèɪkər]	名 緊張をほぐすもの	
outbreak* [áutbrèɪk]	名 勃発、発生	
groundbreaking [ɡráundbrèɪkɪŋ]	形 革新的な	

コラム　知っていると役立つ「音の変化」

　この前のページで、「"**br**" はラテン語由来語では "**fr**" になっている」と書きました。英語にはラテン語由来の単語が多いですが、それ以前のゲルマン語由来の「古英語」に由来する単語もあります。おおもとの祖語は同じでも、現代英語になるまでの経路によって音が異なっている語もあります。

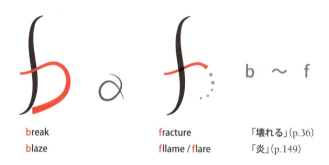

b ～ f

break　　　　　　**f**racture　　　　「壊れる」(p.36)
blaze　　　　　　**f**lame / **f**lare　　「炎」(p.149)

　ラテン語由来の語の **pre-/pro-** という接頭辞は「前」を意味しますが、源流は **forward** や **former** と同じでこれらも「前」を表します。ラテン語由来の **plenty**「十分な」は古英語由来の **full** と源流は一緒ですから意味が似ています。同様に **pedal** と **foot** も同源で、これを知れば **ped** がつく語の意味が「足」に関わることだということが直感で理解できます。

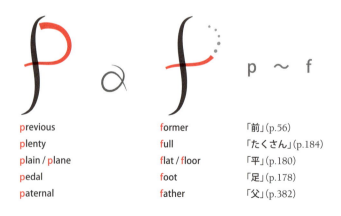

p ～ f

previous　　　　**f**ormer　　　　　「前」(p.56)
plenty　　　　　**f**ull　　　　　　「たくさん」(p.184)
plain / **p**lane　　**f**lat / **f**loor　　「平」(p.180)
pedal　　　　　　**f**oot　　　　　　「足」(p.178)
paternal　　　　**f**ather　　　　　「父」(p.382)

前のページにあった**pedal**と**foot**の"**d**"と"**t**"の部分の違いもこれによります。ラテン語由来の語の**tra-**という接頭辞は「引く」を意味しますが、別の系統の**dra-**が付く語も同じく「引く」を意味します (p.366)。

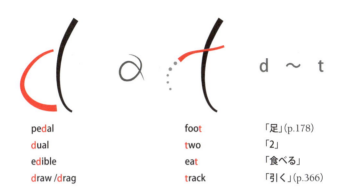

pedal	foot	「足」(p.178)
dual	two	「2」
edible	eat	「食べる」
draw /drag	track	「引く」(p.366)

wは**v**から派生した文字です。**via**と**way**、**vehicle**と**weight**や**wagon**は同じ語源の仲間です (p.392)。**nov**という語根が**new**の意味だということも理解しやすいです (p.324)。

via / vehicle	way / weight	「道、運ぶ」(p.392)
vigil	watch	「見る」(p.142)
ventilate	wind	「風」
void	waste	「ない」(p.137)
vodka	water / whiskey	「水」(p.140)
novel	new	「新しい」(p.324)

第2章

下地：まず接頭辞と接尾辞から

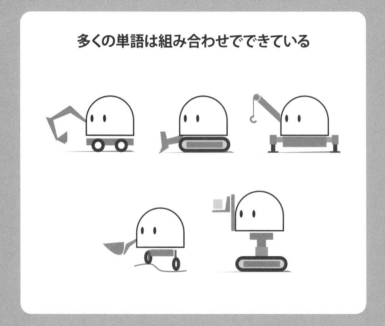

多くの単語は組み合わせでできている

関連語を絡めてごっそり

　この本の中で、「ごっそり」覚えるための単語同士の関連付けは語根が中心になりますが、その際にも接頭辞と接尾辞をイメージできると、「単語の意味をイメージして感覚的に定着させる」というゴールにかなり近づけます。日本語から連想できるものも多いので、ここではそれらを中心に挙げていきます。

　単語同士の関連付けが容易になるだけでなく、初めて見る単語の意味をなんとなく推測することにも役立ちます。単語は漢字の「へんとつくり」の構成と似ているなどと言われることがあります。長い単語も構成要素に分けて考えるとなんとなく意味の一部が見えるからです。漢字では「さんずい」が付くなら「水に関係する」、「てへん」が付く漢字なら「手に関係する」ということがわかりますが、英単語でも同様のことが言えます。

　電話番号でいえば10桁の電話番号をまるまる暗記するのは難しいですが、市外局番を知っているだけで覚える桁数が減るのでだいぶ助かります。それと同じ理屈です。

　英単語で言えば接頭辞や接尾辞を知っているだけで、もっと助かることになります。加えて接頭辞・接尾辞を「イメージ」として覚えてしまえばもっと楽になります。これが「ごっそり」の第一歩。

　この本の中では、音が似ている漢字や日本語を当てているものが多いですが、「未来永劫それで考える」というわけではありません。「記憶を助ける」ために使ってください。子どもの頃「ニシムクサムライ」で30日以下の小の月を覚えましたが、大人になれば「ニシムクサムライ」がなくてもどの月が小の月かはわかるようになります。それと同じ使い方です。

第2章 接頭辞と接尾辞

たくさん出てくる接頭辞

　英単語を覚えるのはたいへんなことのように思えるかもしれませんが、よく使われている接頭辞と接尾辞を覚えてしまえば、その労力はぐんと軽くなります。漢字を覚えるときに「へん」の意味を知っているようなものです。または2語で成る漢語（例えば「合唱」）のうちの1つの漢字（例えば「合」）の意味を知っているようなものです。

　下に挙げた接頭辞は頻出のものですが、これらを含む合計単語数は、皆さんが覚えようとしている単語のおよそ60%を含みます。（「語源の広場」より　※「意味」の表現は本書とは少し異なります。）

	接頭辞	意味	異形	率
1	con/com	共に、いっしょ	co, col, cor	8%
2	pre/pro	前		7%
3	ex	外	e	7%
4	re	戻る、返る、退		6%
5	de	離れる、下、出す		6%
6	ad	向かって、到達	ap, ac, af, al, as, ar	6%
7	in/un, dis/de	否、不、逆、反対	im, um, dif	5%
8	sub	下	sup, suc, suf, sur	4%
9	in	中で、中へ	im	4%
10	per	通す、貫く		3%
11	ob	対して、向かって	op, oc, of	3%
計				59%

con-やre-がつく単語に関しては「たくさんあるな」と感じていた人も多いと思いますが、**ad-**を含む語が10％近くあることに多くの人は驚くと思います。それに気づきにくいのは、**ad-**はそれに続く語根部分によってその形を変えてしまうからです。

接頭辞の形の変わり方についてまとめておきます。（これら以外にも変化します）

	p の前	b, m の前	c の前	k,q の前	f の前	l の前	s の前	r の前
con	com	com	con	con	con	col	con	cor
例	contact, component, comment, collect, correct							
ad	ap	ad	ac	ac	af	al	as	ar
例	address, approve, accident, afford, allocate, assess, arrange							
sub	sup	sub	suc	sub	suf	sub	sub	sur
例	subway, supply, success, suffer, surround							
in	im	im	in	in	in	il	in	ir
例	income, import, imply, illegal, irregular							
en	em	em	en	en	en	en	en	en
例	enjoy, employ, embarrass							
ob	op	ob	oc	ob	of	ob	ob	ob
例	object, oppose, occur, offense							
dis	dis	dis	dis	dis	dif	dis	dis	dis
例	displace, different, difficult							

第2章 接頭辞と接尾辞

1. ad-/at-

- "当て"、"宛て"
- 向かって、到達

ad-という接頭辞は、続く音によって形がいろいろに変化するので気づきにくいですが（ckqの前でac、fの前でaf、pの前でap、sの前でas、tの前でatなど…p.43）、実は多くの語の中で使われている接頭辞です。「向かって」「付ける」「到達」のイメージなので、日本語の「当て」「宛て」としてとらえることができます。

add　　　adjust　　　adhere

単語	主な訳語	ヒント
add [æd]	動 加える、足す	ad + do
address [ədrés]	名 動 宛先(を書く)、演説(する)	まっすぐ(dress)向ける(ad)
adjust [ədʒʌ́st]	動 調整する	justに向ける(ad)
adhere [ədhíər]	動 粘着する	当てて(ad)固着(here)
advertise [ǽdvərtàɪz]	動 宣伝する	注意を向ける(ver)
attach [ətǽtʃ]	動 取り付ける	向かって(ad)タッチ(tach)
attack [ətǽk]	動 攻撃する	attachと同源
attention [əténʃ(ə)n]	名 注意、関心	向けて(ad)延ばす(tend)
attract [ətrǽkt]	動 引き付ける	引く(tract) 付ける(ad)
attain [ətéɪn]	動 成し遂げる、到達する	at(当て) + tain(手に入れる)

attach

attack

attract

arrive

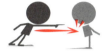
appoint

allocate

単語	主な訳語	ヒント
arrive [əráɪv]	動 着く、届く	river（川・岸）に着く（ad）
appoint [əpɔ́ɪnt]	動 任命する、指定する	ad（向かって）+ point（指さす）
approach [əpróʊtʃ]	動 接近する	ad（向かって）+ 近づく
allocate [ǽləkèɪt]	動 割り当てる	ad（向かって）+ loc（場所）
assist [əsíst]	動 助ける、援助する	ad（向かって）+ sist（立つ）
accurate [ǽkjərət]	形 正確な、精密な	気（cure）を向ける（ad）

知恵の活用：多義語

addressという語には「住所」のほか、「挨拶、演説」や「（課題などに）取り組む」というような意味があります。addressの"dress"は"direct"の意味で、漢字で言えば「直」。addressは「直接向ける」というイメージで、それがわかれば「向かって話しかける」「課題などにまっすぐ向かっていく」ということを表すことが理解できます。語源に基づく考え方をすると、多義語の意味もとらえやすくなります。

第2章 接頭辞と接尾辞

2. con-/com-/co-(1)

- "協"、"共"、"混"
- 共に、いっしょ

　基本形はcon-ですが、b, m, pの前でcom、lの前でcol、rの前でcor、母音などの前でcoのように変化します(p.43)。「いっしょに」「共に」の意味で、音が似ている漢字で言えば「協」「共」のイメージですが、congestedやconfuseのconは「混」の方がイメージしやすいです。このあとの章でとにかくたくさん出てきます。

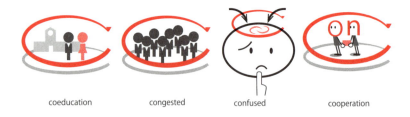

coeducation　　congested　　confused　　cooperation

単語	主な訳語	ヒント
coeducation [coeducation]	名 男女共学(coed)	con(共) + education
combination* [kà(:)mbɪnéɪʃ(ə)n]	名 組み合わせ、結合	2つ(bine)を共に
congested* [kəndʒéstɪd]	形 混雑した、渋滞した	con(混) + gest(運ぶ)
confuse* [kənfjúːz]	動 困惑させる、混同する	con(混) + fuse(注ぐ)
company* [kámp(ə)ni]	名 会社、仲間	共にパン(pan)を食べる仲
coworker* [kóuwəːrkər]	名 仕事仲間、同僚	共に働く(work)人
collide* [kəláɪd]	動 衝突する	共に打つ(lide)
cooperation* [kouà(:)pəréɪʃ(ə)n]	名 協力	共に行う(oprate)

第2章 接頭辞と接尾辞

3. con-/com-/co- (2)

- "完"、"こ"、強意
- 完全に、すっかり

　con-という接頭辞は「共に」などの他に、強意・強調つまり「すっかり」を意味することもあります。漢字の「完」の感覚、または「こっぴどい」「こきたない」などの「こ」のイメージでしょう。特にconcludeやcompleteなどは「完」でうまくイメージできます。

conclude

complete

単語	主な訳語	ヒント
conclude [kənklúːd]	動 結論付ける、終える	完全に＋閉じる「締めくくる」
complete [kəmplíːt]	形 完全な 動 完成させる	完全に＋ple（いっぱい）
concise [kənsáɪs]	形 簡潔な	余分を完全に＋cise（切った）
confidence [ká(ː)nfɪd(ə)ns]	名 信頼	完全に＋fide（信用する）＋こと
confidential [kà(ː)nfɪdénʃ(ə)l]	形 内密の、機密の	完全に信用して「打ち明ける」
confess [kənfés]	動 白状する	完全に＋fes（言う）
confirm [kənfə́ːrm]	動 確認する、裏付ける	完全に＋firm（確かにする）
conquer [ká(ː)ŋkər]	動 征服する、克服する	完全に＋quer（求める）
conspicuous [kənspíkjuəs]	形 人目を引く、顕著な	完全に＋spic（見える）
commemorate [kəmémərèɪt]	動 記念する、追悼する	完全に＋memo（思う）
correct [kərékt]	形 正しい	完全に＋rect（直・正しい）

第2章 接頭辞と接尾辞

4. de-/dis- (1)

- "脱"、"出す"
- 離れる

　dis-は「離れる」「除去する」や「反対」「下がる」を意味する接頭辞です。基本形は dis- ですが、f の音の前では dif- に変わります (p.43)。de も同じように「離れる」を意味します。日本語の「出す」「出(で)」、漢字の「脱」と関連させるとおぼえやすいです。

depart, deliver

derail, derive, distract

単語	主な訳語	ヒント
depart* [dɪpɑ́ːrt]	動 出発する	de(脱・出) + part
detach* [dɪtǽtʃ]	動 切り離す、離れる	de(脱) + touch(触る)
derail [dìːréɪl]	動 脱線する	de(脱) + rail(レール)
detox [dìːtɑ́(ː)ks]	動 体内浄化する	de(脱) + tox(毒)→毒を出す
deodorant [dióud(ə)r(ə)nt]	名 脱臭剤	de(脱) + odor(臭い) + ant(もの)
derive* [dɪráɪv]	動 由来する	de(出/離れる) + river(川/流れ)
decode* [diːkóud]	動 解読する	de(脱) + code(符号)
dehydrate [dìːháɪdreɪt]	動 脱水状態になる	de(脱) + hydrate(水)
deliver* [dɪlívər]	動 配達する、出産する	de(出) + liver(自由にする)
discard* [dɪskɑ́ːrd]	動 廃棄する、捨てる	dis(出す) + card
distract* [dɪstrǽkt]	動 (注意などを)そらす	dis(離す) + tract(引く)

48

第2章 接頭辞と接尾辞

5. de-(2)

- "脱"、"出す"
- 下

「下」を意味するde-を並べてみます。「脱」「出す」「離す」から、「突き放す」をイメージすれば、「倒す」「下す」「下へ」のような意味を連想するのは難しくはありません。

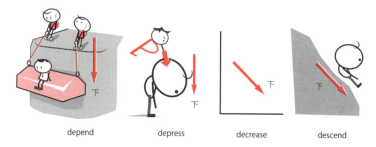

depend　　depress　　decrease　　descend

単語	主な訳語	ヒント
de**pend**: [dɪpénd]	動 依存する、次第である	ぶら(pend)下がる(de)
de**press*** [dɪprés]	動 落胆させる	de(下に) + press(押す)
de**preciate** [dɪpríːʃièɪt]	動 減価する	preci(価値)が下がる(de)
de**cline**: [dɪkláɪn]	動 減少する、辞退する	de(下に) + cline(傾く)
de**crease**: [dìːkríːs]	動名 減少(する)	de(下に) + crease(成長する)
in**crease**: [ɪnkríːs]	動名 増加(する)	in(増) + crease。decreaseの逆
de**posit**: [dɪpá(ː)zət]	動 預入れる 名 頭金、預金	de(下に) + pos(置く)
de**scend**: [dɪsénd]	動 降りる	de(下に) + scesn(登る)
de**scendant*** [dɪsénd(ə)nt]	動 子孫	-ant(する人)

49

第2章 接頭辞と接尾辞

6. **de-/dis-**(3)

・反対

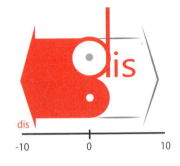

　de-/dis-は「反対」の意味にもなります。最近聞くようになった「ディスる」という日本語はdisrespect「無礼なことを言う」の略のようです。

　「否定」には「10に対して0」という「打消し」と、「10に対して-10」という「正反対」の否定がありますが、disはたいてい「正反対」の方です。

単語	主な訳語	ヒント
demerit [dìːmérɪt]	名 欠点、短所	merit（利点）の反対
deregulation [dìːrègjəléɪʃ(ə)n]	名 規制緩和	規制（regulate）の反対
defy* [dɪfáɪ]	動（法律などに）従わない	fide（信頼）しない
destruction* [dɪstrʌ́kʃ(ə)n]	名 破壊、破滅	struct（築く）の反対
disability [dìsəbíləti]	名（身体などの）障害	able（できる）の反対＋ity
disadvantage* [dísədvǽntɪdʒ]	名 不利な点、欠陥	advantage（優位）の反対
disorder* [dɪsɔ́ːrdər]	名 不調、混乱、無秩序	order（秩序）の反対
disease* [dɪzíːz]	名 病気、疾病	ease（気楽）の反対
dishonest* [dɪsɑ́(ː)nɪst]	形 不正直な	honest（正直）の反対
disagree* [dìsəgríː]	動 異議を唱える、反対する	agree（同意する）の反対
disappear* [dìsəpíər]	動 見えなくなる、消失する	appear（現れる）の反対
discount* [dískaʊnt]	動 名 割引（する）	dis（反対）＋count（数える）
disrespect [dìsrɪspékt]	動 軽蔑する 名 無礼	respect（敬う）の反対

第2章 接頭辞と接尾辞

7. de-(4)

- "ど"
- すっかり

　接頭辞 de- には「強調」の意味もありますから、「ど真ん中」「どハマり」の「ど」と通じます。「下に」の意味から「徹底的に」のような意味にもなっているのですが、「使い倒す」の「倒す」のイメージで感じることができます。たとえば、debate の bate は「たたく」の意味 (p.146) で、debate は「（議論相手を）すっかりたたく」→「討論する」と記憶できます。declare は「ど・clear（明らか）」ととらえれば「明言する」の訳語がイメージできます。

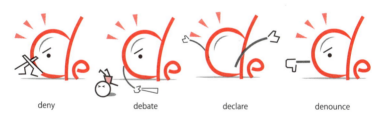

deny　　　　debate　　　　declare　　　　denounce

単語	主な訳語	ヒント
deny* [dɪnáɪ]	動 否定する、拒む	すっかり + ny（否定する）
define* [dɪfáɪn]	動 定義する、明確にする	境界 (gine) をはっきりさせる
decide* [dɪsáɪd]	動 決定する、決心する	すっかり + cide（断つ）
determine* [dɪtə́ːrmɪn]	動 決定する、特定する	端 (term) をはっきりさせる
debate* [dɪbéɪt]	動 名 討論（する）	すっかり + たたく (beet)
declare* [dɪkléər]	動 宣言する、明言する	「ど clear にする」
demolish [dɪmɑ́(ː)lɪʃ]	動 取り壊す	「すっかり壊す」
denounce* [dɪnáʊns]	動 公然と非難する	はっきりと nounce（告げる）

51

第2章 接頭辞と接尾辞

8. dia-

- "対（タイ）"
- 横切って、全体

　dia-は「徹底的に」「横切って」「全体」などの意味を表します。電車の「ダイヤ」はdiagramのことで、電車の運行全体を書き出した大きな図表のこと。diameter「直径」、"diagonal line"「対角線」も「横切って通す」のイメージで理解できます。dialogは「横切って話す(log)」で「対話」の意味です。音が似ている漢字の「対」でイメージできるかもしれません。

diameter

diagonal

diagnosis

dialog

単語	主な訳語	ヒント
diagram* [dáɪəɡræm]	名 ダイアグラム	全体を表した図(gram)
diameter* [daɪǽmətər]	名 直径	dia（横切って）+ meter（測る）
diagonal [daɪǽɡ(ə)n(ə)l]	形 斜線の、対角線の	dia（横切る）+ gon（角）+ al（形容詞化）
diagnosis [dàɪəɡnóʊsɪs]	名 （病気の）診断	dia（全体を）+ gno（知る）
dialog* [dáɪəlɔ̀ːɡ]	名 対話	dia（横切って）+ log（話す）
dialect* [dáɪəlèkt]	名 方言	間で（dia）+ 話す言葉（lect）
diaper* [dáɪpər]	名 おむつ、おしめ	dia（すっかり）+ 白い
diabetes [dàɪəbíːtəs]	名 糖尿病	「すっかり尿が流れる」
diarrhea [dàɪəríːə]	名 下痢	「すっかり流れる」

52

9. e/ex-

- "出"、「エキス」
- 外

　exit「出口」からわかるように、ex- は「外」の意味。インテリア (interior = 室内) の反対は exterior「外観」です。「抽出物」を表す「エキス」は extract のことですが、「エキス」で "ex" を覚えれば簡単。ex の x が抜けて e だけになる場合も多くあります。emotion は「心が外に (ex) 動く (mote) こと」です。

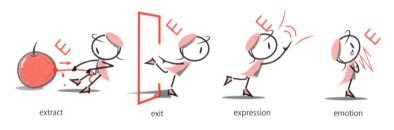

extract　　　　　exit　　　　　expression　　　　emotion

単語	主な訳語	ヒント
exit* [éɡzət]	名 出口、退去する	ex (出て) + it (行く)
export* [ékspɔːrt]	動名 輸出 (する)	ex (出す) + port (港・運ぶ)
extract* [ɪkstrǽkt]	名 抽出物 動 抽出する	ex (出す) + tract (引く)
exclude* [ɪksklúːd]	動 除外する、締め出す	ex (外に出して) + close (閉じる)
expression* [ɪkspréʃ(ə)n]	名 表現	ex (外) + press (押す)
emotion* [ɪmóuʃ(ə)n]	名 感情	e (外) + motion (動き)
emit* [ɪmít]	名 放射する、出す	e (外) + mit (運ぶ)
eliminate* [ɪlímɪnèɪt]	動 排除する、除外する	e + limi (敷居) + ate (動詞化)
event* [ɪvént]	名 出来事、大事件、行事	e (出) て vent (来る) → 「出来事」

第2章 接頭辞と接尾辞

10. en-

- "円"
- 囲う、状態にする

　en-は「囲む」や「中へ入れる」または「状態にする」というような意味を表す接頭辞です。「中に入れる」のイメージは漢字の「円」を結びつけることもできます。

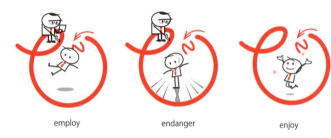

employ　　　　　endanger　　　　　enjoy

単語	主な訳語	ヒント
envelope* [énvəlòup]	名 封筒	velope(包み)＋en(込む)
employ* [ɪmplɔ́ɪ]	動 雇う、利用する	ploy(包み)＋en(込む)
environment* [ɪnváɪ(ə)r(ə)nmənt]	名 環境	「取り囲まれた」
endanger* [ɪndéɪn(d)ʒər]	動 危険にさらす	dangerにする
enlarge* [ɪnlɑ́ːrdʒ]	動 拡大する	largeにする
ensure* [ɪnʃúər]	動 確実にする、保証する	sureにする
entitle* [ɪntáɪt(ə)l]	動 資格を与える、表題をつける	title(資格)を与える
enjoy* [ɪndʒɔ́ɪ]	動 楽しむ	joy(楽しみ)＋にする
enforce* [ɪnfɔ́ːrs]	動 施行する、強制する	forceにする
enroll* [ɪnróul]	動 登録する	roll(名簿)に入れる
embody* [ɪmbá(ː)di]	動 具体的にする	body(具現)にする

第2章 接頭辞と接尾辞

11. -en

- "円"
- 状態にする

接頭辞の en- と同じように、接尾辞になって「〜状態にする」という動詞になった語もあります

shorten

frighten

sharpen

単語	主な訳語	ヒント
shorten* [ʃɔ́:rt(ə)n]	動 短くする	short にする
fasten* [fǽs(ə)n]	動 締める、止める	fast にする
strengthen* [stréŋ(k)θ(ə)n]	動 強化する、増強する	strength（強さ）にする
lengthen* [léŋ(k)θ(ə)n]	動 長くする、延ばす	length（長さ）にする
frighten* [fráit(ə)n]	動 怖がらせる	fright（恐怖）にする
broaden* [brɔ́:d(ə)n]	動 広くする、広くなる	broad（広い）にする
sharpen* [ʃɑ́:rp(ə)n]	動 鋭くする	sharp にする
deepen* [dí:p(ə)n]	動 悪化させる、深める	deep にする
harden* [hɑ́:rd(ə)n]	動 固める	hard にする
thicken* [θík(ə)n]	動 濃くする、厚くする	thick にする
weaken* [wí:k(ə)n]	動 弱める	weak にする
worsen* [wə́:rs(ə)n]	動 さらに悪くする	worse にする

第2章 接頭辞と接尾辞

12. fore-

- "方(ほう)"
- 前、先、予

　fore-が付く単語はたくさんあります。foreheadなら「額」の意味で、forwardとかbeforeとか、foresee、former、forecast、firstなど「前」「先」を表すことばに付いています。前置詞のforもその仲間で、「気持ちが向く方向」と考えれば「〜のために」、「〜に向かって」などの意味を把握しやすいと思います。。漢字でいえば「方」。

forehead / forearm

foresee / forecast

forward / forth

単語	主な訳語	ヒント
for: [fər]	前〜のために	
forehead* [fɔ́ːrhèd]	名 額、前頭	頭(head)の前の部分
forearm [fɔ́ːrɑ̀ːrm]	名 前腕	肘から前の部分
forecast: [fɔ́ːrkæ̀st]	動 予報する 名 予想	前もって＋投げる(cast)
foresee* [fɔːrsíː]	動 予知する	前もって＋見る(see)
forward: [fɔ́ːrwərd]	副 前へ、先に	前へ＋向かって(ward)
former: [fɔ́ːrmər]	形 (時間的に)前の、前者の	
forth: [fɔːrθ]	副 前方へ	
before: [bɪfɔ́ːr]	前 〜よりも前に	
first: [fəːrst]	名 形 副 最初(の、に)	(foreの最上級に相当)

第2章 接頭辞と接尾辞

13. pre-/pro-

・前、先、予

　これもforeの仲間です。「プリペイド」「プレビュー」のようにカタカナの「プリ」や「プレ」が付く語はたくさんあるので「前」の意味だという察しはつきます。飛行機を前方に推進させる「プロペラ」のproです。予習のことをprepといいますが、preparationの略。時間的な「前」の他、物理的な位置や方向の「前」も表します。

preparation　　　　protect　　　　promote

単語	主な訳語	ヒント
preview [príːvjùː]	名 試写会、予告編	前もって＋見る（view）
prepaid [priːpéɪd]	形 前納の	前もって＋払われた（paid）
pretax [prìːtǽks]	形 税込みの	前もってtax（税）を取られた
precooked [priːkúkt]	形 あらかじめ調理された	前もって＋調理された
prehistoric* [prìːhɪstɔ́ːrɪk]	形 有史以前の	歴史（history）の前
preparation* [prèpəréɪʃ(ə)n]	名 準備、予習	prepare＋ation（名詞化）
prejudice* [prédʒədəs]	名 先入観	前もってjudgeする
propeller* [prəpélər]	名 プロペラ	前に＋pell（推す）＋もの
protect* [prətékt]	動 保護する	前を＋tect（覆う）
promote* [prəmóʊt]	動 促進する	前へ＋mote（動かす）

57

第2章 接頭辞と接尾辞

14. in-(1)

- 内
- 中で、中へ、入

　前置詞の in の感覚を知っていれば「中で」「中へ」の意味の接頭辞 in- の理解は難しくないと思います。income は「収入」。m、b、p の唇を閉じて発音する音の前では im になります (p.43)。import は「in（中に）＋port（運ぶ）」で「輸入する」。

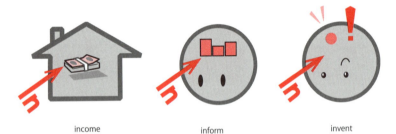

income　　　　inform　　　　invent

単語	主な訳語	ヒント
in**come** [ínkʌm]	名 収入	入って(in) 来る(come)
in**vite** [inváit]	動 招待する	in(中に) ＋ vit(求める)
in**form** [infɔ́:rm]	動 通知する、知らせる	(頭の)in(中に) ＋ form(形作る)
in**vent** [invént]	動 発明する。考案する	(頭の)in(中に) ＋ vent(来る)
in**clude** [inklú:d]	動 含む、含める	in(中に) ＋ clude(閉じる)
in**volve** [inválv]	動 巻き込む、含む	in(中に) ＋ volve(巻く)
in**sert** [insə́:rt]	動 名 挿入(する)	in(中に) ＋ sert(結合する)
in**crease** [inkrí:s]	動 増える、増やす 名 増加	in(中に) ＋ crease(育つ)
im**port** [impɔ́:rt]	動 名 輸入(する)	in(中に) ＋ port(運ぶ)

15. in-(2)

- "印(イン)"
- 上からギュッと

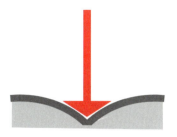

　同じin-でも、「中へ」とは少し違って、「上から」という意味のin-もあります。impression「印象」の「印」をとって「上からぎゅっと押す」のようにイメージするのはどうでしょう。ちなみにこのinは前置詞"on"のようなイメージなので、"impression on"、"impact on"、"insist on"のように、前置詞onとの相性が良いです。

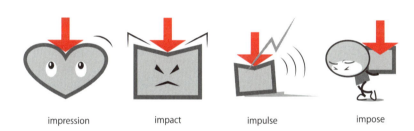

impression　　　impact　　　impulse　　　impose

単語	主な訳語	ヒント
impression* [ɪmpréʃ(ə)n]	名 印象	in(上から)+ press(押す)+もの
impact* [ímpækt]	動名 影響(する)、衝突	in(上から)+ pact(縛・押す)
impulse* [ímpʌls]	名 衝動、衝撃	in(上から)+ pulse(押す)
impose* [ɪmpóuz]	動 課する、押し付ける	in(上から)+ pose(置く)
insist* [ɪnsíst]	動 強く主張する	in(上に)+ sist(居座る)
insult* [ɪnsʌ́lt]	動名 侮辱(する)	in(上から)+ sult(飛びかかる)
incident* [ínsɪd(ə)nt]	名 出来事、事件	in(上から)+ cid(落ちる)

第2章 接頭辞と接尾辞

16. in-(3)

- "否(いな)"
- 不、ない/逆

　形は「中へ」のin-と同じですが、異なる意味の接頭辞です。impossible「不可能な」、incredible「信じられない」など「否定」や「逆」の意味を表します。「否」の字を「いな」と読むことでおぼえられます。mの前でimに、lの前でilに、rの前でirに変化します(p.43)。

単語	主な訳語	ヒント
incorrect* [ìnkərékt]	形 間違った	in(否)+correct(正しい)
inconvenient* [ìnkənvíːniənt]	形 不便な	in(否)+convenient(便利な)
inconsistent* [ìnkənsístənt]	形 一致しない、一貫性のない	in(否)+consistent(一致した)
indifference* [ɪndífərəns]	名 無関心	in(否)+difference(違い)
infamous [ínfəməs]	形 悪名高い	in(逆)+famous(名高い)
infant* [ínfənt]	名 幼児	in(否)+fant(話す)「話せない」
injury* [ín(d)ʒ(ə)ri]	名 負傷	in(否)+jury(正しい)
innocent* [ínəsənt]	形 無罪の、悪気のない	in(否)nocent(傷ついている)
inevitable* [ɪnévɪtəb(ə)l]	形 避けられない	in(否)+evitable(避けられる)
impolite [ìmpəláɪt]	形 無作法な	in(否)+polite(礼儀正しい)
immoral [ɪmɔ́ːr(ə)l]	形 不道徳な	in(否)+moral(道徳的な)
illegal* [ɪlíːg(ə)l]	形 違法の	in(否)+legal(合法の)
illogical [ɪlɑ́(ː)dʒɪk(ə)l]	形 非論理的な	in(否)+logical(論理的な)
irregular* [ɪrégjələr]	形 不規則な	in(否)+regular(規則正しい)

第2章 接頭辞と接尾辞

17. un-

- 否
- 不、ない、反対/逆

un- も出所は in- と同じです。unable「ない」という「打消し(つまり"ゼロ")」の意味のタイプと、undo「取り消す」のように動詞に付けて「反対のこと(逆のこと)をする(つまり"マイナス")」のタイプがあります

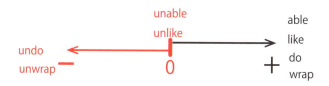

単語	主な訳語	ヒント
unable* [ʌnéɪb(ə)l]	形 することができない	un(否) + able(できる)
unlike* [ʌnláɪk]	形 似ていない 前 ～と違って	un(否) + like(似ている)
untouchable [ʌntʌ́tʃəbl]	形 手出しされない	un(否) + touchable(触れる)
uneasy* [ʌníːzi]	形 不安な	un(否) + easy(気楽な)
unfair* [ʌnféər]	形 不公平な	un(否) + fair(公平な)
unfamiliar* [ʌnfəmíljər]	形 不慣れな	un(否) + familiar(なじみの)
unfortunate* [ʌnfɔ́ːrtʃ(ə)nət]	形 不運な	un(否) + fortunate(幸運な)
unload [ʌnlóʊd]	動 荷を下ろす	un(逆) + load(荷を積む)
unlock [ʌnlá(ː)k]	動 開錠する	un(逆) + lock(鍵をかける)
undo* [ʌndúː]	動 取り消す、元に戻す	un(逆) + do(行なう)
unwrap [ʌnrǽp]	動 (包みなどを)開ける	un(逆) + wrap(包む)
unpack [ʌnpǽk]	動 (包みを)解く	un(逆) + pack(詰める)

第2章 接頭辞と接尾辞

18. ob-

・対して、向かって

ad-は「向かって」という意味を表し、ob-もそれと似てはいますが、「向かって」というより「〜に対して」「対抗して」というようなイメージの方がとらえやすいと思います。

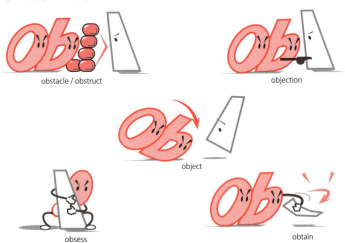

obstacle / obstruct

objection

object

obsess

obtain

単語	主な訳語	ヒント
obstacle* [á(:)bstək(ə)l]	名 障害、邪魔	ob(対して) + sta(立つ) + cle(もの) → 立ちはだかるもの
obstruct* [əbstrʌ́kt]	動 妨害する	ob(対して) + struct(築く)
object* [á(:)bdʒekt]	名 物体、対象 動 反対する	ob(対して) + ject(投げる)
objection* [əbdʒék∫(ə)n]	名 抗議、反対意見	object + ion(名詞化)
obsess [əbsés]	動 とりつく	ob(対して) + sess(居座る)
obtain* [əbtéɪn]	動 得る、獲得する	ob(対して) + tain(持つ)

62

c, kの前でocに、fの前でofに、pの前でopに変わります(p.43)。

occupy　　　　　　offense　　　　　　opponent

単語	主な訳語	ヒント
occupy* [á(:)kjəpàɪ]	動 占める、占領する	oc=ob(対して) + cupy
occupation* [ɑ̀(:)kjəpéɪʃ(ə)n]	名 職業、占領	-ation(名詞化)
offense* [əféns]	名 犯罪、攻撃	of=ob(対して) + fense(叩く)
opponent* [əpóunənt]	名 相手、敵、反対者	op=ob(対して) + pone(置く)
opposition* [ɑ̀(:)pəzíʃ(ə)n]	名 反対、対立、野党	op=ob(対して) + pos(置く) + ion

以上が「対して」のイメージの語ですが、ad-に似たような「向かって」のイメージのものを下に挙げておきます。

offer　　　　　　　　occur

単語	訳語	ヒント
offer* [ɔ́:fər|ɔ́fə]	動 申し出る、提供する	of=ob(対して) + fer(運ぶ)
occur* [əkə́:r]	動 起こる	oc=ob(対して) + cur(来る)

63

第2章 接頭辞と接尾辞

19. re-(1)

- "戻(リ)"
- 再、元に

　recycle、return、repeatなどは「リサイクル」や「リターン」や「リピート」などで日本語化しているので、接頭辞re-が「再び」のような意味であることは定着していると思います。**「戻」という字は「リ」とも読みます**から記憶するために使えます。

　　　recall　　　　　　repeat / reuse

単語	主な訳語	ヒント
re**peat**: [ripí:t]	動 繰り返す	re(再び)＋peat(求める)
re**structure** [ri:strʌ́ktʃər]	動 再構築する	re(再び)＋structure(構築する)
re**use** [rì:jú:z]	動 再使用する	re(再び)＋use(使う)
re**call*** [rikɔ́:l]	動 思い出す	呼び(call)＋戻す(re)
re**consider** [rì:kənsídər]	動 再考する	re(再び)＋consider(考える)
re**name** [ri:néɪm]	動 新しい名を付ける	re(再び)＋name(名付ける)
re**sell** [rì:sél]	動 転売する	re(再び)＋sell(売る)
re**write** [rì:ráɪt]	動 書き直す	re(再び)＋write(書く)
re**boot** [rì:bú:t]	動 (PCなどを)再起動する	re(再び)＋boot(始める)
re**newable*** [rin(j)úəbl]	形 再生可能な	re(再び)＋新しく(new)＋できる
re**gret*** [rigrét]	動 名 後悔(する)	re(再び)＋嘆き悲しむ

20. re- (2)

- "戻(リ)"
- 繰り返し、強調

　re-は「再び」からさらに「何度も繰り返し」「あとからあとから」も意味します。
　また、それと似たようなイメージですが、「完全に」といったような意味の「強調」も意味します。

research

resource

resolve

単語	主な訳語	ヒント
re**search** [rí:sə:rtʃ]	名 調査 動 研究する	re（何度も）＋ search（探す）
re**source** [rí:sɔ:rs]	名 資源、資質	re（あとからあとから）＋湧く
re**putation** [rèpjətéıʃ(ə)n]	名 評判、名声	re（何度も）＋ pute（考えられる）
re**sident** [rézıd(ə)nt]	名 居住者、滞在者	re（何度も）＋ sid（座る）
re**sort** [rizɔ́:rt]	名 保養地	re（何度も）＋ sort（出かける）
re**markable** [rimá:rkəb(ə)l]	形 注目すべき	完全に＋ mark（注目）＋ able
re**ly** [rilái]	動 頼る、信頼する	完全に＋ ly（つながる）→頼る
re**solve** [rizá(:)lv]	動 （問題を）解決する	完全に＋ solve（解く/緩める）
re**present** [rèprizént]	動 代表する、表す	完全に＋前に（pre）＋ sent（居る）

第2章 接頭辞と接尾辞

21. re- (3)

- "離(リ)"
- 退、後ろ

　re-には「離れる」という意味もあり、これは漢字で言えば「離」です。「リモート」(remote)は「遠隔の」の意味。removeやreplaceは「取り去る」ようなイメージです。「後ろに」の意味もあり、refrainやreluctantは「後ろ向きな気持ち」。

remove / replace / reveal

refrain / reluctant

単語	主な訳語	ヒント
remote [rimóut]	形 遠く離れた	遠くに(re)＋動かす
remove [rimúːv]	動 取り除く	離して(re)＋動かす(move)
replace [ripléis]	動 取って代わる、交換する	離して(re)＋位置させる(place)
reveal [rivíːl]	動 明らかにする、暴露する	覆い(ベール/veil)を取る
reverse [rivə́ːrs]	動 逆にする、後退する	re(反対に)＋verse(向く)
remain [riméin]	動 〜のままである	re(元に)＋main(留まる)
retract [ritrǽkt]	動 引っ込む、引っ込める	re(後ろに)＋tract(引く)
retire [ritáiər2]	動 退職する、引退する	re(後ろに)＋tire(引く)
refrain [rifréin]	動 慎む、控える	re(後ろに)＋frain(抑える)
reluctant [rilʌ́kt(ə)nt]	形 いやいやながらの	「後ろ向き」
rear [riər]	名 形 後部、背後(の)	re(後ろ)＋ar(形容詞化)

22. re- (4)

- 反、返
- 跳ね返る

　re-には「跳ね返る」「反」の意味もあります。reactionは「反応」。「レスがない」のレスはresponse「反応」「返答」で、SNSで「リプ」と呼ばれるのはreply「返事」。resultやreboundは「跳ね返って戻ってくる」イメージ。reflectは光や熱などが「跳ね返ってくる」で、状況などを「反映する」の意味でも使われます。

　ここまでいろいろなre-を挙げましたが、「このreはどのre？」などと細かく考える必要はなく、なんとなく"re-"を感じればよいと思います。

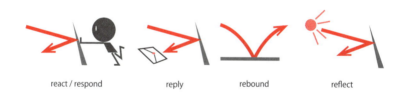

react / respond　　　reply　　　rebound　　　reflect

単語	主な訳語	ヒント
react* [riǽkt]	動 反応する	re（反）＋act（動く）
respond* [rispɑ́(ː)nd]	動 反応する、答える	re（反）＋spond
reply* [riplái]	動 名 返事をする	折り包んで（ply）＋返す（re）
result* [rizʌ́lt]	名 結果 動 結果になる	跳ね飛んで（sult）＋re（返る）
rebound* [ribáund]	動 跳ね返る	跳ねて（bound）＋re（返る）
reflect* [riflékt]	動 反射する、反映する	折れて（flect）＋返る（re）

23. sur-

- "サーッ"と覆う
- 越える、上

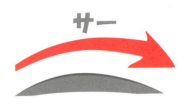

　sur-は「覆って」「越える」「上に」を意味します。surface「表面」という語によって理解がしやすいと思います。「サーッ」と覆ったり越えたりするイメージ。「サバイバル」のsurviveは何かを「越えて(sur)生きる(vive)」ことです。

surface

surround

surpass

単語	主な訳語	ヒント
surface* [sə́:rfəs]	名 表面、水面	sur(上)+face(顔)
survey* [sərvéɪ]	動 見渡す 名 調査	サーッと(sur)+見る(view)
surround* [səráund]	動 囲む、取り巻く 名 周囲	上に(sur)+round(あふれる)
survive* [sərváɪv]	動 生き残る、生き延びる	生きて(vivw)+越す(sur)
surpass* [sərpǽs]	動 越える、上回る	sur(越えて)+pass(過ぎる)
surplus* [sə́:rplʌs]	名 余剰、超過金 形 余分な	sur(越えて)+plus(多い)
surcharge [sə́:rtʃɑ̀:rdʒ]	名 追加料金	sur(越えて)+charge(課す)
surname* [sə́:rnèɪm]	名 姓、苗字	sur(上の)+name(名前)

第2章 接頭辞と接尾辞

24. sub-

- 下に、下の
- 下から

sub-はsubway「地下鉄」やsubmarine「潜水艦」からイメージしやすいと思います。「下にある」あるいは「下から」のような意味になることもあります。

後ろに来る語根により、**suc, suf. sug, sup, sum**などに変化するため気づきにくいですが(p.43)、これが付く語はたくさんあります。

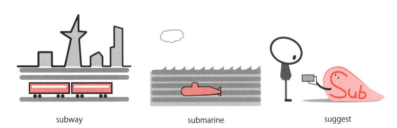

subway　　　　　　　　submarine　　　　　　　　suggest

単語	主な訳語	ヒント
subway* [sʌ́bwèɪ]	图 地下鉄、地下道	sub(下) + way(道)
submarine [sʌ́bməriːn]	图 潜水艦、形 海底の	sub(下) + marine(海)
substitute [sʌ́bstɪtjùːt]	图 代役、補欠	sub(下に) + sti(立てる)
subcontractor [səbkɑ́(ː)ntræktər]	图 下請け業者	sub(下位に) + contract(契約する)
subculture [sʌ́bkʌltʃər]	图 下位文化	sub(下位に) + culture(文化)
subtitle [sʌ́btaɪt(ə)l]	图 字幕、副題	sub(下位の) + title
suburban* [səbə́ːrb(ə)n]	形 郊外の	sub(下位の) + urban(都会の)
subliminal [sʌ̀blɪ́mɪn(ə)l]	形 閾下の、潜在意識の	しきい(limit)の下(sub)にある(al)
suggest [səgdʒést]	動 提案する、暗示する	sub(下から) + gest(運ぶ)
subtle* [sʌ́t(ə)l]	形 微妙な	

69

第2章 接頭辞と接尾辞

25. a-

- 〇〇状態
- 〇上

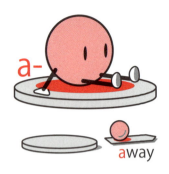

　ad-を接頭辞に持つ語を含め、aで始まる語はたくさんあります。その中でもliveの頭にaがついたaliveなど、「このaって何?」と思えるような語があるので挙げておきます。a-は「〇〇状態」というような意味です。aliveなら「live状態」で、このa-は形容詞や副詞、前置詞などを作ります。

　awayは「(どこかに)進行の途中」あるいは「ここではなくあっち」とらえると理解しやすいです。スポーツの「アウェイ」は「Homeでなくあっち」つまり「敵地での」。"right away"は「進行の状況にすぐに変化する」と考えれば「今すぐに」の意味も理解できます。awayは「分離」は意味してもその「遠さ加減」は表さないので比較級はありません。「距離の遠さ加減」は"far away"のように表します。

単語	主な訳語	ヒント
alive* [əláɪv]	形 生きて	live(生きている)状態
asleep* [əslíːp]	形 眠って	sleep(眠っている)状態
awake* [əwéɪk]	形 目覚めて	wake(気づいている)状態
aloud* [əláud]	副 声を出して	loud(声高な)状態で
aware* [əwéər]	形 気づいて、知って	ware(気づいている)状態
away* [əwéɪ]	副 離れて 形 敵地での	way(どこかへの道)の上
ago* [əgóu]	副 〜前に	go(行ってしまった)状態
amid* [əmíd]	前 の最中に	mid(間)の中の状態
across* [əkrɔ́ːs]	前 横切って	crossして(横切って)

70

第2章 接頭辞と接尾辞

26. se-

・離す、離れて

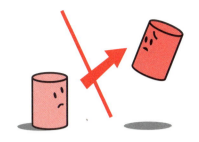

　数は多くはありませんが、この接頭辞がわかるとイメージしやすい語が多いので挙げておきます。se-は「離す」という意味です。なじみのある**separate**という語とつなげて覚えると良いと思います。**secure**は「心配事（cure）から離れていること」で、**sure**はこれが短くなったもの。

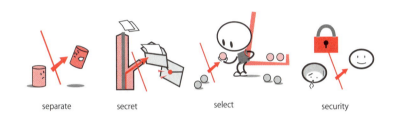

separate　　　secret　　　select　　　security

単語	主な訳語	ヒント
separate [sépərèɪt]	動 隔てる、別れる	se（離して）＋ par（並べる）
secret [síːkrət]	名形 秘密（の）	se（離して）＋ cre（分ける）
secretary [sékrətèri]	名 秘書、長官	秘密を任せる人（-ary）
select [səlékt]	動 選ぶ	選んで（lect）分ける（se）
secure [sɪkjúər]	動 確保する 形 不安のない	心配（cure）から離す（se）
security [sɪkjúərəti]	名 安全（保障）、警備	secure ＋ ity（名詞化）
sure [ʃuər, ʃəːr]	形 確信している	secureが短くなったもの
segregate [ségrɪgèɪt]	動 隔離する	se（離して）＋ gre（集める）
secede [sɪsíːd]	動 脱退する	se（離して）＋ cede（進む）

71

第2章 接頭辞と接尾辞

27. syn-

- "相（ソウ）"
- 同じ、いっしょに合わせる

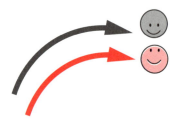

con-という接頭辞は「共に」の意味があることは説明済みです（p.46）。syn-もそれと似ていて、「共」「合う」「調和」のような意味です。「シンクロする」というのは「同時に起こる」の意味ですが syn-が「同じ」で chronoは「時間」を表します。system は「複数のものから成り立つグループ」の意味です。synthesizer は合成音を出す楽器で、そこから synthetic「合成の」を覚えることができます。

in-や con-と同様に、唇を閉じる音の前では sym-になります。

synchronize

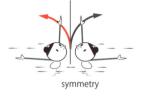
symmetry

sympathy

単語	主な訳語	ヒント
synchronize [síŋkrənàɪz]	動 同時に起こる、同期させる	syn（同）＋ chron（時）
system [sístəm]	名 仕組み、設備、体系	sys（共に）＋ sta（立つ）
symmetry [símətri]	名 対称、対称性	syn（同）＋ meter（計測）
symbol [símb(ə)l]	名 象徴	共に（sym）投げられる（bol）
symphony [símf(ə)ni]	名 交響曲	syn（調和）＋ phone（音）
sympathy [símpəθi]	名 共感、同情	syn（共に）＋ path（感じる）
synergy [sínərdʒi]	名 相乗効果、シナジー	syn（共に）＋ ergy
symptom [sím(p)təm]	名 症状、兆候	「いっしょに落ちる」
synthetic [sɪnθétɪk]	形 合成の、人工的な	「合わせて作られる」

72

Etymocise(語源体操)1

Etymocise：運動しながら体で覚えてみよう

「語源学」のことをetymologyといいます。"**Etymocise**"とは、これと**exercise**を合わせて勝手に作った造語です。接頭辞や語根を体の動きで感じると、記憶に残りやすくなります。声を出して単語を感じながら、左のポーズから右のポーズの動きをすれば、頭も体も鍛えられます。

見開き構成の調整を兼ねて、この本のところどころに入れてありますので、運動がてらやってみてください。これらは例ですので、単語の構造を理解してイメージできれば他の単語についても自分でも作り出せます。

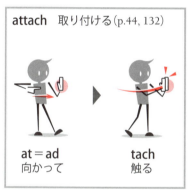

attach　取り付ける (p.44, 132)

at＝ad
向かって

tach
触る

detach　分離する (p.48, 132)

de
離して

tach
触る

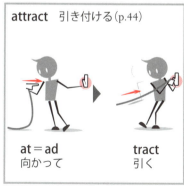

attract　引き付ける (p.44)

at＝ad
向かって

tract
引く

attend　出席する (p.286)

at＝ad
向かって

tend
延ばす

Etymocise（語源体操）2

apply 適用する（p.183）

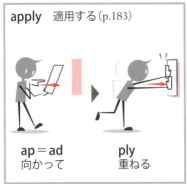

ap＝ad
向かって

ply
重ねる

adjust 調整する（p.44）

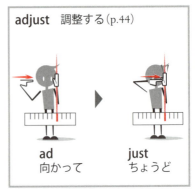

ad
向かって

just
ちょうど

extend 延長する（p.286）

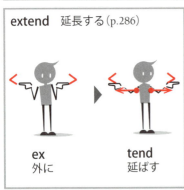

ex
外に

tend
延ばす

expand 拡大する（p.177）

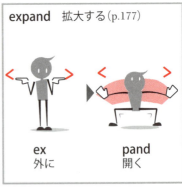

ex
外に

pand
開く

include 含める（p.58, 159）

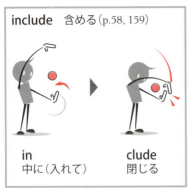

in
中に（入れて）

clude
閉じる

exclude 除外する（p.53, 159）

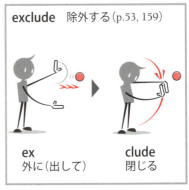

ex
外に（出して）

clude
閉じる

Etymocise（語源体操）3

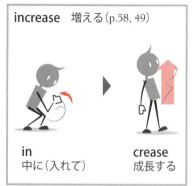

increase 増える (p.58, 49)

in
中に（入れて）

crease
成長する

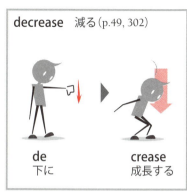

decrease 減る (p.49, 302)

de
下に

crease
成長する

return 戻る (p.64, 206)

re
後ろに

turn
回る

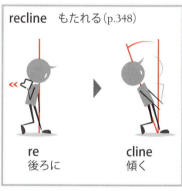

recline もたれる (p.348)

re
後ろに

cline
傾く

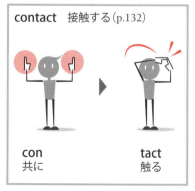

contact 接触する (p.132)

con
共に

tact
触る

decide 決定する (p.51, 264)

de
すっかり

cide
断つ

第2章 接頭辞と接尾辞

28. -al

- "ある/なる"
- 形容詞を作る

　接尾辞の-alは性質を表す形容詞を作ります。「〜がある(al)」「〜なる」と考えれば覚えやすいと思います；origin（起源）ある→original（最初の、元の）、accident（偶然）なる→accidental（偶然の）、magic（魔術）なる→magical（不思議な）といったふうに。

単語	主な訳語	ヒント
original [ərídʒ(ə)n(ə)l]	形 最初の、独創的な	origin（起源）＋al
accidental [æksɪdén(t)(ə)l]	形 偶然な	accident（偶然）＋al
additional [ədíʃ(ə)n(ə)l]	形 追加の	addition（追加）＋al
magical [mǽdʒɪk(ə)l]	形 魅惑的な、不思議な	magic（魔術）＋al
real [ríː(ə)l]	形 実在する、本当の	re（実物）＋al
formal [fɔ́ːrm(ə)l]	形 正式の、形式ばった	form（形式）＋al
bridal [bráɪd(ə)l]	形 花嫁の	bride（花嫁）＋al
traditional [trədíʃ(ə)n(ə)l]	形 伝統的な	tradition（伝統）＋al
usual [júːʒu(ə)l]	形 いつもの	use＋al
central [séntr(ə)l]	形 中央の、中心的な	center（中心）＋al
actual [ǽk(t)ʃu(ə)l]	形 実際の、現実の	act（実）＋al
ethical [éθɪk(ə)l]	形 倫理の	ethic（倫理）＋al
global [glóub(ə)l]	形 世界的な	globe（世界）＋al

第2章 接頭辞と接尾辞

29. -le

・反復

　これは「文字や音が似ている」というよりも、発想が似ているという意味で興味深いものです。-leという接尾辞は「反復」を表すことがあります。これを並べてみるとなかなか面白いです。音を感じる練習になり、「ルンルン」楽しくなるので見てみてください。

単語	主な訳語	ヒント
bubble* [bʌ́b(ə)l]	動 泡立つ 名 泡	ぶくぶく
chuckle* [tʃʌ́k(ə)l]	動 クスクス笑う	クスクス
crackle [krǽk(ə)l]	動 カサカサ音を立てる	パチパチ、カサカサ
dangle [dǽŋg(ə)l]	動 ブラブラする	ぶらぶら
dazzle* [dǽz(ə)l]	動 キラキラと輝く	くらくら、キラキラ
drizzle [dríz(ə)l]	動 霧雨が降る	しとしと
frazzle [frǽz(ə)l]	動 ボロボロに擦り切れる	ボロボロ、くたくた
frizzle [fríz(ə)l]	動 ジュージュー炒める	ジュージュー、チリチリ
gargle [gɑ́ːrg(ə)l]	動 うがいをする	ガラガラ
giggle* [gíg(ə)l]	動 クスクス笑う	クスクス
gurgle [gə́ːrg(ə)l]	動 ゴボゴボ流れる	ゴボゴボ
jingle [dʒíŋg(ə)l]	動 チリンチリンと鳴る	チリンチリン

bubble

dangle

giggle

jingle

29. -le (つづき)

・反復

単語	主な訳語	ヒント
muddle [mʌ́d(ə)l]	動 ごちゃまぜにする	ごたごた
mumble [mʌ́mb(ə)l]	動 ぶつぶつ言う	ぶつぶつ、もごもご
ramble* [rǽmb(ə)l]	動 ぶらつく	ぶらぶら
rattle* [rǽt(ə)l]	動 ガタガタいう	ガタガタ、ガラガラ
riffle [ríf(ə)l]	動 ペラペラめくる	ペラペラ
rumble [rʌ́mb(ə)l]	動 ゴロゴロ鳴る	ゴロゴロ
rustle* [rʌ́s(ə)l]	動 サラサラ鳴る	カサカサ、サラサラ
sparkle* [spáːrk(ə)l]	動 きらめく	キラキラ
struggle* [strʌ́g(ə)l]	動 もがく	ゴタゴタ
tickle* [tík(ə)l]	動 くすぐる	ムズムズ、こちょこちょ
toddle [tá(ː)d(ə)l]	動 よちよち歩く	よちよち
toddler	名 よちよち歩きの幼児	toddleする人
tremble* [trémb(ə)l]	動 震える	ブルブル
trickle [trík(ə)l]	動 したたる	ちょろちょろ、ポタポタ
twinkle* [twíŋk(ə)l]	動 キラキラ輝く	キラキラ
wiggle [wíg(ə)l]	動 くねくね動く	くねくね
wobble [wá(ː)b(ə)l]	動 よろよろする	くらくら、よろよろ

mumble

ramble

rattle

tickle

toddle

tremble

第2章 接頭辞と接尾辞

30. -er

・反復

-erという接尾辞も-leと同じように「繰り返し」を表す動詞を作る場合があります。

単語	主な訳語	ヒント
batter [bǽtər]	動 連打する	バタバタ
clatter* [klǽtər]	動 カチャカチャ鳴る	カチャカチャ
flicker* [flíkər]	動 点滅する、ゆらめく	チラチラ、チカチカ
flutter* [flʌ́tər]	動 パタパタと揺れる	パタパタ
glimmer [glímər]	動 チラチラかすかに光る	チラチラ
glitter* [glítər]	動 ピカピカ光る	ピカピカ
patter [pǽtər]	動 パタパタと音を立てる	パタパタ
shimmer [ʃímər]	動 チラチラ光る	チラチラ
shiver* [ʃívər]	動 震える	ブルブル
waver* [wéɪvər]	動 (心が)揺れる	ぐらぐら

batter

flicker

flutter

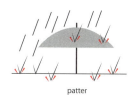
patter

shiver

31. -ish

- "よいしょ"
- 動詞を作る

　-ishはラテン語の動詞の活用に関係する接尾辞で、動詞を作る働きをしていますが、力で一気に「よいしょ」と行う動作のイメージを感じられます。

単語	主な訳語	ヒント
accomplish* [əká(:)mplɪʃ]	動 達成する、完遂する	ad（向かって）＋ comple（完）＋ ish
astonish* [əstá(:)nɪʃ]	動 仰天させる	「雷を落とす」
demolish [dɪmá(:)lɪʃ]	動 取り壊す	de（下す）＋ mol（巨大構造物）＋ ish
diminish* [dɪmínɪʃ]	動 減らす、減少する	di（=de）＋ min（小さく）＋ ish
establish* [ɪstǽblɪʃ]	動 設立する	e ＋ sta（立つ）＋にする
finish* [fínɪʃ]	動 終える	fin（終わり）＋にする
furnish* [fə́:rnɪʃ]	動 備え付ける	「供給する」
nourish* [nə́:rɪʃ]	動 育てる、養分を与える	nou（栄養）＋ ish
polish* [pá(:)lɪʃ]	動 磨く、磨きをかける	「滑らかにする」
publish* [pʌ́blɪʃ]	動 出版する、公表する	public（公）＋にする
punish* [pʌ́nɪʃ]	動 罰する	pain（罰）＋する
vanish* [vǽnɪʃ]	動 消える、消滅する	van（から）＋する
push* [pʊʃ]	動 押す	
dash* [dæʃ]	動 突進する	
rush* [rʌʃ]	動 突進する	

第2章 接頭辞と接尾辞

32. -ish

- "っぽい"
- 形容詞を作る

　名詞の後について形容詞を作る-ishもあります。selfishやstylish、Englishのishです。

単語	主な訳語	ヒント
bluish [blúːɪʃ]	形 青みがかった	blue＋ish（ぽい）
brownish [bráunɪʃ]	形 茶色がかった	brwonっぽい
reddish [rédɪʃ]	形 赤みがかった	redっぽい
grayish [ɡréɪʃ]	形 灰色がかった	grayっぽい
boyish [bɔ́ɪɪʃ]	形 男の子らしい、少年っぽい	boyっぽい
girlish [ɡə́ːrlɪʃ]	形 少女の、少女っぽい	girlっぽい
childish* [tʃáɪldɪʃ]	形 子どもっぽい	childっぽい
foolish* [fúːlɪʃ]	形 愚かな	foolっぽい
selfish* [sélfɪʃ]	形 利己的な、わがままな	
stylish* [stáɪlɪʃ]	形 おしゃれな	
English* [íŋɡlɪʃ]	形 英国(人)の、英語の	
Irish* [áɪ(ə)rɪʃ]	形 アイルランド(人)の	
Jewish* [dʒúːɪʃ]	形 ユダヤ(人)の	
Scottish* [skɑ́(ː)tɪʃ]	形 スコットランド(人)の	
Spanish* [spǽnɪʃ]	形 スペイン(人)の	

81

第2章 接頭辞と接尾辞

33. -(e)ry

- "類（るい）"
- 集合名詞などを作る

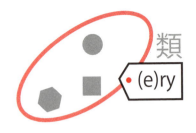

-ryという接尾辞があります。ryは「場所」を表すことがあって、例えばlavatory、library、factoryなど。これに似て、-(e)ryは集合的に「～類」を表すことがあります。ryは「類」の音に似ているので覚えやすいでしょう。例えばjewelは可算名詞ですが、jewelryは集合名詞で複数形にはなりません。toiletryは複数の形で集合名詞です。luxuryなど抽象名詞もあり、それらも通常は複数にはなりません。

stationery　　　jewelry　　　cutlery

単語	主な訳語	ヒント
machinery* [məʃíːn(ə)ri]	名 機械、機械装置	machine（機械）の類
stationery* [stéɪʃənèri]	名 文房具	文房具の類
jewelry [dʒúːəlri]	名 宝石類	jewel（宝石）の類（ry）
confectionery [kənfékʃənèri]	名 甘い菓子類	confection（お菓子）の類
toiletries [tɔ́ɪlətriz]	名 洗面化粧品	toilet（洗浄）の類
cutlery [kʌ́tləri]	名 食卓用金物類	刃物の類
luxury* [lʌ́gʒ(ə)ri|lʌ́kʃ(ə)ri]	名 豪華さ、ぜいたく品	「きらびやか」

34. -tic

- "〇〇的（てき）"
- 形容詞を作る

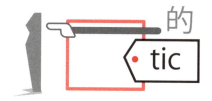

　最近は日本語で「〇〇チックな人」などと言うことがあります。「乙女チック」とか。英語では **dramatic**、**automatic**、**systematic** などの **tic**。この接尾辞の -tic は、形容詞や名詞を作る接尾辞の -ic の派生形で、性質などに関する形容詞を作ります。ちょうど日本語の「的」に似ているので覚えやすいです。

cinematic

acrobatic

単語	主な訳語	ヒント
roman**tic** [rouméntɪk]	形 情熱的な、恋愛状態の	ロマン＋的
gene**tic** [dʒənétɪk]	形 遺伝子の	gene（遺伝子）＋的
cinema**tic** [sìnəmætɪk]	形 映画に関する	cinema（映画）＋的
dras**tic** [drǽstɪk]	形 思い切った、抜本的な	「活発な」（drama と同源）
drama**tic** [drəmǽtɪk]	形 劇的な	drama（劇）＋的
fantas**tic** [fæntǽstɪk]	形 すばらしい、空想的な	fantasy（空想）＋的
acroba**tic** [ækrəbǽtɪk]	形 曲芸の、軽業的な	acrobat（曲芸）＋的
automa**tic** [ɔ̀:təmǽtɪk]	形 自動式の、機械的な	auto（自動）＋的
trauma**tic** [trəmǽtɪk]	形 深い心の傷として残る	trauma（トラウマ）＋的
domes**tic** [dəméstɪk]	形 国内の、家庭の	domest（家）＋的

第2章 接頭辞と接尾辞

35. -tude

- "程度"
- 名詞を作る

　性質や状態を表す名詞を作る接尾辞です。面白い偶然ですが、日本語の「程度」と似ています。
　例えばattitude「態度」のtudeですが、語呂でいうなら「あいつの態度＝attitude」。

attitude

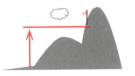
altitude

longtitude / latitude

単語	主な訳語	ヒント
attitude* [ǽtətjùːd]	名 態度、姿勢	姿勢の程度
altitude [ǽltɪtjùːd]	名 高度、標高	alt(高さ)の程度
gratitude* [grǽtətjùːd]	名 感謝の気持ち	感謝の程度
magnitude* [mǽgnɪtjùːd]	名 大きさ、規模	magni(大きい)＋程度
longitude* [lά(ː)n(d)ʒətjùːd]	名 経度	横方向の長さの程度
latitude* [lǽtətjùːd]	名 緯度	縦の程度
amplitude [ǽmplɪtjùːd]	名 振幅	多さの程度
solitude* [sά(ː)lətjùːd]	名 孤独	sole(1人)
aptitude [ǽptɪtjùːd]	名 素質、才能	apt(適切な)＋程度

第2章 接頭辞と接尾辞

36. -ous

- "多し"
- 形容詞を作る

dangerous「危険な」、famous「有名な」のように、-ousという接尾辞は名詞の後について形容詞を作ります。覚え方は「ous＝おおし(多し)」です。

dangerous

nervous

curious

単語	主な訳語	ヒント
famous* [féɪməs]	形 有名な、著名な	fame(名声)＋多し
dangerous* [déɪn(d)ʒ(ə)rəs]	形 危険な	danger(危険)＋多し
nervous* [nə́ːrvəs]	形 緊張して、神経質な	nerve(神経)＋多し
cautious* [kɔ́ːʃəs]	形 用心深い	caution(注意)＋多し
curious* [kjúəriəs]	形 好奇心がある	cure(気・興味)＋多し
humorous* [hjúːm(ə)rəs]	形 ユーモアのある	humor(ユーモア)＋多し
poisonous* [pɔ́ɪz(ə)nəs]	形 有毒な	poison(毒)＋多し
numerous* [njúːm(ə)rəs]	形 多数の	number(数)＋多し
mountainous* [máunt(ə)nəs]	形 山の多い	mountain(山)＋多し
anxious* [ǽŋ(k)ʃəs]	形 心配している	名詞形はanxiety
mysterious* [mɪstíəriəs]	形 不可解な	mistery(ミステリー)＋多し
precious* [préʃəs]	形 貴重な、高価な	prec(価値)＋多し

第2章 接頭辞と接尾辞

37. -y

- "〜い"
- 形容詞を作る

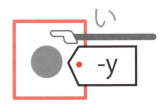

おなじみの接尾辞だと思います。「白い」「黒い」の「い」に近いイメージです。この「い」と同じように、名詞のあとについて形容詞を作ります。

単語	主な訳語	ヒント
sunny [sʌ́ni]	形 晴れた、日の照る	sun（太陽、日光）＋y
cloudy [kláudi]	形 曇った	cloud（雲）＋y
rainy [réini]	形 雨の多い、雨の	rain（雨）＋y
foggy [fɑ́(ː)gi]	形 霧の深い	fog（霧）＋y
dusty [dʌ́sti]	形 埃をかぶった	dust（埃）＋y
salty [sɔ́ːlti]	形 塩の、塩辛い	salt（塩）＋y
spicy [spáisi]	形 香辛料のきいた	spice（スパイス）＋y
handy [hǽndi]	形 使いやすい	hand（手）＋y
angry [ǽŋgri]	形 怒って	anger（怒り）＋y
funny [fʌ́ni]	形 可笑しい	fun（おかしさ）＋y
scary [skéəri]	形 恐ろしい	scare（恐怖）＋y
noisy [nɔ́izi]	形 騒々しい	noise（騒音）＋y
roomy [rúːmi]	形 広々とした	room（余地）＋y
wealthy [wélθi]	形 裕福な	wealth（富）＋y
skinny [skíni]	形 骨と皮だけの	skin（皮）＋y
bossy [bɔ́ːsi]	形 威張りたがる	boss（ボス）＋y

38. -ary

- "〜あり"、"〜なる"
- 形容詞を作る

　形容詞を作る接尾辞です。「**〜あり**」または「**〜なる**」「**〜なり**」と覚えるとよいと思います。legend「伝説」＋aryのlegendaryは「伝説の」。

　なお、-(e)ryのところに関連して、-aryも「場所」の他、secretaryなどの名詞を作る場合もあります。

単語	主な訳語	ヒント
legendary* [lédʒ(ə)ndèri]	形 伝説の、よく知られた	legend（伝説）＋ary
secondary* [sék(ə)ndèri]	形 二次的な	second（第二）＋ary（なる）
complimentary [kà(:)mplimént(ə)ri]	形 無料で提供される	compliment（賛辞）＋ary
complementary* [kà(:)mplemént(ə)ri]	形 補完的な	complement（補足）＋ary
supplementary* [sʌ̀plimént(ə)ri]	形 補足の、付録の	supplement（補足）＋ary
contrary* [ká(:)ntrèri]	形 反対の 名 反対	contra（反対）＋ary（なる）
customary* [kʌ́stəmèri]	形 習慣的な	custom（習慣）＋ary（なる）
imaginary* [imǽdʒənèri]	形 想像上の	imagine（想像する）＋ary
primary* [práimèri]	形 最も重要な、初等の	prime（最初）＋ary（なる）
literary* [lítərèri]	形 文字の、文字通り	letter（文字）＋ary
elementary* [èlimént(ə)ri]	形 初歩的な、初等の	element（要素、基本部分）＋ary
honorary [á(:)nərèri]	形 名誉として与えられる	honor（名誉）＋ary
revolutionary* [rèvəlúːʃənèri]	形 革命的な	revolution（革命）＋ary

第2章 接頭辞と接尾辞

39. -fy

- 為す、〜化する
- 動詞を作る

　動詞を作る接尾辞です。後で出てくる factory の fac の仲間で（p.222）、日本語でいう「為す」「させる」「〜化する」に相当するような意味です。-ify の形になる場合も多いです。さらに -fic だと形容詞化し、-fication だとさらにそれを名詞化します。

単語	主な訳語	ヒント
clarify [klǽrəfàɪ]	動 明らかにする	clear（明らか）＋化する
classify* [klǽsɪfàɪ]	動 分類する	class（分類）＋化する
diversify* [dəvə́ːrsɪfàɪ]	動 多様化する	diverse（多様な）＋化する
horrify* [hɔ́ːrɪfàɪ]	動 恐がらせる	horror（恐怖）＋化する
identify* [aɪdéntəfàɪ]	動 確認する、特定する	ident（同一）＋化する
justify* [dʒʌ́stɪfàɪ]	動 正当化する	just（正当）＋化する
modify* [mɑ́(ː)dɪfàɪ]	動 修正する	mode（型）に合わせる
notify* [nóʊtəfàɪ]	動 知らせる	note ＋ ify
purify [pjúərɪfàɪ]	動 浄化する	pure（純粋）＋化する
qualify* [kwɑ́(ː)lɪfàɪ]	動 資格を与える	
satisfy* [sǽtɪsfàɪ]	動 満足させる	
simplify [sɪ́mplɪfàɪ]	動 簡単にする	simple（簡単）＋化する
specify* [spésəfàɪ]	動 特定する	spec（見える）＋化する
terrify* [térəfàɪ]	動 おびえさせる	terror（恐怖）＋化する
verify [vérɪfàɪ]	動 確かめる	ver（真実）＋化する

第2章 接頭辞と接尾辞

40. -ly

・名詞について形容詞化
・形容詞について副詞化

　名詞に-lyがつくと形容詞になり、例えばfriendly、lovely、weekly、monthlyなどなじみのある語が並びます。ただ、-lyがつく語の数としては、形容詞に-lyがついて副詞になった語の方が圧倒的に多いです。

　副詞は文の構造を理解する上でとても重要です。というのは、副詞はS, V, O, Cのどれにもならないので、構造が複雑な文章を見る場合、副詞を外してみると文型と文の構造が見えやすくなるからです。初見の単語でも、形からそれが「副詞だ」と理解できれば英文解釈がとてもしやすくなります。

単語	主な訳語	ヒント
slowly ☀ [slóuli]	副 ゆっくりと	slow + ly
carefully ☀ [kéərf(ə)li]	副 注意深く	careful + ly
easily ☀ [íːzɪli]	副 容易に	easy + ly
usually ☀ [júːʒu(ə)li]	副 通常は、たいてい	usual + ly
shortly ☀ [ʃɔ́ːrtli]	副 すぐに、手短に	short + ly
newly ☀ [njúːli]	副 新たに	new + ly
happily * [hǽpɪli]	副 幸福に、幸せなことに	happy + ly
luckily [lʌ́kɪli]	副 幸運にも	licky + ly
honestly * [ɑ́(ː)nəstli]	副 正直なところ	honest + ly
angrily [ǽŋɡr(ə)li]	副 腹を立てて	angry + ly
strongly * [strɔ́ːŋli]	副 強く	strong + ly

89

第2章 接頭辞と接尾辞

41. -ate：動詞化「〜する」「〜させる」

appreciate（正しく理解する），communicate（通信する），cooperate（協力する），create（創作する），circulate（循環する），dictate（口述する），educate（教育する），generate（生み出す），modulate（調節する），motivate（やる気にさせる），navigate（航海する），participate（参加する），regulate（規制する），rotate（回転する），simulate（真似する），vibrate（振動する）

42. -ion：名詞化

contribution（貢献），direction（方向），discussion（議論），expression（表現），possession（所有），solution（解決），tension（伸長），transition（推移），vision（視覚）

43. -ate＋-ion=-ation

appreciation（評価），communication（伝達），cooperation（協力），creation（創作），circulation（循環），dictation（口述），education（教育），generation（世代），modulation（調節），motivation（動機），navigation（航行），participation（参加），regulation（規制），rotation（回転），simulation（模擬実験）

44. -ate：形容詞化

accurate（正確な），adequate（適正な），appropriate（適切な），approximate（おおよその），immediate（即時の），intermediate（中間の），subordinate（下位の）

45. **-ment**：名詞化

achieve**ment**（到達）, agree**ment**（合意）, announce**ment**（声明）, appoint**ment**（約束）, argu**ment**（議論）, develop**ment**（開発）, employ**ment**（雇用）, entertain**ment**（もてなし）, establish**ment**（設立）, govern**ment**（政府）, judg**ment**（判断）, manage**ment**（管理）, move**ment**（動き）, pay**ment**（支払い）, supple**ment**（補足）

46. **-able/ible**：形容詞化「〜できる」

ed**ible**（食用の）, flex**ible**（曲がりやすい）, imposs**ible**（不可能な）, incred**ible**（信じられない）, invis**ible**（目に見えない）, sens**ible**（分別のある）, accept**able**（受け入れることができる）, comfort**able**（心地よい）, enjoy**able**（楽しめる）, reason**able**（合理的な）, suit**able**（ふさわしい）, unbeliev**able**（信じられない）

47. **-ful**：形容詞化

beauti**ful**（美しい）, care**ful**（注意深い）, cheer**ful**（陽気な）, doubt**ful**（疑わしい）, harm**ful**（有害な）, hope**ful**（有望な）, peace**ful**（平和な）, power**ful**（力強い）, success**ful**（成功した）, thought**ful**（思いやりのある）, use**ful**（便利な）

第3章

意味を感じる(1)
アルファベットを感じる

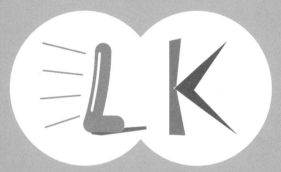

クイズ：キャラクターを考えました。
キッピとモウール。さてどっちが
キッピでどっちがモウール
だと思いますか？
（音象徴）

"感性で心にしっくり"

　第1章、第2章と同じように、ここでも「感覚でとらえる練習」をします。

　なんとなくですが、文字のLには「長い」イメージがあり、Rには「丸い」イメージがあると感じませんか。これまで何人かの方にこの話をしましたが、意外に多くの方が「私もそう思っていた」と言ってくれます。

　日本語もそうですが、音にはなんとなくのイメージがあります。カ行は「硬い」、マ行は「柔らかい」などです。

　英語の子音にもそのようなものがあると感じます。
　例えば
　　dは「どんくさい」「ださい」　dull, dunce, dork, dumb
　　fは「ふわふわ」　fat, faint, fly, fur
　　gは「がっちり」　grab, grip
　　kは「堅い、鋭い」　keen, cut, kill
　　mは「まろやか」　mild
　　pは「とがってる」　peak, pain, peck, point, pen

　こういった「感覚」でとらえれば、文字という「記号」でとらえて詰め込むよりも英単語を覚えたり頭に定着させたりすることが簡単になるのではないかと考えています。しかも、これらの英単語の感覚は、日本語話者の私たちの感覚とも一致することが多いのも不思議で面白いと思います。

　並べた関連語は当然、語源にも関係しますが、語源に関係なくても「なんとなくそう感じる」ものは関連させて記載してあります。真の語源を追求するのが目的ではなく、英単語を記憶・定着させるのが目的ですので、その点ご理解ください。

第3章 アルファベット

1. "f" (1)

- "浮遊"、"ふらり"、"ふわり"
- fur, feather, foam

　fには「ふわふわ」「浮遊」「飛翔」のイメージがあります。fur「毛皮」は「ふわふわ感」そのものです。語源はともかく、感覚的に合っているので単語を覚えるのに使えます。形容詞のfurryは「柔らかい毛で覆われた」「毛皮を着た」。fuzzyも似たようなイメージです。「ふわふわ感」で言えばfaint「気を失う」「かすかな」も。日本語の「降る」は「はらはら落ちてくる」イメージで、英語fallに相当します。fallには「落ちる」の訳語もありますが、「ストン」と落ちる感じのdropとは異なることが感じられます。

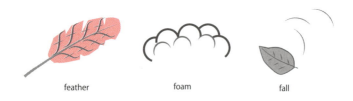

feather　　　　foam　　　　fall

単語	主な訳語	ヒント
fur [fə:r]	名 毛皮	ふわふわ
furry [fə́:ri]	形 柔らかい毛で覆われた	-y（形容詞化）
fuzzy [fʌ́zi]	形 けば立った、ぼやけた	fuzz（けば）+ y（形容詞化）
feather [féðər]	名 羽根、羽毛	
faint [feɪnt]	形 かすかな、おぼろげな	（語源は「臆病な」）
foam [foum]	名 泡、あぶく	
fall [fɔ:l]	動 降る、落ちる、倒れる	

_{第3章} アルファベット

2. "f" (2)

- "不"、つくりもの
- failure, fake

　fには「悪意」を表す語もあり、なんとなく不正の「不」かな、という感じがします。

　flaw「欠陥」、foul「不潔な」「不快な」「不正な」など。forgeは後述の「強い」のイメージで、もともと「鍛造する」の意味ですが、それが「(文書などを)偽造する、ねつ造する」の意味に転じています。fabricateも同じようにもとは「製作する」、「組み立てる」の意味でしたが、「でっち上げる」、「偽造する」の意味でも使われるようになりました。「不出来」のイメージでfoolも入れられるかもしれません。

単語	主な訳語	ヒント
flaw* [flɔː]	名 欠陥、瑕疵	
foul* [flɔː]	形 不正な、不快な	(語源は「悪臭を放つ」)
filthy [fílθi]	形 不潔きわまる	foulから派生
failure* [féɪljər]	名 失敗、怠慢	fail(失敗する) + ure(名詞化)
false* [fɔːls]	形 虚偽の	
fraud* [frɔːd]	名 詐欺	
forge* [fɔːrdʒ]	動 ねつ造する	鍛造する
fabricate [fǽbrɪkèɪt]	動 でっち上げる	製造する
fake* [feɪk]	形 偽の 名 偽物	
counterfeit* [káʊntərfɪt]	形 偽の 名 模造品	counter(反対) + 作る
fool* [fuːl]	名 ばか者 動 だます	「不出来」

95

第3章 アルファベット

3. "f" (3)

- 強い、しっかり、形
- force, fast, firm, form

　forceは音楽の「フォルテ」(forte)や要塞のfortと同じ語源で、「押したりする力の強さ」を表します。"f"で始まる語には「堅牢さ」や「しっかり感」、または強力な力を必要とするものを意味する語がたくさんあります。「鍛造」「鍛冶」を表すforgeはforceが転じてできた語で、(2)で「捏造する」の意味で載せましたが、良い方の意味では固い友情などの関係などを「築く」。formは「形作る」で、formalは「堅苦しい」です。fort（要塞）は「堅牢さ」を表しますし、fixやfast、fasten、firmは「しっかり感」を表します。

単語	主な訳語	ヒント
force [fɔːrs]	名 力、軍隊	
forge* [fɔːrdʒ]	動 (関係などを)築く	
form [fɔːrm]	名 形　動 形成する	
formal* [fɔ́ːrm(ə)l]	形 公式の、形式ばった	form＋-al（形容詞化）
fort* [fɔːrt]	名 とりで、要塞	（強化された）
fast [fæst]	形 副 速く、しっかりと	
fasten* [fǽs(ə)n]	動 締まる、固定する	fast＋en（化する）
firm [fɔːrm]	形 堅固な、強固な	
confirm [kənfɔ́ːrm]	動 確認する、裏付ける	con（完）＋firm（しっかり）
affirm* [əfɔ́ːrm]	動 断言する、強める	ad（向かって）＋firm

comfortは「すっかり(con)強い」から「安心」のような意味になり、形容詞comfortableは「心地よい」。comfyと略されることもあります。

単語	主な訳語	ヒント
comfort [kʌ́mfərt]	名 快適さ、慰め	con(すっかり)+fort(強い)
comfortable [kʌ́mfərtəb(ə)l]	形 心地よい	-able(形容詞化)

知恵の活用：違いがわかる！

▶「形」：shapeとform

shapeは、「チョキチョキ」の仲間(p.190)ですから、例えばはさみで切り取ったイメージで、平面的な輪郭の形状を表現するときに使われます。円とか三角・四角、ハート型・スペード型などの単純な形を表し、また壁に映った影などの二次元の形もshapeで表せます。立体でも円錐や円柱といった単純な形状を表す場合にはshapeが使われます。

shape

Italy is like a boot in shape.
「イタリアは形がブーツのようだ」

formは、ものの「形」を表す意味では一般語で、shapeと同じように使われることもありますが、formは「形作る」のイメージから、単純でなく複雑な形状、また立体的な形状を表します。

form

He created an object in the form of a whale.
「彼はクジラの形のオブジェを作った」

> 第3章 アルファベット

4. "g"

- "ぐいっ"
- get, gain, grip

　gで始まる語には「ぐいっ」と力強くつかみ取る、または引き寄せる印象を与える語がたくさんあります。**get**の意味は広く「相手の方から来るものを得る」の意味も含みますが、原義としては「努力して獲得する」ことで、「力でつかみ取る」感じがします。**get**の他、**gain**、**grab**「つかみ取る」、**grip**「とらえる」、**grasp**「握る」、**gather**「かき集める」がその「**がっちり**」「**がっつり**」のイメージです。これらは必ずしも同じ語源に由来しているわけではないのですが、「**ぐいっ**」という感覚が共通していて、そこが次ページに示す**take**の「取る」とは異なるイメージです。

　　　　　　　　　gather　　　　　　　　　　　gaze

単語	主な訳語	ヒント
get [get]	動 得る、買う	「がっちり取る」
gain [geɪn]	動 手に入れる、かせぐ	「がっつりかせぐ」
grab [græb]	動 ひっつかむ、奪い取る	「がっちりつかむ」
grip [grɪp]	動 握る、しっかりとらえる	「がっちりつかむ」
grasp [græsp]	動 握る、つかむ	「がっちりつかむ」
gather [gæðər]	動 かき集める	「がっちり集める」
gaze [geɪz]	動 じっと見る	「がっちり見る」

知恵の活用：違いがわかる！

▶「得る」：get, take, obtain, gain, acquire

get

get は、receive のように受動的に受け取ることも表しますが、原義としては能動的に「力でつかみ取る」です。

take

take は、p.132 で示す "t" ではじまる「手先」のイメージで、自分の意志で自分の中に取り入れるということ。日本語の「とる」は漢字では「取る」「採る」「摂る」「執る」などいろいろありますが、そのどれもが **take** のイメージです。

obtain

obtain は努力して何かを探し出して得るという行為に焦点が当てられます。**ob-** は「対して／向かって」(p.62) で **tain** は「手の中に保つ」を表す (p.133) ので「がんばって手を伸ばして」という努力をイメージすることができます。

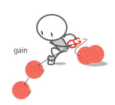
gain

gain は今持っているものをさらに「ぐいぐい」力で増やすようなイメージの語です。

acquire

acquire は、ac（ad の異形）＋ que（求める）なので (p.123)、努力をしながら追求し、時間をかけてゆっくりと、評判・知識・能力など、手に触れることができないものを獲得することを表します。

第3章 アルファベット

5. "h"

- 家、住む、保持
- house, home, habit

　語源はさまざまですが、なんとなく関連付けられると思います。もともとHというアルファベットの起源は家を表すという説もあるようですが、確かにHは家の形に見えないこともありません。habitat「生息地」に含まれる語根 hab-/habi- は「持つ」「住む」の意味で、habit は（持っている）習慣、癖。habitant や inhabitant も「住む」に関連付けて覚えることができそうです。

単語	主な訳語	ヒント
house [haus]	名 家	家
home [houm]	名 家、故郷、生息地	家
husband [hʌ́zbənd]	名 夫	「house のあるじ」
hut* [hʌt]	名 小屋	家
hold [hould]	動 保持する	保持
have [həv]	動 持っている	保持
habit* [hǽbɪt]	名 習慣、癖	「保持しているもの」
habitat [hǽbɪtæt]	名 生息地、住宅	
inhabitant* [ɪnhǽbət(ə)nt]	名 住人、生息動物	in（中に）＋habit（住む）
rehabilitation	名 リハビリ	re（再び）＋持つ＋tation（こと）
exhibit* [ɪɡzíbət]	動 展示する	ex（外）＋持つ
hive* [haɪv]	名 ミツバチの巣箱	(=beehive)

第3章 アルファベット

6. "k"

- "かたい"、尖った、辛辣さ
- keen, kill, cut, corner

　日本語でも「k」の音には「かたい」「鋭い」ようなイメージがありますが、英語でも同じようです。スペルとしてはkのほか"c"も同じです。最初にkの音がつく「硬い」単語は思ったほど多くありませんが、keenやcut、kill、cut、cornerなどのほかは、オノマトペ由来の語が目立ちます。cute「かわいい」はacute「深刻な」が変化したもので、そのacuteの原義は「尖った」。

単語	主な訳語	ヒント
keen* [ki:n]	形 鋭い、熱心な	
kill* [kɪl]	動 殺す	
kick [kɪk]	動 蹴る 名 蹴り	
cut [kʌt]	動 切る 名 切断	
carve* [kɑ:rv]	動 彫刻する、切り分ける	(「刻み目を付ける」から)
corner [kɔ́:rnər]	名 角、すみ	(「先端、つの」から)
cone* [koun]	名 円錐(状の物)	
clip* [klɪp]	動 切る、刈る	
clash [klæʃ]	動 名 衝突(する)、けんか(する)	
cleave [kli:v]	動 割る、貫く	
acute [əkjú:t]	形 深刻な、尖った	
cute* [kju:t]	形 かわいい、抜け目のない	(acuteの変化形)

101

第3章 アルファベット

7. "L"(1)

- 長い
- long, line, lace

もともと、原シナイ文字で牛追い棒を表したものがLを表すフェニキア文字になったそうです。実際、不思議と、Lが付く語には「長い」ものが多いです。

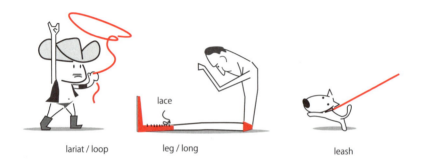

lariat / loop　　　leg / long　　　leash

単語	主な訳語	ヒント
long [lɔːŋ]	形 長い	
line [laɪn]	名 線、回線、列	
linear [líniər]	形 線形の、直線状の	-ar（形容詞化）
lace* [leɪs]	名 ひも、レース	
leash [liːʃ]	名 （犬などをつなぐ）リード	
lariat [læriət]	名 投げ縄	
loop* [luːp]	名 輪	
lengthy* [léŋ(k)θi]	形 長たらしい、冗長な	
linger* [líŋgər]	動 ぐずぐずする、長引く	

ログハウス (log house) の **log**（丸太）も長いです。**log** から派生した語については p.278 で触れます。**lean** は **ladder** と同源で、長いものを持たれかけさせるような動作です。**launch** という語は、ロケットの打ち上げや、プロジェクトや製品の立ち上げ、船の浸水など、「スタート」の意味で使われますが、「**lance**（槍）を投げる」が語源のようです。**lance** も長いですね。

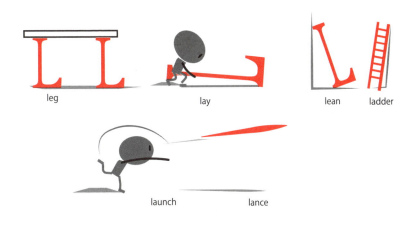

単語	主な訳語	ヒント
log [lɔːg]	名 丸太、記録	p.278参照
logistics [loudʒístɪks]	名 物流	
leg [leg]	名 (人や動物の)脚、(家具の)足	
lie [laɪ]	動 横たわる	「長いものが横たわる」
lay [leɪ]	動 横たえる	「長いものを横たえる」
lean [liːn]	動 よりかからせる	**ladder** と同源
ladder [lǽdər]	名 はしご	
lance [læns]	名 槍(やり)	
launch [lɔːn(t)ʃ]	動 開始する、打ち上げる 名 打ち上げ、発射	「槍」を投げる

leverに関わる語をいっしょに覚えると便利です。「てこの原理」の「てこ」のイメージです。leverは印欧祖語*legwh-に由来し、「軽くする」というような意味で、light「軽い」もこれに由来します。「軽く(light)上げる(lift)」と考えると、liftもつながります。leverにageがついて"leverage"になると「てこの作用／動き」から、「力」「影響力」、「活用する」「利用する」の意味で使われます。語頭にexの意味の"e"がつくとelevate「持ち上げる」。relieveには「気持ちが軽くなる」イメージが持てます。同じように、「向かって」の意味のal（ad-の異型）がつくとalleviateで、問題や症状などを「軽減する」意味で使います。

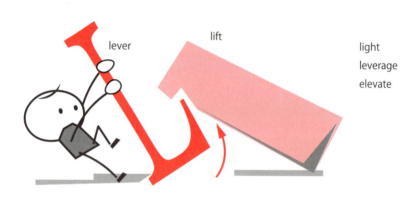

単語	主な訳語	ヒント
lever* [lévər]	名 レバー、梃子（てこ）	
lift* [lɪft]	動 持ち上げる	
light** [laɪt]	形 軽い	
leverage [lév(ə)rɪdʒ]	動 活用する 名 影響力	lever（梃子）＋age
elevate* [élɪvèɪt]	動 持ち上げる	e（出る）＋levate（上げる）
relieve* [rɪlíːv]	動 和らげる、安心させる	re（すっかり）＋軽くなる
alleviate [əlíːvièɪt]	動 軽減する	ad（向かって）＋lev

今度は「長いL」を真横に寝かせてみます。そうすると「天秤」にみたてることができます。そうすると、**level**のイメージや、**balance**のイメージがわいてきます。**balance**のbaは"**bi**"つまり「ふたつ」のことです。「2つのお皿」という意味のようです。

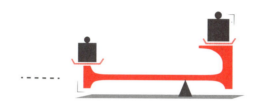

単語	主な訳語	ヒント
level* [lév(ə)l]	名 程度、水準　形 平らな	
balance* [bǽləns]	名 バランス	bi(2つ) + lance(皿)

　ちょっと話は横に逸れますが、「横」(側)の意味で**lateral**や**longitude**もいっしょにイメージしてみたらどうでしょう。

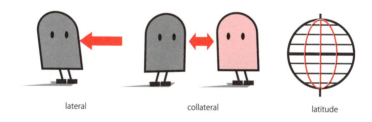

lateral　　　　　collateral　　　　　latitude

単語	主な訳語	ヒント
lateral [lǽt(ə)r(ə)l]	形 横の、横方向からの	-al(形容詞化)
collateral [kəlǽt(ə)r(ə)l]	形 付随する、並行した	con(共に) + lat + al(形容詞化)
latitude* [lǽtətjùːd]	名 緯度	-tude(〜の程度)
longitude* [lá(ː)n(d)ʒətjùːd]	名 経度	-tude(〜の程度)

105

8. "L" (2)

- 絆、責任、つながり、むすぶ
- ally, liability, rely

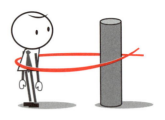

「長い」から連想すると、「つながり」「むすぶ」に関係する語がみつかります。印欧祖語 *leig-(つなぐ、むすぶ)に由来する語です。liable「責任がある」、rely「信頼する」、rally＝→再び(re)結束→「集会」などがそうです。

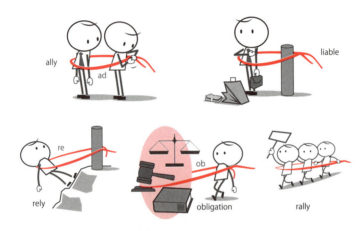

単語	主な訳語	ヒント
ally* [ǽlaɪ]	名 同盟、協力者	ad(向かって)＋ly(つなぐ)
alliance* [əláɪəns]	名 同盟(関係)、提携	-ance(名詞化)
liable* [láɪəb(ə)l]	形 責任がある	ly＋able(できる)
liability* [làɪəbíləti]	名 責任、義務	-ity(名詞化)
rely* [rɪláɪ]	動 頼る、信頼する	re(すっかり)＋つながる
obligation* [ɑ̀(:)blɪɡéɪʃ(ə)n]	名 義務、義理、責任	ob(対して)＋つながる＋ation
rally* [rǽli]	名 動 集会、再集合(する)	re(再び)＋ally(つなぐ/結束)

第3章 アルファベット

9. "L" (3)

- 緩める、解く、ほどく
- loose, release, lazy

　つながりや縛りを「緩める」意味を持つ語にも、同じようにLが付くものがありがあります。loose「緩める」「緩い」のほか、relaxのlaxは「ゆるめる」の意味で、さらに、release = re（元に）＋ lease →「開放する」、analyze = ana（全体に）＋ lyse →「分析する」、「解析する」。analyzeは、絡まった複雑ごとを「緩めて解いていく」わけで、日本語の「ひも解く」のイメージです。語源はまったく違いますがlibra-という語根は「自由」で、liberty「自由」とdeliverが同源です。

loose　　　　　release　　　　　liberty　　　　　deliver

単語	主な訳語	ヒント
loose [luːs]	形 緩い、ほどけた	
relax [rilǽks]	動 くつろぐ、ほどく	re（元に）＋緩める
release [rilíːs]	動 解き放つ 名 解放	re（元に）＋緩める
analyze [ǽnəlàɪz]	動 分析する	ana（全体に）＋解く
lazy [léɪzi]	形 怠け者の、怠惰な	-y（形容詞化）
liberty [líbərti]	名 自由、独立	（語源異なる）
deliver [dilívər]	動 配達する、出産する	「離れて（de）自由になる」

第3章 アルファベット

10. "L"(4)

- ずるずる長く、緩める
- late, delay

　前出の「緩める」に似ていますが、**late**のように「ずるずる長くする」イメージが持てる語があります。使役動詞**let**は「することを許す」の意味ですが、これもゆるめる**L**のイメージですし、「許可する」の意味の**allow**の**L**も同じように見えてきます。

delay　　　　　　　　　　let / allow

単語	主な訳語	ヒント
late [leɪt]	形 遅れた、遅い	
last [læst]	形 前回の、最後の	(lateの最上級に相当)
latest [léɪtɪst]	形 最近の、最新の	-est（最上級）
later [léɪtər]	副 後で、後の方で	-er（比較級）
delay [dɪléɪ]	名 遅延 動 遅らせる	de（離す）＋緩める
linger [líŋɡər]	動 ぐずぐずする、長引く	(別語源＝long)
let [let]	動 許可する	「後に残す」から
allow [əláʊ]	動 許す	(別語源)「緩める」

11. "L" (5)

- 液体、流れる
- liquid, lavatory

　複数の語源の語をいっしょに並べてしまっていますが、どれも「流れる」に関係ありそうです。liquorとliquidは同じ語源。"liquid crystal"は「液晶」。lavatoryは「お手洗い」の意味で、語源は「流れる」。lavaは火山から流れる「溶岩」（流体または固化した岩石）。これらとlavish、laundry、lotionが同源で、lavishは「湯水のごとく」のイメージで「あり余る」の意味です。

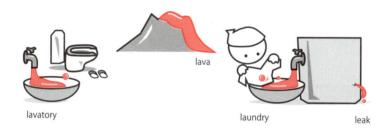

lavatory　　　　　　　　　　laundry　　　　　　　leak

単語	主な訳語	ヒント
liquid [líkwɪd]	名 液体 形 液状の	
liquor [líkər]	名 酒	
lavatory [lǽvətɔ̀:ri]	名 トイレ、洗面所	手を洗う＋ory（場所）
lava [lá:və]	名 溶岩	「火山から流れる」
lavish [lǽvɪʃ]	形 豪華な、あり余る	ish（形容詞化）「湯水のごとく」
laundry [lɔ́:ndri]	名 洗濯、洗濯場	launder（洗濯をする）＋ry（場所）
lotion [lóuʃ(ə)n]	名 化粧水	
leak [li:k]	動 漏れる、漏らす 名 漏れ	
lake [leɪk]	名 湖	（「たらい」から）

第3章 アルファベット

12. "L" (6)

- 明るい
- lamp, light

　Lにはlamp、lanternなど「明るい」イメージもあります。lightは*leuk-という祖語に由来しますが、この仲間の語がたくさんあります。lux「ルクス」は照度の単位であり、illuminationは「照度」「照明」。luxuryは「豪華な」という「きらびやか」な感じで、それを強調したのがdeluxeです。「サンタ・ルチア」(Santa Lucia)という歌はナポリ民謡で、このSanta Luciaはキリスト教の殉教者・聖人で、Luciaは「光」を意味します。

単語	主な訳語	ヒント
lamp* [læmp]	名 ランプ	(「たいまつ」から)
lantern* [læntərn]	名 ランタン、提灯	lampと同源
light* [laɪt]	名 光、明り 形 明るい	
lux [lʌks]	名 ルクス(照度の単位)	
luxury* [lʌ́gʒ(ə)ri]	名 豪華さ、ぜいたく品	
deluxe [dəlʌ́ks]	形 豪華な	(フランス語 de luxe)
lucid [lúːsɪd]	形 明快な、輝く	
lucidity [luːsídəti]	名 明快さ	-ity (名詞化)
lunar [lúːnər]	形 月の	-ar (形容詞化)
illumination [ɪlùːmɪnéɪʃ(ə)n]	名 照度、照明	「光を当てる」
illustrate* [íləstrèɪt]	動 説明する、例解する	(図などで)明示する

delux / illustrate / delight / delicious

単語	主な訳語	ヒント
de**light** [dɪláɪt]	動 喜ばせる	(語源異なる)
de**lic**ious [dɪlíʃəs]	形 とてもおいしい	delightと同源
de**lic**atessen [dèlɪkətés(ə)n]	名 調理済み食品を売る店	(ドイツ語から)
de**lic**ate [délɪkət]	形 壊れやすい、繊細な	

知恵の活用：こうすれば間違えない

▶ lamp と ramp

「明るい」方のランプは「明るいL」が付く"lamp"ですが、高速道路に乗る入り口の「ランプ」は"ramp"。段差をなくすための「傾斜路」「スロープ」もrampです。

第3章 アルファベット

13. "m" (1)

- 水、湿気、霧
- marine, moist, mist

"m"の文字はもともと、ヘブライ語で水を意味する「メム(mem)」が原形だそうで、mの原形のヒエログラフは「波」の形を表したと言われています。

marineなど、祖語*mori-を語源とする語も多くあり、イギリス湖水地方のWindermereのmereも古い英語で「湖」の意味です。

日本語でも、「水」、「蒸す」、「蒸れる」、「漏る」など、不思議と水や湿気に関わることばにmではじまる語が多いことに気づきます。mossは「藻類」で漢字も「藻(モ)」。

moist　　　　　　　　　moss

単語	主な訳語	ヒント
marine* [mərí:n]	形 海の 名 海兵隊員	
moist* [mɔɪst]	形 湿った	
moisture* [mɔ́ɪstʃər]	名 水蒸気、湿度	-ure（名詞化）
mist* [mɪst]	名 霧	
marsh* [mɑːrʃ]	名 沼地、湿地	
moss* [mɔːs]	名 藻類、コケ	
merge* [məːrdʒ]	動 合併する、同化する、溶け込ませる	語源は「浸す」p.229

112

第3章 アルファベット

14. "m" (2)

- 揉む、柔らかい
- make, mild, melt

"m"には「手で『揉む』」感じがあります。makeという動詞は、「手を加えて形や状態にする」というのがコアのイメージです。manualのman-という語根は「手」を意味し、mannerは「手さばき」、maintainは「手にかける」イメージです。印欧祖語*mel-は「柔らかい」を意味し、それに由来する語が、mildとmelt。mashは「柔らかくすりつぶす」。mではじまる日本語「まろやか」「まったり感」「メロメロ」の感覚に似ています。

単語	主な訳語	ヒント
make [meɪk]	動 作る	
manual* [mǽnju(ə)l]	名 手引書 形 手作業の	manu(手)＋al
manner [mǽnər]	名 行儀、マナー、やり方	「手さばき」
maintain [meɪntéɪn]	動 持続する、保持する	man＋tain「手にかける」
manage [mǽnɪdʒ]	動 やりくりする、手なずける	
mild [maɪld]	形 優しい、柔らかな	
melt [melt]	動 溶ける	
mingle [míŋg(ə)l]	動 入り混じる	
muddle [mʌ́d(ə)l]	動 ごちゃ混ぜにする	
mix [mɪks]	動 混ざる、混ぜる 名 混合	
mash [mæʃ]	動 すりつぶす	
mush [mʌʃ]	名 柔らかくドロドロしたもの	

第3章 アルファベット

15. "m" (3)

- 大きい、多い
- major, maximum

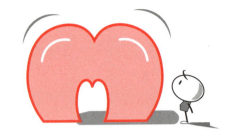

　大きいものにも m がつきます。ただ、小さいほうも mini など m がつく語も多いですが (p.394)。

単語	主な訳語	ヒント
mega- [mégə]	100万	接頭辞
major* [méɪdʒər]	形 主な	比較級:「より重要な」
magnitude* [mǽgnɪtjùːd]	名 大きさ、規模	大きさの tude (程度)
magnify* [mǽgnɪfàɪ]	動 拡大する	-fy (動詞化)
magnificence [mægnɪ́fɪs(ə)ns]	名 壮大、豪華	-ence (名詞化)
maximum* [mǽksɪməm]	形 最大限の、最大な	(最上級に相当)
maxim [mǽksɪm]	名 格言	
mayor* [méɪər]	名 市長	
master* [mǽstər]	名 名人	「より偉大な人」
masterpiece* [mǽstərpìːs]	名 代表作	「偉大な作品」
maestro [máɪstrou]	名 大音楽家、名指揮者	(イタリア語から)
more* [mɔːr]	形 副 より多くの、もっと	
most* [moust]	形 副 最も、大部分の	
much* [mʌtʃ]	形 副 大いに、多くの	
many* [méni]	形 多くの、多く	(語源異なる)

単語	主な訳語	ヒント
mass* [mæs]	名 集まり、大量	
massive* [mǽsɪv]	形 巨大な	-ive（形容詞化）

知恵の活用：違いがわかる！

▶「主な」：major と main

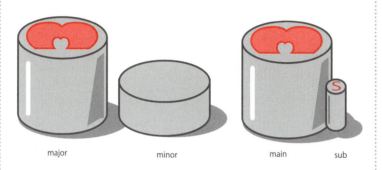

major / minor / main / sub

majorが「大きい」の語源に由来するのに対し、mainは「力」、「パワー」の意味に由来します。ですから同じ「主な」でも、majorは「大きい」、「多い」を意味し、反対はminor。一方でmainは「主流」、「中心的」を意味し、反対はsub。

第3章 アルファベット

16. "p" (1)

- "ピン"と尖った、刺す、痛い
- point, pick, pain

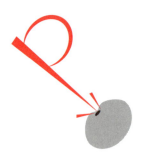

"P"には、「ぴんと尖った」または「刺さる」「痛み」のようなイメージがあるように思えます。日本語でも「ピンとくる」「ピピっと感じた」などと「刺す」イメージをpの音で表すことがあります。punchは「殴る」のイメージが強いですが、原義は「刺す」「穴をあける」です

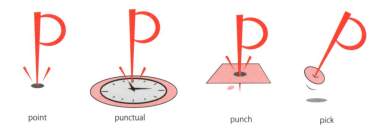

point　　punctual　　punch　　pick

単語	主な訳語	ヒント
pin* [pɪn]	名 ピン	
point* [pɔɪnt]	名 地点、論点 動 指す	
punctual* [pʌ́ŋ(k)tʃu(ə)l]	形 時間に正確な	「時刻に針刺す正確さ」
puncture* [pʌ́ŋ(k)tʃər]	名 パンク、刺してできた穴	刺す
punch* [pʌn(t)ʃ]	動 殴る、穴をあける	
pick* [pɪk]	動 つつく、選ぶ	
pout [paʊt]	動 口をとがらせる	
prick* [prɪk]	動 ちくりと刺す	

pierceは「刺す」「貫く」で、耳飾りの「ピアス」は"pierced earring"。peakやpenなど「尖ったもの」や、pain、punish、pinchなど「痛いもの」を意味する語も見つかります

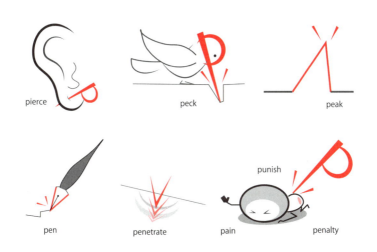

単語	主な訳語	ヒント
pierce* [pɪərs]	動 刺す、貫く	
peck* [pek]	動 つつく	
peak* [piːk]	名 最高点、山頂、ピーク 動 尖る	
pen* [pen]	名 ペン	
penetrate* [pénətrèɪt]	動 貫通する、浸透する	-ate（動詞化）
pain* [peɪn]	名 痛み、骨折り	罰
punish* [pʌnɪʃ]	名 罰する	pain + ish（動詞化）
penalty* [pén(ə)lti]	名 刑罰	
pinch* [pɪn(t)ʃ]	動 つねる 名 苦境	

17. "p" (2) 〈pushの仲間〉

- 押す、"迫(パク)"
- push, pulse

　pushやpack、pressなど「押す」のイメージ。日本語としては「ぷしゅっ」でしょうか。pushにはpulseなど同源語がたくさんあります。pushは、語源的には「たたく」で、たたいたり、突いたり、追いやったりすることが原義です。pulseも同源で、これらは動きが感じられる「押し」で、漢字のイメージでは「迫」が合うかと思います。

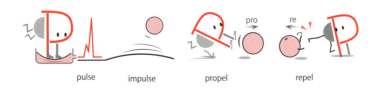

pulse　　impulse　　propel　　repel

単語	主な訳語	ヒント
push* [puʃ]	動名 押す(こと)	
pulse* [pʌls]	名 脈、鼓動	pushと同源「押す」
pulsation [pʌlséɪʃ(ə)n]	名 脈拍、動機	-ation(名詞化)
impulse* [ímpʌls]	名 衝動、衝撃	in(上から)＋pulse(押す)
compulsory* [kəmpʌ́ls(ə)ri]	形 強制の、義務的な	con(共に)＋押す
compel* [kəmpél]	動 強制的に〜させる	com(共に)＋押す
propel* [prəpél]	動 駆り立てる	pro(前に)＋押す
repel [ripél]	動 追い払う	re(後ろに)＋押す
appeal* [əpíːl]	動 懇願する、要請する	ad(向かって)＋押す

第3章 アルファベット

18. "P" (3) 〈pressの仲間〉

- 圧す(へす)、おっぺす
- press, express, depress

　pressは動かないものに対して一定の圧力を加えることです。「押し付ける」「圧迫する」「押し当てる」「押し付ける」「アイロンをかける」といった訳語がそれをよく表しています。「圧す(へす)」という古い日本語があり、関東の方言で「おっぺす」という形で残っています。pressはまさしく「ぺす」。expressは「内から外に押し出す」ので、思いを表情や文章や絵などの形で出すことをいいます。語源は異なりますが、同じくpで始まるpumpにも「力を加えて動かす」イメージがあります。

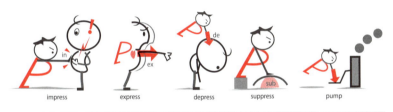

impress　express　depress　suppress　pump

単語	主な訳語	ヒント
press [pres]	動 押す	
pressure [préʃər]	名 圧力	-ure(名詞化)
impress [imprés]	動 印象を与える	in(上から)+押す
express [iksprés]	動 表現する	押し(press)+出す(ex)
compress [kəmprés]	動 圧迫する、圧縮する	con(共に)+押す
depress [diprés]	動 押し下げる	de(下向きに)+押す
suppress [səprés]	動 抑圧する、鎮圧する	sub(下に)+押す
print [print]	動 名 印刷(する)	「インクをつけて押す」

第3章 アルファベット

19. "P"(4) 〈pact-の仲間〉

- "縛(パク)"
- pack, impact, compact

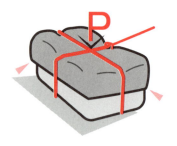

　pact-という語根は「詰まる」「縛る」。「詰める」の動作が**pack**で詰めたものが**package**「包み」。通信で使う情報のひとまとめは**packet**です。「ギュッとまとめた縛り(約束事)」が**pact**「協定」。「上から(in)ギュッと押す」感じが**impact**。同じ機能を持たせながら小さくギュッと詰まったのが**compact**です。**page**も書き物をギュッとまとめたものですね。

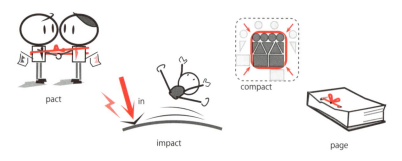

pact　　　　　in　　　compact　　　page
　　　　　　impact

単語	主な訳語	ヒント
pack [pæk]	名 包み 動 詰める	
package [pǽkɪdʒ]	名 包み、荷物	-age(名詞化)
packet [pǽkət]	名 包装、パケット	-et(小さいもの)
pact [pækt]	名 協定	「ある条件で縛られた」
impact [ímpækt]	名 影響、衝撃、効果、緊迫感	in(上から)+締める
compact [kəmpǽkt]	形 小型の	com(すっかり)詰まった
page [peɪdʒ]	名 ページ	「ギュッとまとめたもの」

知恵の活用：違いがわかる！

▶「表現する」「表す」：express と describe

expressは「ex（外へ）+ press（押す）」から、思いや感情を「外に出す」こと。その方法として、顔で出すなら「表情」、体で示すなら「表現」で、文字や言葉で出す場合も「表現」という訳語が当たります。describe（p.192）は「de（すっかり）+ scribe（書く）」なので主に「言葉で特徴などをすっかり表現する」の意味です。

express

describe

▶「影響」：impact と influence

impactのimはinの異形で、「上から」の意味です。「影響」という訳語もありますが、おなじ「影響」でも、思想などの「流（flow）入（in）」によってじわじわ効いてくるinfluence（p.169）と違って、上からギュッと押されるような「衝撃的な影響」を表します。

impact

influence

▶「小さい」：compact, small, little

compactは「ぎっしり詰まった」の意味なので、サイズ的に単に「小さい」を表すsmallと違って、小さいながらもあるべき機能などがぎっしりと詰まっていることを表します。なお、littleはsmallに対して「かわいい」のイメージが入ります。

small

little

第3章 アルファベット

20. "Q" (1)

- "求"、"究"、"何（qua）"、"幾（iqu）"
- quality, quantity, quiz

　Qの文字は「針の穴」を表すという説があるとか。私には虫眼鏡の形にも見えます。求めたり追及したりするイメージで、漢字で言えば「何（『か（qua）』とも読みます）」「求」「究」。qualityもquantityも印欧祖語 *kwo- に由来し、これは「何」「どんな」のような意味で、whatやwhenなどの疑問詞もこの祖語に由来します。「質的な『いかほど』」ならquality、「量的な『いかほど』」ならquantityというイメージです。

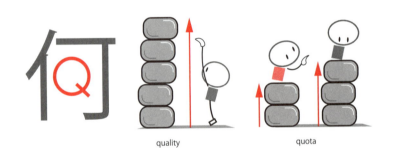

quality　　　　　　　　quota

単語	主な訳語	ヒント
quality* [kwá(:)ləti]	名 形 質、品質（の高い）	質的な「どれくらい」
quantity* [kwá(:)ntəti]	名 量、数	量的な「どれくらい」
quote* [kwout]	名 引用、見積もり、動 引用する	「どれくらい？」
quota* [kwóutə]	名 割り当て、取り分	
quiz* [kwɪz]	名 クイズ、試験	（語源異なる）

第3章 アルファベット

21. "Q" (2) 〈quest-/quire- の仲間〉

- "求"、"究"、求める
- question, request

Qではじまる quest/quire は「求める」の意味の語根。question という語がおなじみですが、request や require も同源語です。「ドラゴンクエスト」の「クエスト(quest)」は「探求」です。acquire「取得する」は「向かって(ad)＋求める」。

question / questionnaire / inquire　　　request require　　　acquire

単語	主な訳語	ヒント
question* [kwéstʃ(ə)n]	動名 質問(する)	quest + ion (名詞化)
questionnaire [kwèstʃənéər]	名 アンケート	(フランス語から)
quest* [kwest]	動名 探求(する)	
inquire* [ɪnkwáɪər]	動 尋ねる、聞く	中の(in)様子を求める
request* [rɪkwést]	動名 頼む、要請(する)	再び・何度も(re)求める
require* [rɪkwáɪər]	動 要求する	再び・何度も(re)求める
acquire* [əkwáɪər]	動 取得する、習得する	向かって(ad)求める
conquer* [kɑ́(ː)ŋkər]	動 征服する	すっかり(con)求める

第3章 アルファベット

知恵の活用：違いがわかる！

▶「問題」：question, quiz, problem, issue

questionは「求」のイメージからわかるように、「問いかけ」。解決するかどうかわからないような、答えがないような論争上の「問題」にも使われます。また知識や実力を試されるような「問題」の意味にも使われます。

question

quizはテレビのクイズ番組のような問題や、ゲーム感覚的な「問題」をいいます。また、授業中に行われるちょっとした小テストにも使われます。

quiz

problemは「pro（前）に投げられたblem（ボール）」のイメージで、目の前に投げられて解くことを求められているような困難さを伴う「問題」です。社会問題や、行うに当たっての支障、人の悩みや健康上の問題などです。また、数学などで出される問題もproblemです。

problem

issueは接頭辞のex-と同じ語源で、「出てくるもの」のイメージ（p.225）。議論の対象を意味する場合、problemはネガティブな意味を暗示するので、issueを使うことがあります。

issue

124

Qついでに "equa-"

　Qのついでに"equ"を入れておきます。**equal**「等しい」からわかるように**equ-**は「等しい」を表します。名詞形の**equity**は「平等」。**equation**は「等式」つまり両辺を＝（イコール）で結んだ「方程式」。音響機器のイコライザー（**equalizer**）は「高音低音の均一性を向上させる機器」で、映画の「イコライザー（The Equalizer)」、は悪を排除して社会を「平等に」する話。**equinox**は「夜昼長さが等しい」から「春分・秋分」。

　equator「赤道」は地球を南北に等分した線であり、**Ecuador**「エクアドル」はスペイン語で、「**equator**を通る国」から。

equal

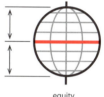
equity

　equalと**equivalent**の違いは、"val"つまり**value**「価値」が入っているかどうかです。**equal**の訳語は「等しい」、「相当する」で、**equivalent**の訳語は「同じ価値の」、「等価な」。**equivalent**の**val**は **value**「価値」ですから「価値が等しい」と言っていて、訳語としては「等価な」、「〜に相当する」というような意味になるわけです。

equivalent

　adequateは「**equ**（等しい）に向ける（**ad**）」の形容詞化(-**ate**)なので「適当な」、「適して」、「十分な」の意味になります。

adequate

第3章 アルファベット

22. "R" (1)

- 丸い、回転
- round, roll, rotate

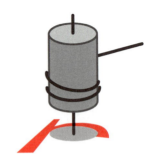

"L"で始まる語に「長い」を意味する語が多くある(p.102)のに対して、Rで始まる語には、丸い形のものや回転するもの／動作を表す語が多くあります。（接頭辞reが付く語はたくさんありますが、もちろんそれらは除きます）
ropeは「長い」ですが、巻いてある姿は「丸い」です。

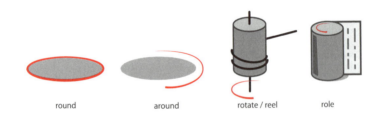

round　　　around　　　rotate / reel　　　role

単語	主な訳語	ヒント
round [raund]	名 丸い、丸みを帯びた	
around [əráund]	前 〜の周りを	roundな状態(a-)
roll [roul]	動 転がる 名 回転、巻き	
rotate [róuteɪt]	動 回転する	rote + ate（動詞化）
rope [roup]	名 ロープ	「丸めた」イメージ
reel [riːl]	名 糸巻き、(SNSの)短尺動画	
rotary [róut(ə)ri]	形 回転する、回転式の 名 環状交差点	-ary（形容詞化）
role [roul]	名 役割、役目	（せりふを書いた）「巻物」

知恵の活用：こうすれば間違えない

▶rocket と locket

「ロケット」には rocket と locket がありますが、rocket は形状が糸巻きに似ていることに由来する語なので筒状のイメージが持て、一方、首から下げる locket は写真などを入れてカチンと lock するもので、この lock は「かんぬき」や「ドアハンドル」が「長い棒」であることを考えると理解することができます。

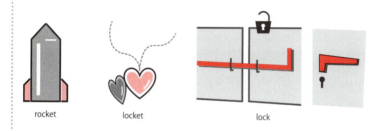

rocket　　　locket　　　lock

rock「石」も、「丸い R」というイメージで lock との区別ができると思います。

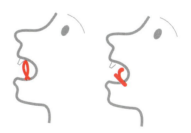

「L なのか R なのか覚えるのが大変」という場合がありますが、正しい発音を心がけて、舌の運動として覚えると区別はつきやすくなります。それができるようになるまで、「長い」「丸い」で考えるのもひとつの方法だと思います。

23. "R" (2)

- "烈"、"乱"、荒々しい、無理やり
- rough, rush, rude

"R"で始まる語には、荒っぽさとか無理やり感を持つ単語がたくさんあります。漢字で言えば「裂(れつ)」「烈(れつ)」「濫(らん)」「乱(らん)」。

単語	主な訳語	ヒント
rough* [rʌf]	形 粗い、乱暴な	
rather* [rǽðər]	副 むしろ	話を引き戻すイメージ
rush* [rʌʃ]	動 突進する	
rapid* [rǽpɪd]	形 迅速な、急激な	rape(力ずくで連れ去る)と同源
raid* [reɪd]	動 襲撃する 名 急襲	
raider [réɪdər]	名 強盗、襲撃者	"Tomb Raider"墓荒らし
ruin* [rúːɪn]	名 廃墟 動 破壊する	
ram [ræm]	動 激しくぶつける、激突する	
rude* [ruːd]	形 失礼な、下品な、激しい	
riot [ráɪət]	名 (群衆による)暴動	
rabble [rǽb(ə)l]	名 暴徒、野次馬	
rage* [reɪdʒ]	名 激怒、憤怒	
rip* [rɪp]	動 引き裂く、もぎ取る	
raw* [rɔː]	形 生の、粗野な	
crude* [kruːd]	形 粗い、雑な	rawと同源
cruel* [krúːəl]	形 残酷な	rawと同源

rupt- という語根は「破る」「断つ」というような意味です。rupture というのは「突然分裂」という感じで、訳語としては「破裂」「決裂」。eruption「噴火」や abrupt「突然の」「ぶっきらぼうな」、interrupt「中断させる」、bankruptcy「破産」、disrupt「分裂させる」もこの rupt の仲間です。漢字の「破」とか「裂」のイメージです。

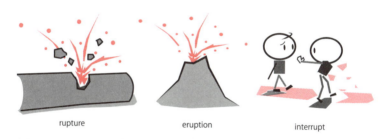

単語	主な訳語	ヒント
rupture [rʌ́ptʃər]	名 破裂 動 破裂させる	rupt（破る）＋ ure（名詞化）
eruption [ɪrʌ́pʃ(ə)n]	名 噴火、爆発	e（出）＋ rupt（壊れる）＋ tion（名詞化）
abrupt* [əbrʌ́pt]	形 突然の	ab（離れて）＋ rupt（壊れる）
interrupt* [ɪntərʌ́pt]	動 さえぎる、邪魔する	inter（間に入る）＋ rupt（壊す）
disrupt* [dɪsrʌ́pt]	動 混乱 / 中断させる	dis（離す）＋ rupt（分断）
bankruptcy* [bǽŋkrʌp(t)si]	名 破産、倒産	bank（銀行）＋ rupt（壊れる）
corruption* [kərʌ́pʃ(ə)n]	名 不正行為、堕落	con（完）＋ rupt（壊れる）＋ ion（名詞化）

24. "S"

- 正、清々、粛々
- so, sane, sound

"R"の荒々しさに対し、"S"は「清々」。接続詞soは「順接」で「それだから」、so that で「とても〜なので」のように論理が清々と次に流れていきますし、副詞のsoも「ずいぶん」「とっても」、「そう」「その通り」のように、話が清々とすんなり進む感覚です。saneという形容詞は「正気の」、sanityは「正気」「平静」、soundは「正当性のある」というふうに「正」のイメージの語が見つかります。silentも「ひっそりとした」で「静粛」の感じがし、面白いことに日本語の「しれっと」の音に似ています。

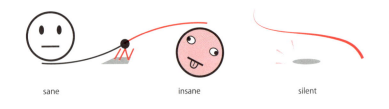

sane　　　　　　　　insane　　　　　　　　silent

単語	主な訳語	ヒント
so [soʊ]	接 だから 副 非常に	
sane [seɪn]	形 正気の	
insane [ɪnséɪn]	形 正気とは思えない	in（否）+ sane
sanity [sǽnəti]	名 正気、平静、健全さ	-ity（名詞化）
serious [síəriəs]	形 まじめな、深刻な	
sound [saʊnd]	形 適切な、正しい、健全な	
silent [sáɪlənt]	形 ひっそりとした、無言の	静粛、しれっと
serene [səríːn]	形 静かで落ち着いた	

知恵の活用：違いがわかる！

▶「とても」：so, very, too

soとveryはほとんど同じような意味で、soの方がカジュアル。意味上の違いを言うなら、veryは「客観的」に程度を表す一方、soは主観的な程度を表すと言われます。veryが「とても」であるのに対してsoが「とっても」のイメージです。このsoの持つ主観的な順接の流れを"s"の「清々」のイメージを取り入れて解釈することも可能です。

soは「だから〜したい」「だから〜して欲しい」「だから驚いた」のような「とっても〜」のそのあとの意味を含んだような（主観的な）感じ。"so 〜 that..."や"so as to"はまさに「それだから」の意味です。話や感情が「あとに続く」イメージです。

I'm so thirsty. 喉がとても渇いている。
　（→だから飲みたい）
You're so kind. あなたはとても親切だ。
　（→だから感謝する）
It was so nice. とても素敵だ。
　（→だから驚いた）
She was so nice as to help me.
　彼女は親切にも助けてくれた。

tooは「〜過ぎる」「過度に〜」を表します。tooは前置詞toからの派生語ですが、toが「到達」のイメージであるのに対して、tooは"o"がもうひとつ追加されていて、「到達を越えて度が過ぎている」と考えるとイメージしやすいです。

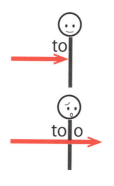

131

第3章 アルファベット

25. "T"

- "手"、先端、到達
- take, touch, texture

「手」に関係した "T" が付くことばがたくさん派生しています。

take の意味は広いですが、「手に触れる」「取り込む」がコアなイメージです。「手先」「先端」のようなイメージでは、**texture**、**tag**、**taste**（舌で触る）、**task**、**tact**、**technique** など。日本語でも、手を使う語に「取る」「つかむ」など、また「先端」「到達」の意味でも「届く」など t の音で始まる語が多いです。漢字の音読みも同様で、「到」「達」「端」「頂」「着」「通」などが t の感覚でとらえられます。

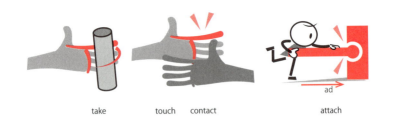

take　　touch　contact　　　　attach

単語	主な訳語	ヒント
take* [teɪk]	動 取る、採る、撮る	
texture* [tékstʃər]	名 触感、手触り	-ure（名詞化）
touch* [tʌtʃ]	動 触る、軽くたたく	
contact* [ká(:)ntækt]	名 動 接触、連絡（をとる）	con（共に）＋触る
intact* [ɪntækt]	形 手つかずで	in（否）＋触る
attach* [ətǽtʃ]	動 取り付ける	ad（向かって）＋触る
detach* [dɪtǽtʃ]	動 切り離す、離れる	de（離れて）＋触る

単語	主な訳語	ヒント
taste [teɪst]	名 味、好み 動 味を見る	「舌で触る」
tangible [tǽn(d)ʒəb(ə)l]	形 触れられる、明白な	-ible(〜できる)
intangible [ɪntǽn(d)ʒəb(ə)l]	形 無形の、実体のない	in(否)+触れられる
technique [tekníːk]	名 技術、技量	(フランス語から)

tain-

- 手を伸ばす
- 手の中に保つ

tain-という語根は tend (p.286) と同じ語源ですが、「手を伸ばす」「手の中に保つ」という感じがあります。「手＋in (テイン)」ととらえると「手の中に保つ」が覚えやすいです。

単語	主な訳語	ヒント
contain [kəntéɪn]	動 含む	con(共に)+保つ
obtain [əbtéɪn]	動 入手する、獲得する	ob(向かって)+つかむ
entertain [èntərtéɪn]	動 楽しませる、もてなす	(喜ばせて)enter(中に)+保つ
maintain [meɪntéɪn]	動 維持する	main(手を入れて)+保つ
retain [rɪtéɪn]	動 保つ	re(後ろに)+保つ
detain [dɪtéɪn]	動 拘留する、引き留める	de(離して)+保つ
sustain [səstéɪn]	動 持続する	sub(下から支えて)+保つ

26. "V" (1)

- "ブイブイ"、振動、躍動、生命感
- vibration, violence

　"v"の音は唇のところで「ぶるぶる」と鳴らす音ですから、「ブルブル感」に通じる意味があって当然だと思います。vibrationがその1つ。日本語でも、「ブイブイ言わせる」というのは「勢いづく」という意味のようです。
　暴力も含めて、躍動感を表す語を挙げます。viralはネット上で情報が拡散している状態を表す形容詞で、virus（ウィルス）＝毒に由来しますがここに入れました。

vibration　　　　　violence　　　　　vigorous

単語	主な訳語	ヒント
vibration [vaɪbréɪʃ(ə)n]	名 振動	-ation（名詞化）
vibrant [váɪbr(ə)nt]	形 活気のある	
velocity [vəlá(ː)səti]	名 速度	(v：速度を表す記号)
violence* [váɪələns]	名 暴力	
violate* [váɪəlèɪt]	動 違反する	-ate（動詞化）
vigor [vígər]	名 活力、勢力	
vigorous* [víg(ə)rəs]	形 激しい、精力的な	-ous（形容詞化）
viral [váɪ(ə)r(ə)l]	形 急速に広まる	-al（形容詞化）

「雰囲気」の意味で「バイブス」と言うことがありますが、これは**vibration**の略の複数形**vibes**。**Vibre**というお店がありますが、**vivre**はフランス語で「生きる」「住む」。**vitamin**の成り立ちは**vita**＋**amine**で、これは昔、ビタミンはアミノ酸（amine acid）の仲間と考えられていたからだそうです。「万歳！」という感じの"**viva**"も同じ語源。「万歳」は中国語の「千秋万歳」からとった「万年の寿命」の意味なので、これも「命」のことを言っています。「越えて（sur）生きる」のが**survive**です。この他、**vegetable**「野菜」も同じ語源で、アメリカでは**veggies**と略されることがあります。

vivid　　　　　　　　revive　　　　　　　　survive

単語	主な訳語	ヒント
vivid * [vívɪd]	形 鮮明な、活発な	
revive * [riváɪv]	動 蘇生させる	re（再び）＋vive（生きる）
revival [riváɪv(ə)l]	名 復活	-al（名詞化）
vital * [váɪt(ə)l]	形 不可欠な、活気ある	命に関する
vitamin * [váɪtəmɪn]	名 ビタミン	vit＋amin
survive * [sərváɪv]	動 生き残る	越えて（sur）生きる
vegetable * [védʒtəb(ə)l]	名 野菜	＝veggies
vegan [víːg(ə)n]	名 完全菜食主義者	（vegetarianから）

第3章 アルファベット

27. "v" (2)

- 空っぽ、"莫(バク)"
- vacant, vast

「莫大(ばくだい)」の「莫」の意味は、「ない」「むなしい」。vacationのvacも同様のイメージで「忙しいことをしない」。ホテルなどの「空室」はvacancyで表され、トイレの「空き」の表示もvacantで、反対に「使用中」はoccupied。内部の圧力を下げてゴミを吸い取る掃除機は"vacuum cleaner"で動詞のvacuumは「掃除機をかける」。

vacation　　vacant　　vacant ⇔ occupied

vacuum cleaner

単語	主な訳語	ヒント
vacant* [véɪk(ə)nt]	形 空いている、欠員の	-ant (形容詞化)
vacancy* [véɪk(ə)nsi]	名 空室、空位	-cy (名詞化)
vacate [véɪkeɪt]	動 退去する	
vacation [veɪkéɪʃ(ə)n]	名 休暇、休日	-ation (名詞化)
vacuum* [vǽkjuəm]	名 真空 動 掃除機をかける	

「無い」の意味からvain「空虚な」、vast「広大な」。大きな災害や戦争のニュースで言われる"**devastated area**"は「壊滅的打撃を受けた地域」。waste「浪費する」「無駄遣い」も同じ仲間です。

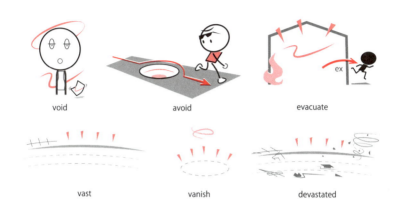

単語	主な訳語	ヒント
void* [vɔɪd]	形 からの、空虚な	
avoid* [əvɔ́ɪd]	動 避ける、逃れる	空にする
evacuate* [ɪvǽkjuèɪt]	動 避難させる、避難する	外に出て(ex)空にする
vain* [veɪn]	形 無益な、空虚な	
vast* [væst]	形 莫大な、広大な	
vanish* [vǽnɪʃ]	動 消滅する	-ish（動詞化）
devastated [dévəstèɪtɪd]	形 打ちのめされた	de（完全に）＋ vast
waste* [weɪst]	動名 浪費（する）	
vague* [veɪg]	形 漠然とした	「莫」
extravagant* [ɪkstrǽvəɡ(ə)nt]	形 過剰な、大げさな	extra（越えた）

137

第3章 アルファベット

28. "v" (3)

- 勝利、打ち負かす
- **v**ictory, con**v**ince

"v"といったら「Vサイン」のイメージを書かずにはいられません。オリンピックの表彰式は"Victory Ceremony"。convinceは「完全に(con)＋打ち負かす」で、相手を説得して行動を起こさせることを言います。その形容詞形がconvincing「説得力のある」。provinceは「勝ち取った土地」から「州」「省」などの意味。

victory　　　　　　　　convince　　　　　　　　province

単語	主な訳語	ヒント
vict**o**ry* [víkt(ə)ri]	名 勝利、優勝、征服	-ory（名詞化）
vict**o**r* [víktər]	名 征服者、勝利者	-or（する人）
con**v**ince* [kənvíns]	動 納得させる、説得して〜させる	con（完全に）＋打ち負かす
con**v**incing* [kənvíinsiŋ]	形 説得力のある	-ing（形容詞化）
con**v**ict* [convict]	動 有罪の判決を下す 名 受刑者	「納得させられた」
pro**v**ince* [prá(:)vɪns]	名 州、省、地方	「征服された地」
e**v**ict [ɪvíkt]	動 立ち退かせる	e（出）＋vict

138

コラム：「勝つ・負ける」win, beat, defeat

「勝つ」といえば"win"。でも、このwin、「○○に勝つ」という訳語で覚えてしまうと失敗します。winの目的語には、競技・試合・戦争・選挙その他競いごと、または賞・賞金などがきます。

win a game（試合に勝つ）、win an election（選挙に勝つ）、win an Academy Award（アカデミー賞を取る）

"Argentina won the World Cup."とは言いますがアルゼンチンがフランスに勝っても、"Argentina won France."とは言いません。

他動詞のwinは、「勝つ」という訳語で考えず、「勝ち取る」「得る」と覚えておくと間違えません。

相手を目的語にする場合には、「～を破る」「～を負かす」を意味するbeatやdefeatを使って、Argentina beat France to win the World Cup. のようにします。

winの反対の「負ける」はloseで、win「勝ち取る」に対して「取り損なう」。"win a friend"は「（努力して）仲間を得る」のような意味になり、"lose a friend"は「仲間を失う」。

この本では「とにかく単語を頭に入れる」をゴールにしているので説明や語法は入れていません。その先、語の使い方や"本当の"意味を理解するためには辞書を丹念に読んで、その上で実際の使用に数多く触れることが必要です。

第3章 アルファベット

29. "w" (1)

- 水、"湧く"
- water, wash, well

"w"はuを2つ重ねた文字ですが、形は波にも見えますね。水はwater。wash、wetの他、winterも同源で、さらにwhiskeyやvodka「ウォッカ」も同源。語源は異なりますが「井戸」の意味のwellもwで始まります。日本語でも「水が"湧く"(*waku*)」と言いますし、やまとの言葉で「海」のことを「わた」と言います。海神(わたつみ)のわたです。不思議な「wの一致」です。

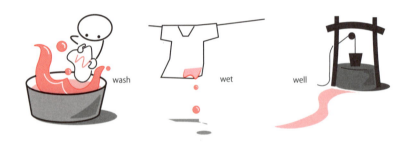

単語	主な訳語	ヒント
water [wɔ́:tər]	名 水 動 水をやる	
wet [wet]	形 濡れた、雨降りの	
winter [wíntər]	名 冬	湿った季節
wash [wɑ(:)ʃ]	動 名 洗う(こと)	
well [wel]	名 井戸、泉 動 湧き出る	
whiskey [(h)wíski]	名 ウィスキー	
vodka [vɑ́(:)dkə]	名 ウォッカ	

同じ語源から**hydro-**、**und-**(p.412)も生まれています。

なお、**aqua-**も水を表し、**Aquarius**は「みずがめ座」。仏教語で「あか(閼伽)」ということばがあります。仏前に供える水のことで、仏に供える水や花などを置き、また仏具などを載せる棚のことを「あかたな」と呼びます。これ、欧州語の"**aqua**"とつながっているという説もあり、なるほどなんとなく水は水でも神聖な響きが感じられます

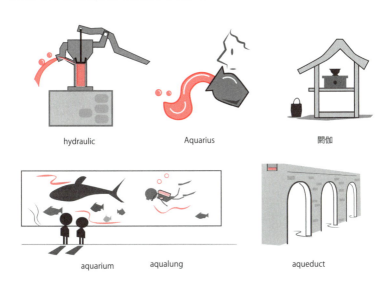

hydraulic　　　　　　　　Aquarius　　　　　　　　閼伽

aquarium　aqualung　　　　　　　　　　aqueduct

単語	主な訳語	ヒント
hydrogen* [háɪdrədʒ(ə)n]	名 水素	gen（源）
hydraulic [haɪdrɔ́ːlɪk]	形 水力を用いる、水圧の	-ic（名詞化）
hydrophobia [hàɪdrəfóubiə]	名 恐水病	phobia（恐怖症）
Aquarius [əkwéəriəs]	名 みずがめ座	
aquarium [əkwéəriəm]	名 水族館	-rium（場所）
aqualung [áːkwəlʌ̀ŋ]	名 アクアラング	lung（肺）
aqueduct [ǽkwɪdʌ̀kt]	名 水道橋	duct（導）

第3章 アルファベット

30. "w" (2)

- 見る、注視する
- watch, wait, witness

　watchという動詞は、見るは見るでも「注意深く見る」。wake、awake、awareなどが同源です。wに相当する部分がフランス語経由でgになったguard、ラテン語経由でvになったvigilなど、「注視する」を意味するようなたくさんの英語が生まれています。

watchdog　　　　　　　　aware　　　　　　　　　　guard

単語	主な訳語	ヒント
watch [wɑ(:)tʃ]	動 注意して見る、気をつける	
watchdog [wɑ́:tʃdɔ:g]	動 監視人、番犬	watch + dog
wake [weɪk]	動 目を覚ます	
aware [əwéər]	形 気づいて、知って	a- (〜状態)
beware [bɪwéər]	動 用心する、警戒する	be- (動詞を作る)
wait [weɪt]	動 待つ (自動詞)	
await [əwéɪt]	動 〜を待つ (他動詞)	ad (向かって) + wait
guard [gɑ:rd]	動 守る 名 警備員	
regard [rigá:rd]	動 見なす、評価する 名 尊敬、配慮	re (後ろを) + guard (見守る)
vigil [vídʒɪl]	名 徹夜、寝ずの番	

同じように「見る」を意味するvideoやvisionの語根の系統(p.362)の中にもwで始まる語があり、その中にwise「賢い」があります。「見たということは知っていること」というイメージでしょうか。witも「知っていること」で「機知」。witnessは「目撃者」「目撃する」。「魔法使い」のwitchも同源です。

wise　　　　　　　　　witness

単語	主な訳語	ヒント
wise* [waɪz]	形 賢い、博学の	
wit* [wɪt]	動 機知、機転	「知っていること」
witness* [wítnəs]	名 目撃者 動 目撃する	
eyewitness [áɪwìtnɪs]	名 目撃者 動 目撃する	eye + witness
witch* [wɪtʃ]	名 魔女、魔法使い	

知恵の活用：違いがわかる！

▶「見る」：watchとsee

　「見る」は「見る」でも、watchが意図して対象の動きなどを「注意深く見る」のに対して、seeは映画や名所などを「見る」「眺める」のような意味に使われますし、「意図的に見る」というより意図に関わりなく「見える」のように使われます。

第4章

意味を感じる(2)
オノマトペ的に感じる

おののまとぺ

感覚と合ってそっくり

　もしもことばが「自然界の模倣」であることが多いなら、単語の音が「自然の音や感覚」を表していることが多いはずです。英語というのは、ゲルマン語経由でできた古英語や、その後に入ったラテン語由来の語などさまざまで、現代に至るまでの間に音も変化してしまっています。もしも「自然界の模倣」が残っているとすると、起源に近い「語源」を見ればよりそれが見つかりやすいという発想ができます。

　語源を考えながら、欧州言語の起源である「印欧祖語」に遡れば、もしかしたら「感覚に合う音・語感」が見つかるかもしれません。

　この章ではそんな「感覚と合うかもしれない」語を並べてみました。オノマトペ由来の語もあるでしょうし、どうかわからないものもあります。仮にオノマトペと関係ない語であっても、「感覚となんとなく合っている」からこそ、長く生き残った単語もあるはずです。第1章で触れた「プリン」や「バリカン」という語が日本語として定着したようにです。

　単語を数多く記憶するには、複数の語を関連付けすることが重要だと思います。その目的なら、本当に語源的なつながりがあるかは二の次です。例えば私自身、shrink「縮む」をshrimp「エビ」が腰を曲げて縮まる様子をイメージして記憶しました。「シュリッ」と縮むことをイメージすることも可能です。

　ここでは英単語を、日本語で考える感覚とあわせて紹介してみました。同じように感じられる語であれば、語源的なつながりが必ずしもあるとは言えないものもいっしょに入れています。正確な語源はともかく、「英単語を記憶する」ということを目的として使えるように考えてみました。

　赤字で表した部分が「日本語と似ている」と考える部分です。

第4章 語源×語感

1. beat

- "バタバタ"
- beat, battle, debate

　beatは「続けてたたく」、つまり「バタバタ」。battleは「戦い」で、war「戦争」の中の個々の場所場所での戦いをbattleといいます。batterは、動詞としては「めった打ちにする」、「叩き潰す」、「乱打する」という意味があり、名詞では野球の「打者」以外に、料理のバターの意味があります。バターといっても乳製品のバターではなく、「牛乳、卵、小麦粉などを混ぜたとろっとした液」で、パンケーキの生地やてんぷらのころもの生地です。なるほど「バタバタ」でイメージできます。butterflyは「バタバタ」でなくて、スペルでわかるように乳製品のバター関連。

単語	主な訳語	ヒント
beat* [bíːt]	動 打つ、打ち勝つ	
battle* [bǽt(ə)l]	名 戦闘、闘争	叩く＋le（反復）
battlefield* [bǽt(ə)lfìːld]	名 戦場、論争	battle＋field
combat* [kɑ́(ː)mbæt]	動 格闘する、論争する	com（共に）＋beat→たたき合う
debate* [dɪbéɪt]	名 動 討論（する）	de（下に）＋beat→打ち倒す
rebate [ríːbeɪt]	名 割戻し 動 割引する	re（元へ）＋beat→打ち返す
abate [əbéɪt]	動 弱める、静まる	ad（向かって）＋たたく
batter [bǽtər]	名 打者、ころも用生地	-er（繰り返し）→バタバタ
battery* [bǽt(ə)ri]	名 電池、砲台	「打つこと」

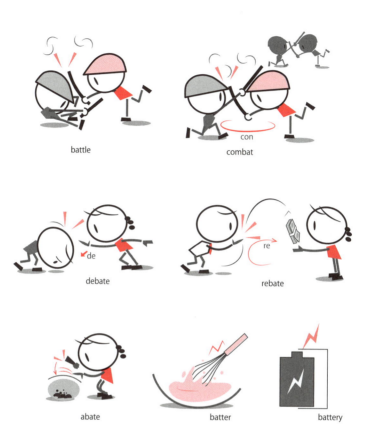

第4章 語源×語感

2. bl-

- "バー"、"房"、"膨"、"爆"
  吹く、一気に広がる
- blast, blow, blaze

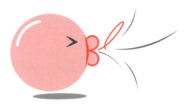

"bl-"からは、パーっと開いたり吹いたり、広がったりするイメージが持てます。バ行の漢字で言えば「房」「膨」「爆」のイメージです。

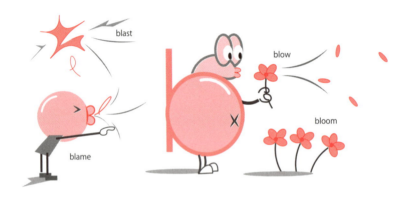

単語	主な訳語	ヒント
blast [blæst]	名 突風、爆風	
blow [blou]	動 (風が)吹く 名 一撃	
blame [bleɪm]	動 名 非難(する)	
bloom [bluːm]	動 開花する 名 花	
bold [bould]	形 大胆な、勇敢な	
blister [blístər]	名 水ぶくれ	
bleed [bliːd]	動 出血する	
blood [blʌd]	名 血	

blaze　　blanket

　blazeは「火炎」「炎」。blazerは赤いジャケットを表現したところからきたそうです。そこから眩しい「真っ白」の意味ではblank「空白の」、「白紙の」、bleach「漂白剤」「漂白する」があります。blanket「毛布」も、もとは白い布でできていたことによります。「バーっと何もない」って感じだとbleak「荒涼とした、殺風景な、（見通しなどが）暗い、わびしい、希望のない」。

単語	主な訳語	ヒント
blaze* [bleɪz]	名 火炎、炎	「まぶしい」
blank* [blæŋk]	名 空欄 形 空白の	「真っ白」
bleach [bliːtʃ]	動 漂白する 名 漂白剤	「真っ白」
blanket* [blǽŋkət]	名 毛布	「白いもの」
bleak* [bliːk]	形 荒涼とした	「何もない」

　実はflowerはbloomのbがfに変わった形。「パッと開いた」感じです。同様にbがfに変化し、flame「炎」、flare「閃光、炎上」も「バーッ」と行きます。さらにin-（中へ）がついたinflate、inflation。さらにdeflationも覚えられます。

単語	主な訳語	ヒント
flower*** [fláuər]	名 花 動 開花する	「パッと開いた」
flame* [fleɪm]	名 炎	
flare* [fleər]	動 ぱっと燃え上がる 名 炎	
inflate [ɪnfléɪt]	動 ふくらむ	in（中）
deflation [dɪfléɪʃ(ə)n]	名 デフレ、収縮	inflateの反対（de）

第4章 語源×語感

3. bal-/-bel-

- "腹(バラ)"、"膨(ボウ)"
- ball, balloon, bellows

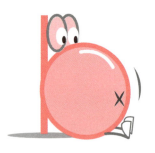

　膨らんだものに ball があり、balloon「風船」もあります。ball を投票に使ったことから、ballot「投票」ということばも生まれています。ラグビーやサッカーのボールは、昔は豚の膀胱(bladder)から作っていたそうです。ぷっくり出てしまうのが belly「腹」。belly と似ている bellows は「蛇腹」で、「金貨を蛇腹の袋に入れる」という発想のイメージで budget「予算」もいっしょに記憶できます。

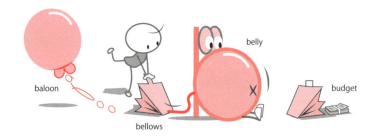

単語	主な訳語	ヒント
ball* [bɔːl]	名 ボール	
balloon* [bəlúːn]	名 風船、気球	-oon (強調)
ballot* [bǽlət]	名 投票、投票用紙、票	「投票用の玉を投じる」
bladder [blǽdər]	名 膀胱	
belly* [béli]	名 腹 動 膨らます	
bellows [bélouz]	名 蛇腹	
budget* [bʌ́dʒət]	名 予算 動 予算に計上する	「金貨を入れる袋」

第4章 語源×語感

4. br-

- "ブクブク"、発酵、温、熱
- brew, breed, brand

「スペルが "bl" だったかな、"br" だったかな」などと迷うことがある人は、これを試してみてください。前の bl が「膨」であるのに対して、br は「ブクブク」で感じられます。brew「醸造する」や brandy「ブランデー」も、発酵するときの「ブクブク」で感じられます。brandy はぶどうを発酵させた蒸留酒。bread も発酵させる食品。broil は肉や魚を高温でブクブクさせること。「温める」「熱くする」のイメージを持って、大切に温めて育てるのが breed。熱くした鉄を動物に押し付けて印をつけたのが brand。どれも "br"。

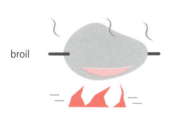

broil

brand

単語	主な訳語	ヒント
brew* [bru:]	動 (ビールなどを) 醸造する	
brewery [brú:əri]	名 ビール醸造所	-ery (場所)
brandy [brǽndi]	名 ブランデー	
bread** [bred]	名 パン	
broil [brɔil]	動 (直火で) 焼く	
breed* [bri:d]	動 子を産む、繁殖する	(breeder は繁殖家)
brand* [brænd]	名 銘柄、焼き印	「燃え木」から

151

第4章 語源×語感

5. cap-

- "カポッ"、頭、捕らえる
- catch, capture

"cap"で始まることばはたくさんあります。ここにあげるものはどれも印欧祖語 *kap に由来し、「つかむ」という意味だったようです。cap に「頭」の意味があるのは、「(獲物の)頭を捕まえる」というところからのようで、「カポッ」っと頭を捕まえるイメージを持つと理解しやすいです。catch「捕まえる」と、その前段階の chase「追いかける」も同源です。p.407に出てくる cept や ceive も仲間です。

chase

catch / capture

単語	主な訳語	ヒント
cap [kǽp]	名 帽子、ふた (キャップ)	
cabbage [kǽbɪdʒ]	名 キャベツ	「頭に似た野菜」
chapter [tʃǽptər]	名 章	「文の頭につけた目印」
catch [kǽtʃ]	動 つかむ、捕らえる	捕まえる
caption [kǽpʃ(ə)n]	名 説明文、見出し	「捕らえること」
capture [kǽptʃər]	動 逮捕する、捕獲する	
captive [kǽptɪv]	名 捕虜	捕まった人
chase [tʃéɪs]	動 追いかける	(catchの前段階)
purchase [pə́ːrtʃəs]	動名 購入(する)	pur (求めて) + chase

152

捕まえたものを「収容」する同源語が続きます。caseという語には2つあって、1つは「場合」でもう1つが「箱」。語源はまったく違っていて、「場合」の方は「落ちる」に関係し(p.388)、「箱」の方が「頭」「捕まえる」に関係します。捕まえた獲物を入れておく容器です。入れておく動作はkeepです。cashもその派生で「金銭箱」の意味から「現金」。コンピュータ上のキャッシュとは一度使ったデータを保管しておく仕組み。

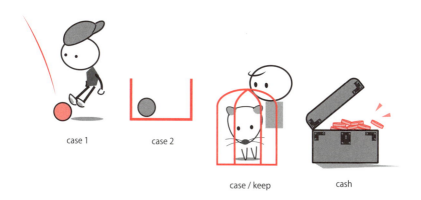

case 1　　case 2　　　　case / keep　　cash

単語	主な訳語	ヒント
case [keɪs]	名 箱	
cassette [kəsét]	名 カセット	小さい(-ette)＋箱
keep [kiːp]	動 保つ	
capsule [kǽps(ə)l]	名 カプセル	-ule(小さな)＋容器
capable [kéɪpəb(ə)l]	形 能力がある	収容＋能力がある(able)
capacity [kəpǽsəti]	名 容量、収容能力	収容能力＋ity(名詞化)
cash [kæʃ]	名 現金、即金	「金銭箱」
occupy [ɑ́(ː)kjəpàɪ]	動 占める、占領する	ob(向かって)＋cup(つかむ)
occupation [ɑ(ː)kjəpéɪʃ(ə)n]	名 職業、占領	-ation(名詞化)

... 知恵の活用：違いがわかる！
▶「能力」：ability, skill, capability, capacity, literacy, potential

　abilityは「able（できる）＋ ity（名詞化）」で、実際の能力を表す一般語です。

skill

　skillの語源は「"チョキチョキ"の切る」（p.190）で「見極めたりすること」から、訓練や習得によって得た、特定のことを行うことができるための能力・技能を表します。

capability

　capabilityはcapacityより堅く、「受け取る（cap）ことができる」で、特に困難なことをすることができる能力の有無や能力の高さを表します。

capacity

　capacityのcapも「受け取る」で、物であれば量としての「収容力」。人間なら受け入れられたり処理したりできる、量としての受け入れ能力です。

literacy

　literacyはletterと同源であることからわかるように、もとは「読んだり書いたりすることができる能力」でそこから広がって、ある分野の知識を自ら習得したり活用したりできる能力のことをいいます。

potential

　potentialのpotは「持っている力」（p.234）なので、その人が潜在的に持っている才能や素質を表します。

> 第4章 語源×語感

6. cap-（つづき）

- 頭（かしら）
- capital, captain

　cap-「頭」に由来する語として、料理長を表す chef は英語の chief に相当するフランス語からの借用語で、「頭（かしら）」の意味です。会社の CEO は"Chief Executive Officer"「最高経営責任者」の略。captain は「集団の頭（かしら）」、capital は「頭の」から「主要な」「頭文字」の意味があります。「大文字」は "capital letter" で「首都」は "capital city"。頂に達するのが achieve。

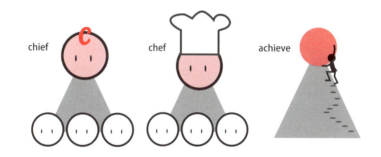

単語	主な訳語	ヒント
capital [kǽpət(ə)l]	名 首都、資本、大文字	「主（重要部分）」
captain [kǽpt(ə)n]	名 船長、長	「頭（かしら）」
chief [tʃíːf]	形 最高位の 名 （組織の）長	「組織の頭（かしら）」
chef [ʃef]	名 料理長	「料理人の頭」
per capita	形 副 1人当たり	「1人頭」
achieve [ətʃíːv]	動 達成する、成し遂げる	頭（頂点）に向かう（ad）→到達
achievement [ətʃíːvmənt]	名 達成、業績	-ment（名詞化）

第4章 語源×語感

7. circle

- "クルクル"、円
- circuit, curve, curl

circleは「円」ですが、スペルが「クルクル」のようにも見えます。circumstance「周囲の事情」「状況」やcircus「円形広場」「サーカス」が同じ語源仲間です。この語源仲間以外にもcurve、curlというような「クルクル系」もあります。cycleも「クルクル仲間」で、しかも音が日本語の「周期(しゅうき)」に似ていますね。searchも同源で「くるくる探し回る」イメージ。

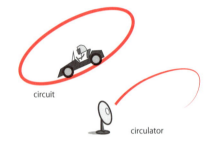

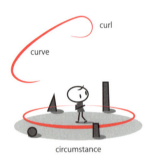

単語	主な訳語	ヒント
circle* [sə́ːrk(ə)l]	名 円 形 円形の	クルクル
circular [sə́ːrkjələr]	形 円形の、循環する	-ar(形容詞化)
circulator [sə́ːrkjəlèrtər]	名 循環装置	クルクルさせるもの
circuit* [sə́ːrkət]	名 回路、周回、サーキット	クルクル+it(行く)
curve* [kəːrv]	名 曲線、カーブ	クルクル
curl* [kəːrl]	名 カール 動 カールする	クルクル
circumstance* [sə́ːrkəmstæns]	名 事情、境遇	周囲に+stance(立つ)

156

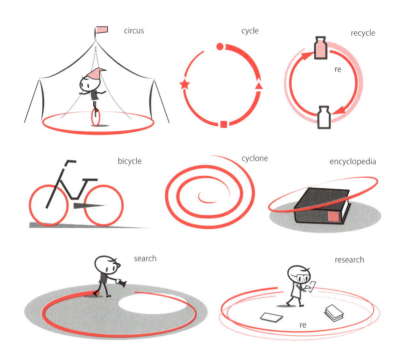

単語	主な訳語	ヒント
cir**c**us [sə́ːrkəs]	名 サーカス、円形広場	
cycle [sáɪk(ə)l]	名 循環、周期	クルクル
re**cyc**le [rìːsáɪk(ə)l]	動 再利用する 名 リサイクル	re（再）＋ cycle
bi**cyc**le [báɪsɪk(ə)l]	名 二輪車	bi（2つ）＋ cycle
cyclone [sáɪkloun]	名 サイクロン、大竜巻	
en**cyc**lopedia [ɪnsàɪklǝpíːdiǝ]	名 百科事典	「ぐるりと含む教育」
sear**ch** [sə́ːrtʃ]	動 調べる、探す	探し「回る」
re**search** [ríːsəːrtʃ]	名 調査、研究 動 研究する	re（徹底的に）＋調べる

157

第4章 語源×語感

8. cl-

- "キラキラ"、"きれい"
- clean, clear

　前述したように、"L"がつく語には「明るい」「光」に関係する語がたくさんあります(p.110)。語源は異なりますが、cにLがついた"cl"になると、「キラキラきれい」のイメージの語があります。台所のクレンザーや化粧品のクレンジングの cleanse「きれいにする」「汚れを取る」は clean と同源の語です。日本語の「きれい」「清らか（きよらか）」の響きもこの"cl"の音に近いので感覚的理解がしやすいかと思います。

clean　　　　　　　clear　　　　　　declare

単語	主な訳語	ヒント
clean [kliːn]	形 きれいな 動 清潔にする	キラキラ
clear [klɪər]	形 明快な、明確な、澄んだ 動 きれいにする	キラキラ
clarify [klǽrəfài]	動 明らかにする	-fy（動詞化）
crystal-clear	形 透明な、一点の曇りもない	
cleanse* [klenz]	動 きれいにする、汚れを取る	
clever [klévər]	形 利口な、賢い	「頭脳明晰」
declare [dɪkléər]	動 宣言する、明言する	de（すっかり）＋明らかに

第4章 語源×語感

9. clud-

- "くるんで"、閉じる
- close, include

includeは「含む」の意味。日本語で言えば「くるむ」「ひっくるめる」のイメージ。cluやcludの部分を「閉じる」ととらえると同源語をさらにイメージしやすいです。concludeやconclusionは「結論」の訳語にとらわれず、「締めくくる」の意味でとらえると「終える」も含めた意味が理解しやすいと思います。

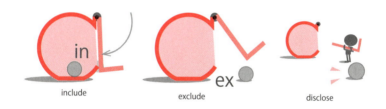

include　　　　exclude　　　　disclose

単語	主な訳語	ヒント
close [klouz]	動 調べる、閉ざす	
include [ɪnklúːd]	動 含む、含める	in(中に)＋閉じる
exclude [ɪksklúːd]	動 除外する、締め出す	ex(外)＋閉じる
closet [klá(ː)zət]	名 戸棚、クロゼット	et(小さな)
disclose [dɪsklóuz]	動 暴く、公開する	dis(反)＋閉じる
conclude [kənklúːd]	動 結論づける、終える	con(完全に)＋close(閉じる)
conclusion [kənklúːʒ(ə)n]	名 結論、結末	conclude＋ion(名詞化)
enclose [ɪnklóuz]	動 取り囲む、同封する	en(入れて)＋閉じる
seclude [sɪklúːd]	動 引き離す、隔離する	se(離す)＋閉じる

第4章 語源×語感

10. car-

- "コロコロ"、荷車、運ぶ
- cart, carry, career

carというのは「走る」の意味から生まれた語で「くるま」の意味になっています。これは「コロコロ」でイメージできます。「くるま」から「荷車」、「乗り物」、「荷車に乗せる」、「運ぶ」といった意味に広がっています。職業などの「キャリア」は「運ぶ道」を人生の道のりにたとえたものだと解釈できます。

car　　charge　　　　cart　　carry　　　　　career

単語	主な訳語	ヒント
car [kɑːr]	名 車、自動車	コロコロ
cart [kɑːrt]	名 荷車、手押し車	
carry [kǽri]	動 持ち運ぶ、携行する	
carrier [kǽriər]	名 運送業者、荷物台	-er（する人/物）
carriage [kǽridʒ]	名 運搬、運賃、乗り物	-age（名詞化）
career [kəríər]	名 生涯、職業、経歴	進む道
charge [tʃɑːrdʒ]	動 請求する、充填する 名 料金	「荷を積む、負わせる」
carpenter [kɑ́ːrp(ə)ntər]	名 大工	「車輪を作る人」から

第4章 語源×語感

11. cur-

- "コロコロ"、滑走する、駆る
- current, occur

cur-もcarと同じ語源。「走路」「走る姿」「走るもの」といった意味が解釈できます。「つつーっと流れる/進む」イメージで、コンピューターのカーソル(cursor)を思い浮かべると理解しやすいです。currentには「現在の」の他に名詞で「流れ」や「電流」という意味があります。「外に(ex)行く」のがexcursion「遠足」です。

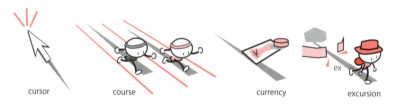

cursor　　course　　currency　　excursion

単語	主な訳語	ヒント
cursor [kə́:rsər]	名 カーソル	滑走する
course* [kɔ:rs]	名 走路	
current* [kə́:r(ə)nt]	形 現在の	「今流れている」
currency [kə́:r(ə)nsi]	名 通貨、流通	-cy (名詞化)
concur [kənkə́:r]	動 同意する	con(共に)＋cur
concourse [ká(:)nkɔ:rs]	名 大通り	con(共に)＋course(走る)
occur* [əkə́:r]	動 発生する	ob(向かって)＋cur(走る)
recur [rikə́:r]	動 再発する	re(再び)＋cur(走ってくる)
incur* [ɪnkə́:r]	動 こうむる	in(中へ)＋来る
excursion* [ɪkskə́:rʒ(ə)n]	名 遠足	ex(外へ)＋行く

知恵の活用：違いがわかる！

▶「起こる」：happen と occur

　happen の hap は「運」や「偶然」を意味します。「降って湧いた」「目の前に落ちてきた」というようなイメージで、happy「幸せな」や perhaps「ひょっとしたら」の hap です。happening という語からもわかるように、「意外性」や「偶然性」を表すわけです。「とんでも happen！」という言い方がありますが、happen はまさしく「思いがけない」というイメージです。

happen

　occur の oc は ob の異型で「対して」「向かって」で、cur は「流れるように進む」ような感じですから、意外性の少ない現象のように、「流れるように向かってやってくる」ととらえることができます。つまり「occur（起こる）べくして occur（起こる）」。recur は「もう一度（re）やってくる」ということなので「再発する」の意味になり、名詞形は recurrence「再発」。

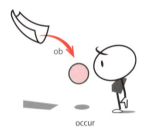
occur

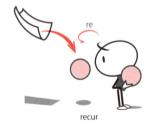
recur

162

コラム　辞書の使い方

　この本の目的は「とにかく単語を頭に詰め込む」こと。関連語を「一網打尽」に頭に入れることです。ですから記載語数を重視し、用例や細かい用法などは入れていません。ですが、それが「重要ではない」とは言っていません。むしろ非常に重要だと思っています。

　私が学生だった頃は、授業には必ず辞書を持参しました。社会人になってからも辞書はいつでも机の一等地に置いてあり、お気に入りの辞書は手垢で真っ黒でした。よく「誰に英語を習ったのか」という質問を受けますが、私は「辞書に習った」と答えます。それが事実です。

　私の塾を訪問する方々に「単語はどうやって調べるか」をきくと、「ネット」と答える人が多いのに驚きます。たいていはGoogleで調べているようなのです。よほどうまく使わない限り、Googleでは「ほんとうの意味」や「使い方」は調べられません。

　辞書を引かない人が単語の「意味」と言っているのはただの「訳語」にすぎません。単語の「本当の意味」は辞書をよく読まないと把握できません。単に「訳語」を見ておしまいにするだけでは「意味」を理解したことにはなりません。この本ではスペース上の理由で省略していますが、たとえばinterestedだと「関心を持っている」という訳語の前に「＜事・物・人＞に」という説明がついています。interestingには「人にとって／…するには／…という点で」という説明がついています。品詞は何か、可算か不可算かなどはもちろん、類義語との比較などの解説文も含めて「辞書を読み込む」ことが必要です。この本で「頭に入れる」ことと同時に、辞書で確認することを怠らないでください。

163

12. cor-

- "ココロ(こころ)"
- core, courage

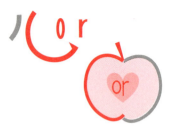

　cor- も前述のふたつと同じ祖語から派生して、「核」「芯」から「心」「心臓」を表す語根です。core は「核心部」、「中心部」。
楽器のアコーディオン(accordion)は「調和する音」を奏でる楽器で、"according to"「〜によれば」の accord「調和」と同じ語源です。

courage

encourage

accord

discord

単語	主な訳語	ヒント
core* [kɔːr]	名 核心、(果実の)芯	ココロ
cordial [kɔ́ːrdʒ(ə)l]	形 心からの、暖かい	-ial (名詞化)
courage* [kə́ːrɪdʒ]	名 勇気、度胸、精神力	-age (名詞化)
courageous [kəréɪdʒəs]	形 勇気のある、勇敢な	-ous (形容詞化)
encourage* [ɪnkə́ːrɪdʒ]	動 励ます、仕向ける	勇気(courage)を入れる(en)
discourage* [dɪskə́ːrɪdʒ]	動 落胆させる	dis (反対) + courage (勇気)
accord* [əkɔ́ːrd]	動 一致する	心(cor)に向かう(ad)
concord [kɑ́(ː)nkɔːrd]	名 調和、友好	(con=共に)→同じ心を持つ
discord* [dískɔːrd]	名 不一致、不協和音	dis (反対) + cord (調和)
record* [rékərd]	動 名 記録(する) 形 記録的な	(re=再び)→心に呼び戻す

> 第4章 語源×語感

13. cardi-

- 心臓
- cardinal

　cardi-は「心臓」を表す語根で、electrocardiogramは「心電図」。cardinalは「非常に重要な」、つまり「芯」になる部分です。ダジャレで言えば「肝心なる／cardinal」。"cardinal rule"は「鉄則」。カトリック教会の最高顧問がcardinal「枢機卿」で、深紅の帽子と衣を身につけていることから、その色を表すようにもなり、さらのその色に由来する鳥（紅雀）もcardinal。メジャーリーグのチーム、Cardinalsはこれです。

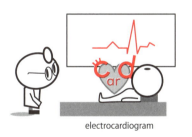
electrocardiogram

cardinal

cardinal

単語	主な訳語	ヒント
cardiac [ká:rdiæk]	形 心臓（病）の	-ac（形容詞化）
cardiology [kà:rdiá(:)lədʒi]	名 心臓学	-ology（学）
electrocardiogram	名 心電図	electro（電）＋ cardi ＋ gram（図）
cardinal* [ká:rdɪn(ə)l]	形 非常に重要な	-al（形容詞化）「肝心なる」

165

第4章 語源×語感

14. cell

- "殻（カラ）"
- celling, parcel

　cor-は「心」を表しますが、「体」を表す語としてはcell-という語根があり、「覆うもの」を意味します。漢字で書けば貝を覆う「殻(kara)」のようにも思えます。
　cellingは隔壁となる「天井」です。また、colorも同源でものを「覆うもの」という解釈も可能で、日本語の「柄（がら）」に近いでしょうか。

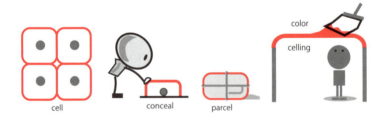

単語	主な訳語	ヒント
cell: [sel]	名 独居房、個室、細胞	
cellular* [séljələr]	形 細胞上の、セルラー方式の	（格子状の電波の中継網から）
cellar* [sélər]	名 地下室	ar＝場所
conceal: [kənsíːl]	動 隠す、秘密にする	con(共に)「共に覆う」
parcel: [páːrs(ə)l]	名 小包	par(部分)「小さく分けられた」
cancel: [kǽns(ə)l]	動 取り消す　名 取り消し	「格子状の取り消し線」
ceiling: [síːlɪŋ]	名 天井	
color: [kʌ́lər]	名 色	「ものを覆うもの、柄（がら）」

第4章 語源×語感

15. dr-

- "ダラ"、水に関係
- drink, drop, dry

　drが頭につく語には「水」に関わるものがいくつもあります。「水」を日本語のイメージで当てはめるとすると「ダラ」「ダラリ」。drop、drinkの他、「水を抜く」のがdrainで「水気を取る」のがdry、「水中で溺れる」のはdrownです。drenchは「びしょぬれにする」。

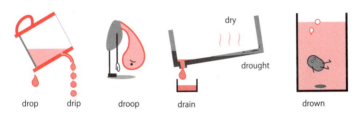

drop　　drip　　droop　　drain　　drown

単語	主な訳語	ヒント
drink [drɪŋk]	動 飲む	
drop [drɑ(:)p]	動 落とす、落ちる	短い母音「タラ」「ポト」
drip [drɪp]	動 したたり落ちる	短い連続「タラ・タラ」
droop [dru:p]	動 (物が)だらりと垂れる	長い母音「ダラーン」
drool [dru:l]	動 よだれをたらす	「ダラーリ」
drizzle [drízəl]	動 霧雨が降る	-le (繰り返し)
drain [dreɪn]	動 排水する 名 排水管	
dry [draɪ]	形 乾いた 動 乾かす	「水気を取り去る」
drought [draʊt]	名 日照り、水不足	
drown [draʊn]	動 溺れる	(「水を飲む」から)

第4章 語源×語感

16. fl-

- "浮浪"、"浮流"
- flow, float

　第3章で書いたように、"f"には「浮遊」が感じられ（p.94）、これに「流体」のイメージの"l"（p.109）がつながるflは「流れる」を表す語になることがあります。

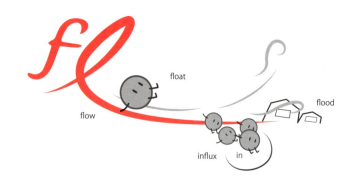

単語	主な訳語	ヒント
flow* [flou]	名 流れ、動 流れる	
fluent* [flúːənt]	形 流暢な	-ent（形容詞化）
float* [flout]	動 浮かぶ、浮く、名 山車、浮き	
fluid* [flúːɪd]	動 流体	
flood* [flʌd]	名 洪水 動 冠水させる	
flux [flʌks]	名 流れ、流出、変化	
influx [ínflʌks]	名 流入、殺到	in（中へ）+ flux
flush* [flʌʃ]	動 （トイレで）水を流す	

考えや思想などが「流れ込む」ようにして影響するのが **influence** で、そのような影響力を持つ人が **influencer**（インフルエンサー）です。

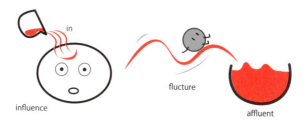

単語	主な訳語	ヒント
influence [ínfluəns]	名動 影響（する）、感化	思想などが頭に流れ込む
fleet [fliːt]	名 艦隊、船団	
fluctuate [flʌ́ktʃuèɪt]	動 変動する	-ate（動詞化）
affluent [ǽfluənt]	形 豊かな、裕福な	ad（向かって）「豊かに流れる」

fly「飛ぶ」もこの語源からの派生です。

単語	主な訳語	ヒント
fly [flaɪ]	動 飛ぶ、飛ばす	
flight [flaɪt]	名 フライト、空の旅	fly の名詞形
flee [fliː]	動 逃亡する	「飛んで逃げる」

第4章 語源×語感

17. gl-

- "ギラギラ"、輝く、まぶしい
- glare, glory, glow

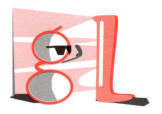

"cl"(p.158)の「キラキラ」に対して"gl"は「ギラギラ」になります。多くが印欧祖語*ghel-に由来する同源語です。

"I'm glad."「嬉しく思う」のgladの原義は「輝いている」。gleeも同様です。glare「ギラギラする光」には「にらみつける」の意味もあり、音的には「ぎょろぎょろ」でしょうか。glanceには「ちらり見ること」の他に「きらめき」「閃光」の意味があります。

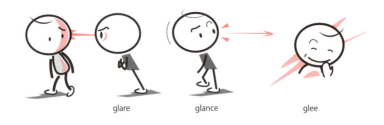

glare　　　　　glance　　　　　glee

単語	主な訳語	ヒント
glad* [glæd]	形 嬉しく思う	
glare* [gleər]	名 ギラギラする光、まぶしい光	
glance* [glæns]	名 ちらっと見る、きらめき、閃光	
glee [gliː]	名 歓喜、ほくそ笑み	
glass* [glæs]	名 ガラス	原義は「輝く」
gold* [gould]	名 金 (形金の、)金色の	

170

glory、glisten、glowなどはクリスマス関連の歌などに出てきますね。この感覚を知るとglow「白熱」(蛍光灯のグローランプのグロー)とgrow「育つ」「育てる」を明確に区別でき、またgloss「つや」とgross「総計の」の区別も簡単です。

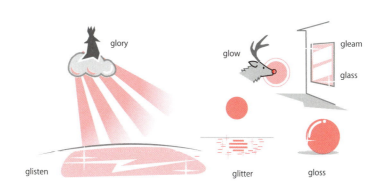

単語	主な訳語	ヒント
glory* [glɔ́ːri]	名 栄光、誉れ	
glisten* [glís(ə)n]	動 ぴかぴか光る 名 輝き	
glow* [glou]	動 光を放つ 名 白熱	
gleam* [gliːm]	動 かすかに光る、白く輝く	
glitter [glítər]	動 ピカピカ光る	-er (繰り返し)
glimmer [glímər]	名 ちらちらする光	-er (繰り返し)
glitzy [glítsi]	形 けばけばしい、派手な	
glaze [gleɪz]	動 光沢をつける	
gloss [glɑ(ː)s]	名 つや、光沢	
glacier [gléɪʃər]	名 氷河	(語源異なる)

171

第4章 語源×語感

18. gr-(1)

- 暗い、重い
- gray, grief

"gl"がギラギラと明るい一方で、"gr"には「暗くて重い」イメージの語が多いようです。ここでは**gray**など暗くて憂鬱なイメージの語を挙げておきます。

gray　　　groan　　　grief　　　grim

単語	主な訳語	ヒント
gray* [greɪ]	形 灰色の	
groan* [groʊnl]	動 (苦痛などで)うめく	
grieve* [griːv]	動 深く悲しむ	語源は「重い」
grief* [griːf]	名 悲しみ、厄介	grieveの名詞形
grizzle [grízəl]	動 不平を言う、むずがる	
grim [grɪm]	形 気味の悪い、厳格な	
gripe [graɪp]	名 不平、苦情	
grump [grʌmp]	名 不平家、気難しい人	
grumpy [grʌ́mpi]	形 不機嫌な	-y (形容詞化)

172

第4章 語源×語感

19. gr-(2)

- "厳"、"豪"、厳粛、偉大
- great, grand, gravity

gという文字には「威厳」のようなイメージもあるようです。漢字の「厳（げん、ごん）」「豪」のイメージです。god「神」やgiant「偉大な」がそうですね。gr-にもそのような意味の語があります。grace、gratitudeなどは「喜び」「感謝」の意味です。

great　　　　　gravity　　　　　　grand

単語	主な訳語	ヒント
great [greɪt]	形 偉大な	
grand [grænd]	形 壮大な、全体の	
grandparent [grǽnpèər(ə)nt]	名 祖父母	grand + parent
gross [groʊs]	形 総計の、全体の	
gravity [grǽvəti]	名 重力、厳粛	-ity（名詞化）
grave [greɪv]	名 墓石 形 深刻な 動 掘る、彫刻する	（gr-(4)参照）
grace [greɪs]	名 優美、神の恩寵（おんちょう）	
gratitude [grǽtətjùːd]	名 感謝、感謝の気持ち	喜び
gratuity [grətjúːəti]	名 チップ、心付け	喜び

173

第4章 語源×語感

20. gr-(3)

- "ゴリゴリ"書く
- geogrphy

"gr"がつく単語には、もう1つ、「ゴリゴリ感」があります。
graphというのは「書く」「描く」という意味ですが、紙のない昔、文字や図柄を粘土や木や石盤に「ゴリゴリ」と削っていた姿が想像できます。gramも同様に「書いたもの」を表します。

autograph

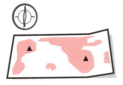
geography

pictograph

program

単語	主な訳語	ヒント
autograph [ɔ́ːtəɡræf]	名(有名人の)サイン、自筆	auto(自分の)手による
biography* [baɪɑ́(ː)ɡrəfi]	名伝記、経歴、一代記	bio(生命の)
geography* [dʒiɑ́(ː)ɡrəfi]	名地形、地理学	geo(土地)
xylography [zaɪlɑ́(ː)ɡrəfi]	名木版画	xylo(木)
pictograph [píktəɡræf]	名象形文字、絵文字	picto(絵)
grammar* [ɡrǽmər]	名文法(学)	「書くための技術」
program* [próʊɡræm]	名計画、番組、プログラム	pro(前もって)書く
telegram* [téləɡræm]	名電報、電信	tele(遠く)＋書くもの
graffiti [ɡrəfíːti]	名落書き	(イタリア語から)

第4章 語源×語感

21. gr-(4)

- "ゴリゴリ"削る
- grind, grave

　語源ルーツまで共通とは言えませんが、他にもすりつぶしたり、文字を刻むような**ゴリゴリ感**のある単語があります。grain「穀物」をゴリゴリと grind「挽く」ことをイメージするとよいと思います。ほかにも、groove など溝をゴリゴリ掘る意味の語もあります。

grain　　　grind　　　grave　　　engrave

単語	主な訳語	ヒント
grain* [greɪn]	名 粒、穀物	
grind* [graɪnd]	動 (穀物などを)挽く	ゴリゴリ
grate [greɪt]	動 (食べ物を)すりおろす	
groove* [gru:v]	名 溝	
grave* [greɪv]	動 掘る、彫刻する	
engrave* [ɪngréɪv]	動 (文字・模様を)(木・石・金属に)刻み込む	en-(〜にする)

175

第4章 語源×語感

22. har-/hor-

- "ヒリヒリ"、痛む、毛
- harsh, hurt

「痛み」を表す語には"sore"があり、これが「ひりひり痛む」の感覚に近いと思います。心が「ひりひり」は同源語のsorry、それからsorrow。でも、日本語の「ひりひり」に似ているのが形容詞の"harsh"「厳しい」「過酷な」です。harshはhairと同源のようで、「粗い」感覚とつながりそうです。語源は異なるhurt「傷つける」「痛む」もついでに頭に取り込んでおくとよいかもしれません。harass「いやがらせ」「やっかいなことで困らせる」も、また「身の毛もよだつ」感じのhorrorも同じように感じられるかもしれません。そうすればいっしょに頭に入ります。

sorry

horror

単語	主な訳語	ヒント
sore [sɔːr]	形 痛い、ひりひりする	
sorry [sá(ː)ri]	形 気の毒で、後悔して	心の痛み＋y（形容詞化）
harsh [haːrʃ]	形 厳しい、不快な	
hurt [həːrt]	動 傷つける、痛む	
harass [həræs]	動 困らせる、悩ます	
horror [hɔ́ːrər]	名 恐怖、嫌悪	身の「毛（hair）」もよだつ

第4章 語源×語感

23. pan-

- "パン"、"パーン"
- 全体、広範囲

「カメラをパンする」のpanは、全景を撮るためにカメラを振る動作を言います。panには「全体」「広範囲」という意味があります。pandemicは「世界的流行の」。別語源ですが、フライパンのpan（平なべ）も「平らに広げる」のイメージとしてピッタリです。このpanは「開く」の意味です。expandも含めて「パーン」のイメージでまとめて頭に入ります。

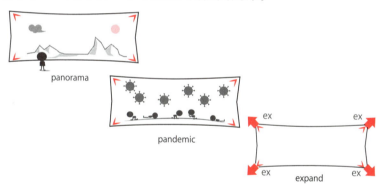

単語	主な訳語	ヒント
pan [pæn]	動 パンする 名 左右への動き	「パンッ」
panorama [pæ̀nərǽmə]	名 全景、全容	pan + orama（眺望）
pandemic [pændémɪk]	名 広域流行の病気	pan（広範囲）+ dem（人々）+ ic
pamphlet [pǽmflət]	名 小冊子、パンフレット	情報全体をまとめた冊子
pantomime [pǽntəmàɪm]	名 身振り、パントマイム	pan（全）+ mime（真似する）
pan＊ [pæn]	名 鍋	pedから派生のpan。開く
expand＊ [ɪkspǽnd]	動 拡大する、膨張させる	ex（外に）+ pan（開く）

第4章 語源×語感

24. ped-

- "ペタ"、"歩(ポ)"
- pedal, pedestrian

　自転車のpedal「ペダル」のpedは「足」の意味で、そこからpedestrian「歩行者」などを関連して覚えることができます。足を「ペタペタ」するイメージを持つと覚えやすいかもしれません。物理で習う「インピーダンス」(交流回路の抵抗)のimpedeは「邪魔する」。足を邪魔するイメージで、邪魔が外れるのがexpedite/expedition。foot「足」は、pとdがおのおのfとtに変化した古英語由来の語でpedの仲間です。

pedal　　　pedestrian　　　expedition　　　expedite

単語	主な訳語	ヒント
pedal* [péd(ə)l]	名 ペダル	「足踏み」
pedestrian [pədéstriən]	名 形 歩行者(用の)	足で行く+人(ian)
impede [ɪmpíːd]	動 妨害する	in(中に)+pede(踏み入る)
expedition* [èkspədíʃ(ə)n]	名 遠征、探検	「足かせから外れる(ex)」
expedite [ékspədàɪt]	動 促進する	「足かせを外す」
centipede [séntəpiːd]	名 ムカデ	centi(百)+足
tripod [tráɪpɑ(ː)d]	名 三脚	tri(3)+足

第4章 語源×語感

25. pas-

- "ペタ"、通る、過ぎる
- pass, passage, path

　ped-はpas-の形になって「通る」の意味になり、passage「通路」、passenger「乗客」の中にあります。「過ぎる」のがpassで、過ぎたものがpast「過去」。「歩調」を表すpaceも同源です。surpassは「通り越す」から「～より優る」「上回る」。

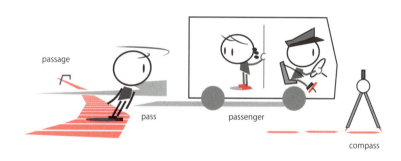

単語	主な訳語	ヒント
pass [pæs]	名 道 動 通る	
passage [pǽsɪdʒ]	名 通路、一節	通る＋age（こと）
passenger [pǽsɪn(d)ʒər]	名 乗客、旅客	通る＋er（人）
compass [kʌ́mpəs]	名 コンパス 動 歩いて回る	com（共に）＋歩く
surpass [sərpǽs]	動 上回る	sur（越える）＋通る
octopus [ɑ́(ː)ktəpəs]	名 タコ	oct（8）＋足
path [pæθ]	名 小道	（語源異なる）

179

26. pl-/fl-

- "ペラ"、"ヒラ"、平ら
- plain, plate, flat

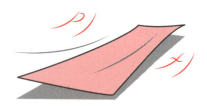

　印欧祖語 *pele- は「平らな手のひら」の意味を持ち、pl- の形のものの他 fl- に変化したものもあります。日本語の「手のひら」の「ひら」に相当する感覚で、日本語の「ペラ」「ヒラ」の感覚にも似ているので覚えやすいと思います。工場の plant は平地に植えられた「植物」に由来し、「平らな場所に作られていく」ということから植物になぞらえられたようです。

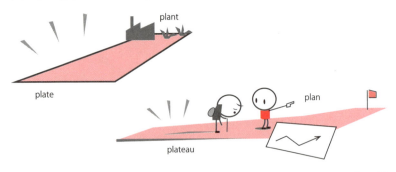

単語	主な訳語	ヒント
palm* [pɑːm]	名 手のひら	「ペラ」
plain* [pleɪn]	形 平易な、明白な 名 平野	「ペラ」
plate* [pleɪt]	名 皿、板	「ペラ」
plane* [pleɪn]	名 航空機、水平、平面	「平らな翼」から
place* [pleɪs]	名 場所 動 置く	「平らな土地」から
plant* [plænt]	名 植物、工場	「平地に植える」から
plateau [plætóu]	名 台地、停滞状態	「ペラ」
plan* [plæn]	名 計画 動 計画する	

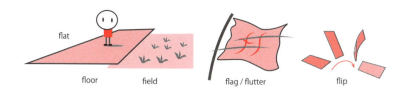

単語	主な訳語	ヒント
flat [flæt]	形 平らな	「ヒラ」
floor [flɔːr]	名 床	「ヒラ」
field [fiːld]	名 野原、フィールド	「原（はら）」
flag [flæg]	名 旗	「ヒラヒラ」
flutter [flʌtər]	動 はためく	-er（反復）　「パタパタ」
flip [flɪp]	動 ひっくり返る	「ヒラリ」

知恵の活用：違いがわかる！

▶「説明する」：explain, describe, illustrate

explain は ex（外へ）＋ plain ですから「疑問を取り去り平易にする」の意味の「説明する」です。

describe は「すっかり書く」（p.192）。話や文字で細かく説明することです。

illustrate は「図解などによってよく見えるように明示する」（p.110）。

語源的成り立ちを知れば3者の違いが明確になります。

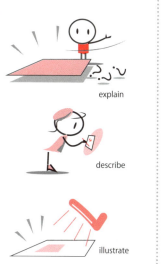

181

第4章 語源×語感

27. ple-/pli-

- "ペラッ"、複、重ねる
- com**pli**cated, ap**pl**y

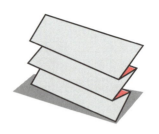

　"pleat skirt"「プリーツスカート」のpleは「重なる」「折る」の意味。simpleは「折り重ね（ple）が1つ（sin）」なので「単純な」「単数の」。「2」を意味するduo-や「3」を意味するtri-が付くとdouble「二重の」、triple「三重の」で、複数の意味のmulti-が付くとmultiple「複数の」。共に（com）＋pleだとcomplex「複雑な」やcomplicated「複雑な・難しい」。複数のスクリーンを持つ映画館「シネコン」は"cinema complex"で"industrial complex"は「工業団地」。

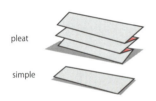

pleat

simple

complicated

単語	主な訳語	ヒント
pleat [pliːt]	名 ひだ、プリーツ	
sim**ple**: [símp(ə)l]	形 単純な、簡素な、単一の	sim（1つ）＋ple
dou**ble**: [dʌ́b(ə)l]	形 2つの、二重の	du（2つ）＋ple
tri**ple*** [tríp(ə)l]	形 3つの、三重の	tri（3つ）＋ple
multi**ple*** [mʌ́ltɪp(ə)l]	形 多数の	multi（多い）＋ple
multi**ply** [mʌ́ltəplàɪ]	動 （算数）掛ける	
com**pli**cated: [kɑ́(ː)mpləkèɪtɪd]	形 複雑な	com（共に）＋ple
com**ple**x: [kɑ̀(ː)mpléks]	形 複雑な、込み入った	com（共に）＋重なり合う

今度は「何かに重ねる」イメージを持ってみます。applyは「向かって(ad)＋重ねる」なので「当てはめる」「適用させる」の意味をイメージすることができ、自分を「職などに当てはめる」イメージで考えると「申し込む」の意味をとらえることもできます。思いを「折り込む」というイメージだとimply「暗示する」で、逆にex（外）が付くexplicitは「折り重ねの外に出す」から「あからさまな」の意味になります。

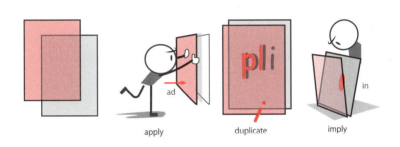

apply　　　　duplicate　　　　imply

単語	主な訳語	ヒント
apply* [əpláɪ]	動 申し込む、適用する	ad（向かって）＋ple
application* [æplɪkéɪʃ(ə)n]	名 応募、適用	-cation（名詞化）
applicable [ǽplɪkəb(ə)l]	形 適用できる	-able（〜できる）
applicant* [ǽplɪk(ə)nt]	名 志願者、申込者	-ant（する人）
appliance* [əpláɪəns]	名 （電気）器具	-ance（名詞化）
duplicate [djúːplɪkèɪt]	動 複製をつくる、再現する	dup（double=2）＋重ねる
replicate* [réplɪkèɪt]	動 再現する、複製する	re（再）＋重ねる
replica [réplɪkə]	名 複製	re（再）＋重ねる
imply* [ɪmpláɪ]	動 暗示する	（考えを）in（中に）＋折る
implicit* [ɪmplísɪt]	形 暗黙の	「意味が折り込まれた」
explicit* [ɪksplísɪt]	形 あからさまな	折り＋から出た（ex）
display* [dɪspléɪ]	動 表示（する）	dis（反対）＋ply（折る）

183

第4章 語源×語感

28. pl-/ful

- "たっぷり"、"あふれる"
- full, complete, supply

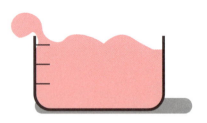

　ple-は「たっぷり」の意味の語根です。古英語ではpがfになってfullになっているので(p.38)、plentyとfullは起源を共有する語です。fullはなじみのある語ですから、ple-≒fullと知れば多くの関連語が理解できるようになります。complyは「完全に満たす」から、(命令や規則に)「従う」「合致する」で、名詞形がcompliance。

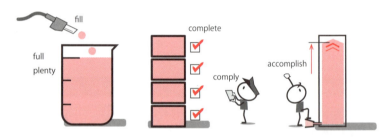

単語	主な訳語	ヒント
fill* [fɪl]	動 満たす	
plenty* [plénti]	形 十分な	fullと同源
complete* [kəmplíːt]	形 完全な 動 完成させる	com(完全に)＋plete(満たす)
comply* [kəmplái]	動 合致する	com(完全に)＋ply(満たす)
compliance [kəmpláɪəns]	名 法令順守	comply＋ance(名詞化)
accomplish* [əkɑ́(ː)mplɪʃ]	動 達成する、完遂する	ad(向かって)＋comple＋ish
implement* [ímplɪmènt]	動 実行する、履行する	「満たす状態にする」
supply* [səplái]	動 名 供給(する)	sub(下から)＋満たす
supplement* [sʌ́plɪmənt]	名 栄養補助剤、補足	supply＋ment(名詞化)

complementとcomplimentは、どちらも「con（完全に）＋ ple/pli（満たす）」という構成でできていて、発音は同じでスペルもそっくりです。complementは「人やものごとを補完する」の意味で、「加えることでより良くする」ことを意味します。complimentは「賛辞」「誉め言葉」。これは「その価値をことばで補う」または「敬意や愛情を持って言葉で誰かの心を満たす」というふうにイメージできます。両者のスペルの違いは"e"なのか"i"なのかなので、complementは「いい(e)ものにする」、complimentには「愛(i)がある」で覚えられます。

単語	主な訳語	ヒント
complement* [ká(:)mpləmənt]	動名 補完する（もの）	com（完全に）＋ ple（満たす）
compliment* [ká(:)mpləmənt]	名 賛辞 動 褒める	com（完全に）＋ pli（満たす）

知恵の活用：違いがわかる！

▶「供給する」：give, provide, supply

giveの意味は広く、「与える」の意味の一般語。

provideはgiveのうちですが、特に必要とされる者に対して必要なものを与えること。proは「前」でvideは「見る」（p.362）なので「先を見越して」のイメージです。

supplyはprovideのうちですが、特に、必要なレベルを長い期間にわたって定期的に供給し続けること。一定レベル（たっぷりレベル）を維持するような「補給」のイメージです。「サプリメント（supplement）」は通常の食事では不足する栄養分を補うための摂取物。

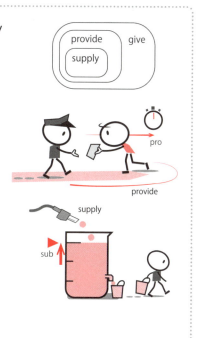

第4章 語源×語感

29. pone-/pos-

- "ポンッ"、置く
- postpone, component

　pone- は「置く」を意味する語根で、pos の形にもなります。「ポンッ!」をイメージするとわかりやすいです。postpone は「後ろに(post)ポンと置く(pone)」なので「延期する」。「対抗して(ob)＋置く(pone)」のが opponent「敵」や opposition「反対」。「共に(com)＋置く(pone)」は component で「構成要素」の意味。

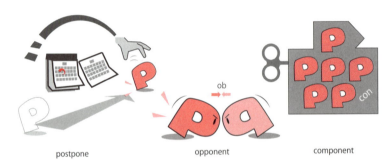

postpone　　　　opponent　　　　component

単語	主な訳語	ヒント
postpone* [pous(t)póun]	動 延期する	post(後ろに)＋ポンと置く
opponent* [əpóunənt]	名 相手、敵、反対者	ob(対して)＋置く
opposition* [à(:)pəzíʃ(ə)n]	名 反対、対立、野党	-ion(名詞化)
component* [kəmpóunənt]	名 構成要素、成分	com(共に)＋置く
compose* [kəmpóuz]	動 構成する、作曲する	com(共に)＋置く
propose* [prəpóuz]	動 提案する	人の前に(pro)＋置く
purpose* [pə́:rpəs]	名 目的、目標	始める前に(pur)＋置く
suppose* [səpóuz]	動 想像する、仮定する	仮定のもとに(sub)＋置く

「外に(ex)置く」のが expose「さらす」で、「離して(dis)置く」のが dispose「処分する」。処分できるのが disposable。

単語	主な訳語	ヒント
pose* [pouz]	名 姿勢、態度 動 ポーズをとる	
expose* [pouz]	動 さらす、露出する	ex（外に）＋置く
disposal* [dispóuz(ə)l]	名 処分、売却	dis（離す）＋置く＋al（名詞化）
disposable [dispóuzəb(ə)l]	形 使い捨ての	-able（〜できる）
impose* [impóuz]	動 課する、押し付ける	in（上に）＋置く
position* [pəzíʃ(ə)n]	名 位置、場所、立場	-tion（名詞化）
positive* [pá(:)zətɪv]	形 積極的な、有益な	「しっかりと置く」＋ive

Etymocise（語源体操）4

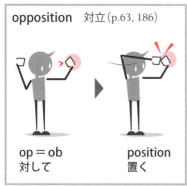

opposition 対立（p.63, 186）

op＝ob 対して / position 置く

compose 構成する（p.186）

con 共に / pose 置く

expose 露出する（p.187）

ex 外に / pose 置く

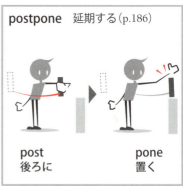

postpone 延期する（p.186）

post 後ろに / pone 置く

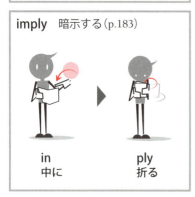

imply 暗示する（p.183）

in 中に / ply 折る

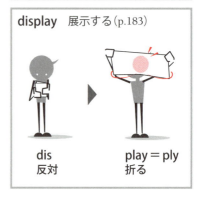

display 展示する（p.183）

dis 反対 / play＝ply 折る

第4章 語源×語感

30. rase-

- "ずりずり"、"擦る"
- razor, eraser, erode

　razorは「ひげそり」。このrazeの部分は「削る」とか「こする」の意味。つまり「摺る(する)」ですね。eraser「消しゴム」のraseです。この語頭のeはexのことで、"ずりずり"と「擦って消す」感じがイメージできます。Rには「荒々しさ」のイメージが感じられます(p.128)がraseもその仲間です。

　ちなみに、「レーザー」といえば、razorと似ているlaserですが、これは"Light Amplification by Stimulated Emission of Radiation"の略。それを知れば違いは明確で、スペルも間違えません。

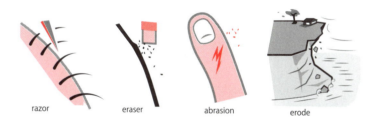

razor　　　eraser　　　abrasion　　　erode

単語	主な訳語	ヒント
razor* [réɪzər]	名 かみそり	-or (〜するもの)
eraser* [ɪréɪsər]	名 消しゴム、黒板消し	e (出す) + rase (擦る)
abrasion [əbréɪʒ(ə)n]	名 擦り傷	ab (離れる) + rase (擦る)
abrasive [əbréɪsɪv]	形 摩滅させるような	-ive (形容詞化)
erode* [ɪróʊd]	動 侵食する、腐食する	ex (外) + 擦り減る
corrosion [kəróʊʒ(ə)n]	名 錆、衰退	con (すっかり) + 擦り減る

189

第4章 語源×語感

31. s + chk

- "チョキチョキ"、"切(セツ)"
- shear, share, short

　s + c/h/kで「切る」を意味する語はたくさんあります。c/h/kの部分は、歴史の中で音やスペルが少し変化していろいろになった結果です。「チョキチョキ」という感覚でおぼえられると思います。切ったものを分け合うのが share。切ったものは短くなって short。切ったものを使って shirt や skirt が作れます。

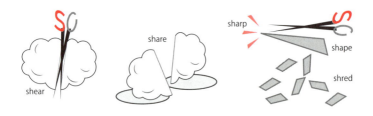

単語	主な訳語	ヒント
shear [ʃeər]	動 (羊の)毛を刈る、せん断させる	「切って分け合う」
share* [ʃeər]	動 分ける 名 割り当て	「切って分ける」
short* [ʃɔːrt]	形 短い、低い 名 不足	「切ったら短い」
sharp* [ʃɑːrp]	形 鋭い、くっきりした	
shirt* [ʃəːrt]	名 シャツ	「切った服」
shape* [ʃeɪp]	形 形 動 形作る	「切った形」
shave* [ʃeɪv]	動 毛を剃る	
shred* [ʃred]	動 細かく刻む	
shatter* [ʃǽtər]	動 粉々にする、粉々になる	

昔、農作業用に服を短く切ったのがskirt。scoreも同源で、大昔、羊を数えるときに数字の代わりに木版に刻み目をつけたことに由来します。scarは「傷」や「傷跡」で、「ライオンキング」のキャラクター Scarは左目に傷があります。組織や場所を切るsection「区分、部、課」、胴体と手足の間に「切り込み」があるように見える意味で「虫」のinsectも「切る」の仲間です。他にも同源語はたくさんあります。

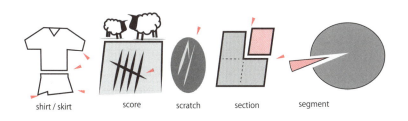

shirt / skirt　　　score　　　scratch　　　section　　　segment

単語	主な訳語	ヒント
skirt [skə:rt]	名 スカート	「裾を切った服」
score [skɔ:r]	名 スコア 動 記録する	「数えるための刻み目」
scar [skɑ:r]	名 傷跡	
scratch [skrætʃ]	動 掻く 名 ひっかき傷	
sculpture [skʌ́lptʃər]	名 動 彫刻(する)	
scrap [skræp]	名 小片 動 解体する	
scatter [skǽtər]	動 名 まき散らす(こと)	
section [sékʃ(ə)n]	名 動 部分、区分(する)	-ion(名詞化)
segment [ségmənt]	名 部分、区分	「削ぐment」
insect [ínsekt]	動 昆虫	「胴と手足に切り込み」

第4章 語源×語感

32. scrib-

- "カリカリ"、書く
- scratch, describe

　チョキチョキのs＋chkの仲間で、scrib-という語根は「書く」「描く」。語源はいっしょとは言えませんが「引っかく」の意味のscratchと同じような「カリカリ」のイメージを持つと理解しやすいと思います。日本語でも「掻く」と「書く」「描く」はもともとは同じ語と思われ、大昔には粘土板や木板に引っかいて書いたことを想像すれば、「カリカリ」がイメージできます。「サブスク」と略されるsubscriptionは元は「定期購読」の意味で、「下(sub)＋書く(script)」で、契約の下の方にサインをしたことから。

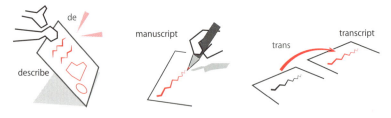

単語	主な訳語	ヒント
scratch [skrætʃ]	動 掻く 名 ひっかき傷	(前頁。語源異なる)
script* [skrɪpt]	名 台本、原稿	書かれたもの
subscribe* [səbskráɪb]	動 定期購読する、署名する	sub(下)＋書く
describe [dɪskráɪb]	動 描写する、述べる	de(下、はっきり)＋書く
prescribe* [prɪskráɪb]	動 処方する	pre(前もって)＋書く
postscript [póʊs(t)skrɪpt]	名 追伸、あとがき	post(後)＋書く。p.s.
manuscript [mǽnjəskrɪpt]	形 手描きの原稿	manu(手)＋書く
transcript* [trǽnskrɪpt]	名 口述筆記、写し、謄本	trans(越えて)＋書く

第4章 語源×語感

33. sci-

- "知(チ)"
- science, conscience

science の "sci" には「知る」「識」というような意味があります。この sci はもとを辿れば、「チョキチョキの s ＋ chk (p.190)」と同じ語源に行き着きます。sci の c は発音されない音（サイレント）ですが、「チョキチョキ」の成り立ちを考えるとこの c にも意味があるように見えてきて、正しいスペルを覚えやすくなります。con（すっかり）が付くのが conscience「良心」や conscious「意識のある」です。

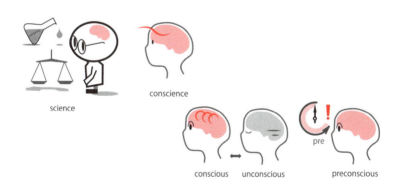

単語	主な訳語	ヒント
science [sáɪəns]	名 科学	知っていること
conscience [ká(:)nʃ(ə)ns]	名 良心、判断力	con（すっかり）知っている
conscious [ká(:)nʃəs]	形 意識のある	-ous（形容詞化）
unconscious [ʌ̀nká(:)nʃəs]	形 意識不明の	un-（否）
prescience [préʃ(ə)ns]	名 予見、知識	pre（前に）＋知る

193

第4章 語源×語感

34. sl-

- "スリスリ"、"ズリズリ"
- slide, slick, slow

sl- には、スリスリ、またはズルズルと引きずるようなイメージの語があります。日本語で言えば「そろりそろり」「さらっと」「するり」「擦れる」の感覚に近いです。語源は違いますが silk「絹」にも「滑らか感」があります。

slide
sleigh / sled

slick / sleeve

単語	主な訳語	ヒント
slip* [slɪp]	動 名 滑る(こと)	
slide* [slaɪd]	名 滑走 動 滑る	
sleigh [sleɪ]	名 そり	
sled, sledge	名 そり	
slick* [slɪk]	形 滑らかな	
sleeve* [sliːv]	名 袖	
slim* [slɪm]	形 ほっそりした	(語源異なる)「スラリ」
slender* [sléndər]	形 か細い	
silk* [sɪlk]	名 生糸、絹	

以上は滑らかなスリスリですが、**slow**など「ノロノロ」の感じのものもあります。または「ズリズリ」の感覚。**slime**は「泥土」「ヘドロ」「粘液」を意味しますが、ぬるぬるした玩具の「スライム」はこれです。**slippery**「滑りやすい」には「ずるい」の意味もあります。「ズルズル」と音を立ててスープなどを飲む動作を意味するのが**slurp**です。

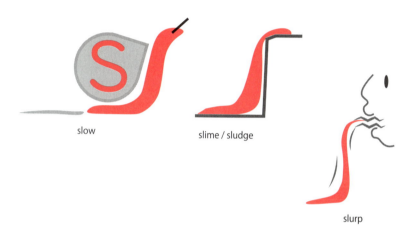

slow　　slime / sludge　　slurp

単語	主な訳語	ヒント
slow** [slou]	形 のろい 動 遅くする、遅くなる	
sloth [slɔːθ]	名 (動物)ナマケモノ、怠惰	slow＋th
slug [slʌg]	名 ナメクジ	
sluggish [slʌ́gɪʃ]	形 のろまな	
slime [slaɪm]	名 泥土、ヘドロ、粘液	
sloppy [slá(ː)pi]	形 ずさんな、だらしない	slimeと同源
sludge [slʌdʒ]	名 へどろ	(語源異なる)
sly [slaɪ]	形 ずるい	
slack* [slæk]	形 たるんだ、怠慢な	
slurp [sləːrp]	動 名 すすり飲む(音)	

第4章 語源×語感

35. sp-

- "シュパッ"、分散
- spray, splash

　ここに挙げたsp-が付く語の語源はさまざまですが、どれも「シュパッ」といった感覚で感じられるように思います。液体が噴射されたり散水されたり、つばが飛んだり、ものごとが拡散したりすることを表す語です。

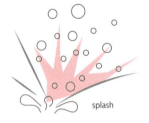

splash

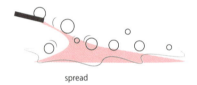

spread

単語	主な訳語	ヒント
spray* [spreɪ]	動 吹き付ける 名 スプレー	
splash* [splæʃ]	動 飛び散る、はねかける	
sprinkle [sprínk(ə)l]	動 散布する、水を撒く	-le（繰り返し）
spatter [spǽtər]	動 飛び散る、はね散らす	-er（繰り返し）
spit [splɪt]	動 つばを吐く	
sputter [spʌ́tər]	動 つばを飛ばして話す	
spread* [spred]	動 広げる、拡散させる	
disperse* [dɪspə́ːrs]	動 分散させる	dis（離す）＋ sp
sprout* [spraʊt]	動 発芽する 名 芽	

第4章 語源×語感

36. spon-

- "スッポン"、約束、責任
- respond, correspond

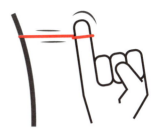

　spon-は「約束」「責任」のような意味の語根。「引っ張れば"スッポン"と反応する」ようなイメージ。respondやspontaneousは、「約束」つまり「呼べば答える」のようなイメージです。「責任」の感覚からsponsorやspouseを感じられます。sponsorはもともとは「洗礼の際の教父母」。responsibilityは「責任」。「con（共に）＋respond」の形の名詞形はcorrespondenceで、"correspondence course"は「通信教育課程」。correspondentは「特派員」。これらの語も「呼べば応える」で感じられると思います。

単語	主な訳語	ヒント
respond [rispá(:)nd]	動 反応する、答える	re（返）＋スッポン
response [rispá(:)ns]	名 反応、反響、応答	respondの名詞形
responsibility [rispà(:)nsəbíləti]	名 責任、責務	
spontaneous [spɑ(:)ntéiniəs]	形 無意識的な	-ous（形容詞化）
sponsor [spá(:)nsər]	名 スポンサー、後援者	-or（する人）
spouse [spaus]	名 配偶者	「約束した人」
irresponsible [ìrispá(:)nsəb(ə)l]	形 無責任な	ir=in（否）＋responsible
correspond [kɔ̀:rəspá(:)nd]	動 対応する、文通する	con（共に）＋respond
correspondence [kɔ̀:rəspá(:)nd(ə)ns]	名 文通、一致	correspondの名詞形

197

▶︎ 知恵の活用：違いがわかる！
▶「返事する」：respond と reply

　re- には「跳ね返る」「反」の意味もあります（p.67）。「レスがない」などという「レス」は response「反応」「返答」のことを言っているようです。SNSで「リプ」と呼んでいるのは reply のこと。email の返信の際に件名に出る "RE:" は、Re（〜に関して）だという考えもあるようですが、reply の略だと思った方が素直に理解しやすいと思います。

　respond も reply も「返事をする」つまり answer のうちです。

respond

　respond の spond は「呼べば応える」「スッポン」のイメージなので、迅速さ重視で「応答する」「反応する」意味です。

reply

　reply は堅い言い方で ply の「折って包んで」のイメージから（p.182）慎重さが暗示されて、「ちゃんとした返事」を返す感じです。

　なお answer は swear（誓う）と同源です。

answer / swear

198

知恵の活用：違いがわかる！

▶「責任」：liability, obligation, responsibility, accountability

liability は、「つながる」「結ぶ」に由来しますから（p.106）、何かに対して身をつながれているような、法律上の責任、たとえば支払い上の責任を表します。「PL訴訟」のPLはProduct Liability（製造物責任）。

liability

obligation も「つながる」に由来します（p.106）。法律や道徳に「対して（ob）＋つながっている（lig）」ような「義務」「責務」「責任」。

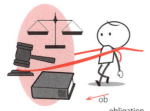
obligation

responsibility は「re ＋ spond（応える）」なので（p.197）、「応じなければならない」ような責任で、何かことが起こった際に、処置判断をしたり、非難を受けたりするような、道義的や職務上の責任を表します。

responsibility

accountability は「ad ＋ count」で、count の部分に「告げる」の意味があり、「説明責任」という日本語に訳されることがあります。ただ、英語の accountability が表す責任の範囲はもっと強く広く、ことが起こった際にそれを説明する責任を持つことはもちろん、起こってしまった結果に全責任を負うようなことを表します。

accountability

第4章 語源×語感

37. sta-

- "すたっと"立つ
- stand, distance, constant

sta-は「(すたっと)立つ」を表す語根です。次ページのsistも同じです。standやstatusなどたくさんの語があります。

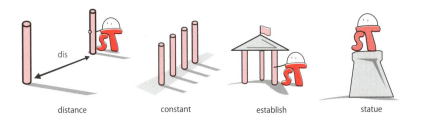

distance　　　constant　　　establish　　　statue

単語	主な訳語	ヒント
station [stéɪʃ(ə)n]	名 駅、拠点	「立つところ」
stance [stæns]	名 態度、姿勢	「立ち位置」
distance [díst(ə)ns]	名 距離	dis(離れて)+立つ
constant [ká(:)nst(ə)nt]	形 絶え間ない、不変の	con(共に)+立つ
substance [sʌ́bst(ə)ns]	名 実質、物質	sub(下)+立つ
stable [stéɪb(ə)l]	形 安定性のある	sta+able(できる)
establish [ɪstǽblɪʃ]	動 設立する	「stableなものにする」
estate [ɪstéɪt]	名 財産、地所、状況	
status [stéɪtəs]	名 地位、身分、状況	「立っているところ」
statue [stǽtʃuː]	名 像、彫像	「立っているもの」

第4章 語源×語感

38. sist-

- 在る、居る
- con**sist**, e**xist**

sta-と同じ系列ですが漢字でいうと、staの「立」に対してsist-は「在」のイメージ。

「共に(con)在る」のがconsistで、見えるように「外に(ex)在る」イメージがexist。1つの考えにしがみついているイメージがinsist。「寄り添って在る」イメージがassist。

単語	主な訳語	ヒント
con**sist*** [kənsíst]	動 ～から成る	con(共に)＋sist(在る)
con**sist**ent* [kənsíst(ə)nt]	形 一貫した、矛盾ない	-ent(形容詞化)
e**xist*** [ɪgzíst]	動 存在する	ex(外に)＋sist(在る)
re**sist*** [rizíst]	動 抵抗する	re(反して)＋sist(居座る)
per**sist*** [pərsíst]	動 固執する、持続する	per(しっかり)＋sist(居座る)
in**sist*** [ɪnsíst]	動 強く主張する	in(上に)＋sist(居座る)
as**sist*** [əsíst]	動 助ける、援助する	ad(向かって)＋sist(居る)

201

第4章 語源×語感

39. st-

- 静(s)止(t)
- stay, stall, stare

「すたっと立つ」以外にも、「動かない」をイメージできるstで始まる語がたくさんあります。惑星と違って相対位置が動かない「恒星」はstar。形容詞のstillは「動かない」。エンジンが動かない状態は"engine stall"ですし、車が動けない状態を形容詞でstuck(stickの過去分詞)で表します。

stay / still / stall　　　　stuck　　　　stare

単語	主な訳語	ヒント
stay* [steɪ]	動 とどまる 名 滞在	
stationary* [stéɪʃənèri]	形 静止した	-ary(形容詞化)
static [stǽtɪk]	形 静的な	-ic(形容詞化)
statistic* [stətístɪk]	名 統計値	略してstats
star* [stɑːr]	名 恒星	「相対位置が不動」
still* [stɪl]	副 依然として 形 静止した	「動かない」
stall* [stɔːl]	動 名 (エンジンなどが)止まる(こと)	
stuck* [stʌk]	形 立ち往生した	(stickの過去分詞)
stare* [steər]	動 じっと見る	「視線が不動」

「棒」の意味の「ステッキ」はstickで、貼り付けるシールの意味の「ステッカー」はsticker。もともと「棒で突き刺して動けなくする」のがstickで、後に粘着物で動かなくすることもstickで表すようになったようです。その後ろにyがついて形容詞になったstickyは「ネバネバな」「汗でべとべと」の意味になります。

「頑丈」のイメージで言うと、びくともしない「硬い」感じがstiff。「不屈の」「断固とした」という動かしにくさならsturdyやstubborn。「ぐらつかない」のはsteadyです。「なかなか消せない」のがstainやstigma。

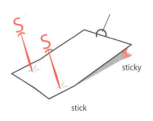

sticky

stick

stiff / sturdy
stubborn / steady

単語	主な訳語	ヒント
stick* [stík]	名 棒切れ、杖	「突き刺すもの」
stick* [stík]	動 貼り付ける、突き刺す	
sticker* [stíkər]	名 ステッカー、シール	
sticky* [stíki]	形 ネバネバする	-y（形容詞化）
stiff* [stíki]	形 硬直した、硬い	
stuff* [stʌf]	名 物 動 詰め込む	stuffy nose　鼻づまり
sturdy* [stɔ́:rdi]	形 屈強な、頑丈な	「びくともしない」
stubborn* [stʌ́bərn]	形 頑固な、かたくなな	「びくともしない」
steady* [stédi]	形 固定された、不動の	「びくともしない」
stain* [steɪn]	名 動 しみ（をつける）、汚点	「なかなか消えない」
stigma [stígmə]	名 不名誉、烙印	「なかなか消えない」

第4章 語源×語感

40. sw-

- "スイスイ"
- swim, swing, swipe

sw-で始まる語には「ぐるりと輪を描いたり弧を描いたりするような動き」つまり「スイスイ」を表す語が多くあります。語源はさまざまですが、日本語の感覚と合うのでかなり受け入れやすいと思います。switchの語源は「ムチ」です。線路の手動の分機器（ポイント）の長いレバーを「ムチ」として形容したのが始まりのようです。

swim　　　　　sweep　　　　　swing

単語	主な訳語	ヒント
swim [swɪm]	形 泳ぐ	「スイスイ」
sweep [swiːp]	動 掃く、掃除する	「ぐるりと回す」
swing [swɪŋ]	動 揺れ動く、揺らす	
sway [sweɪ]	動 揺れる、揺れ動かす	
swirl [swəːrl]	動 渦を巻く、旋回させる	
swipe [swaɪp]	動 (タッチ画面を)スワイプする	
swivel [swívəl]	動 向きをくるりと変える	
swish [swɪʃ]	動 (ムチなどを)ヒュッと振る	
swerve [swəːrv]	動 急にそれる/曲がる	
switch [swɪtʃ]	名 スイッチ 動 切り替える	語源は「ムチ」

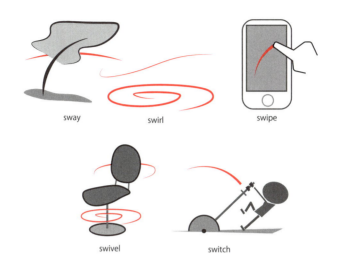

スイスイとは少し違いますが、もう少し挙げておきます。swにはswim以外にも「水」に関係するものや、素早いイメージもあるようです。

単語	主な訳語	ヒント
swallow** [swá(:)lou]	名 ツバメ	
swoop [swu:p]	動 急降下する	
swift* [swɪft]	形 すばやい	「くるっと向きを変える」
swan* [swɑ(:)n]	名 ハクチョウ	
swash [swɑ(:)ʃ]	動 名 パシャパシャ跳ねる（こと）	
swamp* [swɑ(:)mp]	名 湿地、沼地	

第4章 語源×語感

41. tr-

- "つる"、くるり、巻く
- turn, tour, disturb

　turnという語から感じられるように、trが付く語は「くるりと回る」語です。turbineは「回転式原動機」。turbanは頭にぐるぐる巻く帽子です。
　日本語で、巻きつく植物「つる」もtrの音のイメージですね。「団体ツアー」は「人々がつるんで回る旅」かな。

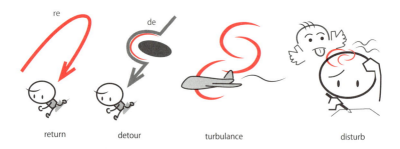

return　　detour　　turbulance　　disturb

単語	主な訳語	ヒント
turn [tə:rn]	動 回す、回る 名 回転	
return [ritə́:rn]	動 戻る、戻す 名 帰り	re(元に)＋turn
tour [tuər]	名 周遊旅行	「回る旅」
detour [dí:tuər]	名 回り道、迂回路	de(離れる)＋回る
turbine [tə́:rbaɪn]	名 タービン	
turban [tə́:rb(ə)n]	名 ターバン	「頭に巻く」
turbulence [tə́:rbjələns]	名 乱気流、乱流	
disturb [distə́:rb]	動 邪魔する、妨害する	dis(完全に)＋かきまわす
turmoil [tə́:rmɔɪl]	名 混乱	

206

知恵の活用：違いがわかる！

▶「旅」：tour, trip, journey, travel

tourはturnと同じ語源で、「くるりと回ってくる」を意味するので「周遊旅行」、つまり何か所かの見どころを巡ってくる旅をいいます。

tripは観光や買い物、仕事など何か目的を持って行って帰ってくる旅行です。「短い音」（p.28）から感じられるように、ちょっとした旅。

journeyのjournは「日」のことで、journalは「航海日誌」のこと。tourやtripが「回って戻ってくる」ことが前提である旅であるのに対し、journeyがそうとは限らない長い旅を暗示することも、この語源から理解できます。人生を旅路にたとえるならjourneyだし、「銀河鉄道999」の歌詞は"a journey to the stars"。

travelも旅行を表し、娯楽目的の比較的遠方の旅を意味しますが、"travel agency", "travel sickness", "time travel"などの使い方からもわかるように、「移動」に焦点があります。

tour

trip

journey

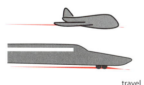

travel

207

第4章 語源×語感

42. urge

- "アゲアゲ"、ぐいっと上がる
- urgent, synergy

「アゲアゲ」などというとばをきくと、私には"urge"ということばが思い浮かびます。urgeという語は、「せきたてる」、「駆りたてる」、「するように勧める」という感じです。ここでは異なる語源のものも含めて、「盛り上がる」ような、「アゲアゲ」関連語を挙げます。sourceは「出てくる源」と解釈し、それが「何度も出てくる」ものをresource「資源」と考えると意味がイメージできると思います。

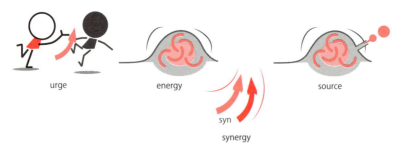

単語	主な訳語	ヒント
urge* [əːrdʒ]	動 促す、駆り立てる 名 衝動	
urgent* [ə́ːrdʒ(ə)nt]	形 緊急の	-ent（形容詞化）
energy* [énərdʒi]	名 活力、エネルギー	「アゲアゲにする」
synergy [sínərdʒi]	名 相乗効果	syn（共に）＋ ergy
allergy [ǽlərdʒi]	名 アレルギー	al（異）物＋ ergy
surge* [səːrdʒ]	動 急増する 名 高揚	sub（下から）上がる
source* [sɔːrs]	動 源、発信元 動 仕入れる	「湧きあがる」
resource* [ríːsɔːrs]	名 資源、財源	re（何度も）＋湧きあがる

Etymocise（語源体操）5

urge　促す (p.207)

上げる

synergy　相乗効果 (p.207)
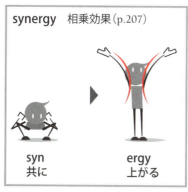
syn
共に
ergy
上がる

surge　急増する (p.207)
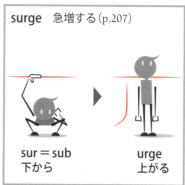
sur＝sub
下から
urge
上がる

spread　広げる (p.196)
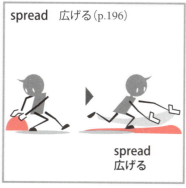
spread
広げる

stable　安定性のある (p.200)
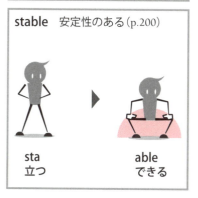
sta
立つ
able
できる

describe　描写する (p.121, 181)

de
すっかり
scribe
書く

209

第4章 語源×語感

43. wr-

- "うりうり"、ねじる/ひねる動き
- write, wrong

　語源のつながりはともかく、wr-で始まる語は「ねじる」「ひねる」のような「うりうり」「くねくね」の感覚の語が多いです。「うりうり」動くwrist「手首」や、手首を使う動作のwrite「書く」などや、手首を使うwrench「レンチ」が感じられます。「うりうり」と考えるとrの前にwがつく意味がわかるように感じられます。

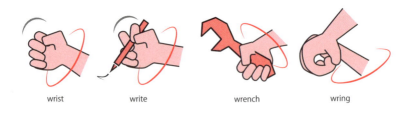

wrist　　　write　　　wrench　　　wring

単語	主な訳語	ヒント
wrist* [rɪst]	名 手首	くねくね
write* [raɪt]	動 書く	「手首をくねくねして書く」
wrench* [ren(t)ʃ]	名 レンチ、スパナ	「くねくねして回す」
wring [rɪŋ]	動 しぼる	「ねじる」
wrest [rest]	動 もぎとる	「ひねって取る」
wrestling* [réslɪŋ]	名 レスリング	「ねじふせる」

同様に「うりうり」と包むwrapやwriggle「くねらす」、また「イモムシ」などのwormも"wr"のイメージでとらえられると思います。
　worryはrightの反対で「ひねくれた」ととらえて感じることも可能ですし、「頭をひねる」と感じることもできます。

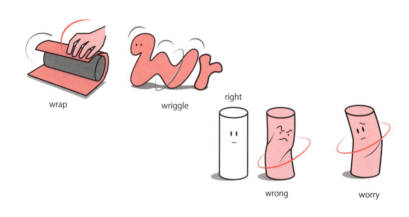

wrap　　　　　wriggle　　　right

wrong　　　worry

単語	主な訳語	ヒント
wrap* [ræp]	動 包む、くるむ	「くるくる包む」
wriggle [ríg(ə)l]	動 くねらす、身をよじる	-le（繰り返し）
worm* [wəːrm]	名 （ミミズなどの）虫	
wrong* [rɔːŋ]	形 間違った	「ひねくれた考え」
worry* [wə́ːri]	動 心配させる、心配する	「頭をひねる」
wire* [waɪər]	名 ワイヤー	
wrinkle* [ríŋk(ə)l]	名 しわ	-le（繰り返し）「しわしわ」

知恵の活用：こうすれば間違えない

▶ lap と wrap

　lap と wrap、どちらも「ぐるり」の感じがするので紛らわしいですが、次のように考えると理解しやすいです。

laptop

　「ノートパソコン」は英語では laptop computer または単に laptop といいます。desktop に対して「lap の上で使える小型の computer」だからです。

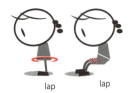
lap　　lap

　もともと lap は「スカートなどの衣服の裾の部分」で、それが身体のその部分（座ったときの膝から腰までの部分）に転意したものです。陸上競技などの「周回」も lap と呼ばれますが、それも衣服の裾の「ぐるり一周」をイメージすれば理解できます。「オーバーラップ」は「一周した部分の重なり」で overlap（p.334）。

lap

wrap

　このように考えると、「包む」を意味する「うりうり」の wrap とは違う lap のイメージが持てると思います。

　「ラップミュージック」の「ラップ」は rap で、もともと「コンコンたたく」というオノマトペ由来の語が「おしゃべり」の意味に転じて、「しゃべるような音楽」がそう呼ばれるようになりました。

rap

第4章 語源×語感

44. zeal

- 熱くて"ジュー"、熱意、ねたみ
- zeal, jealous

ジュー

zealは「熱意」。日本語の「ジェラシー」はjealousyですが、これも同源です。zealのもとの意味は「何かを追求する強い思い」のようなのですが、なんとなく熱くて「じゅうじゅう焼ける」感じがしませんか。

a zealous effort
ひたむきな努力

a jealous husband
やきもち焼きの夫

単語	主な訳語	ヒント
zeal* [ziːl]	名 熱意、情熱	ジュー
zealous [zéləs]	形 熱心な、熱狂的な	zeal(熱)＋ous(多し)
jealous* [dʒéləs]	形 ねたんで、嫉妬して、嫉妬深い、用心して	jeal(熱・ねたみ)＋ous(多し)
jealousy* [dʒéləsi]	名 嫉妬、ねたみ、強い警戒心	-y(名詞化)

213

第5章

意味を感じる(3)
日本語の連想で感じる

似てござる

日本語と似ていてびっくり

　「カレーはかれえ(辛え)」というのは小学生並みのダジャレです。でも英語を勉強していく中で、同じような経験をすることはありませんか？ 例えば "**I think so.**" の "**so**" は「そう」ですよ。これは覚えやすいですよね。"**bone**" という単語が覚えられない中学生に、「**bone** をローマ字読みしてごらん」と言ってみました。「ボネ」です。そう、「せぼね」のボネ。笑っちゃうような話なのですが、そういう笑っちゃうような英単語がたくさんあります。笑っちゃうということは、英語学習も楽しくなるということです。

　ここでは「なんとなく日本語と似ている英単語」を並べて、ついでに関連させて覚えられるように、似たような感覚の単語や共通語源の単語を並べてみました。こんな感じで、「語源で覚えるハードル」を下げてみましょう。

　感じ方は人それぞれなので、私の感覚が他の人の感覚と一致するとは限りません。私の感覚で、半ば強引に、「強引マイウェイ」で書いています。ですから、全部が全部納得していただけるとは思いません。ただ、この中のいくつかは記憶のヒントになるのではないかと思います。

第5章 日本語を連想

1. anti-

- "反対（フ・アンタイ）"
- antibiotic, antitrust

　[ǽnti]とも読みますが、[ǽntaɪ]と読んだ方が「反対」と関連付けられて理解しやすいですね。hという音は発音しにくいので、フランス語やイタリア語のようにサイレント（発音しない音）になってしまっている言語もありますし、英語でもサイレントになっている語もありますから、許される範囲の「強引」と受け取ってください。

単語	主な訳語	ヒント
antipathy [æntípəθi]	名 反感、嫌悪(感)	anti + path (感情)
antibiotic* [æntibaɪá(:)tɪk]	名 形 抗生物質(の)	anti + biotic (生物の)
antivirus [æntiváɪ(ə)rəs]	形 抗ウィルス性の	anti + virus (ウィルス)
anti-oxidant [æntiá(:)ksɪd(ə)nt]	名 酸化防止剤	anti + oxidant (酸化体)
anti-aging [æntiéɪdʒɪŋ]	名 老化予防	anti + aging (老化)
anti-warming [æntiwɔ́:rmɪŋ]	名 温暖化防止	anti + warming (温暖化)
antitrust [æntitrʌ́st]	名 独占禁止	anti + trust (企業合同)
anticrime [æntikráɪm]	名 犯罪防止	anti + crime (犯罪)
antisocial [æntisóʊʃəl]	形 反社会的な	anti + social (社会的な)
antiwar [æntiwɔ́:r]	名 反戦	anti + war (戦争)
antiballistic [æntibəlístɪk]	形 対弾道ミサイルの	anti + ballistic (弾道の)
antiterrorism [æntitérərɪzm]	名 テロ活動防止	anti + terrorism (テロ)
antiracism [æntiréɪsɪzm]	名 人種差別反対	anti + racism (人種差別)

第5章 日本語を連想

2. ambi-

- "あいまい"、"あんばい"
- ambiguous, ambient

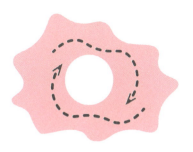

ambi-は「そこらへん」というような「あいまいな」を意味を表します。音としてもっと近い日本語が「あんばい」。aboutという語は「ambi＋out」の構成、つまり「そこらへん＋外」でできていて、そこからもambi-の「アバウトさ」がわかると思います。

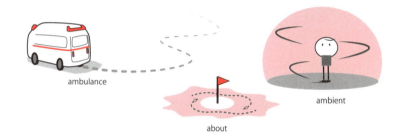

ambulance　　about　　ambient

単語	主な訳語	ヒント
ambiguous [æmbíɡjuəs]	形 あいまいな、不確かな	ambi＋ag（動かす）＋ous
ambition* [æmbíʃ(ə)n]	名 願望、野望、野心	it（行く）「求めて歩き回る」
ambulance* [ǽmbjələns]	名 救急車	「うろうろ歩く病院」
ambient* [ǽmbiənt]	形 周囲の	「そこらへんの」
about* [əbáut]	前 〜について 副 約	ambi＋out（外）
by* [baɪ]	前 〜のそばに	
ambassador* [æmbǽsədər]	名 大使、使節	「使命を持って動く/行く」
embassy* [émbəsi]	名 大使館、大使館員	

217

第5章 日本語を連想

3. archi-

- "主(あるじ)"、頭(かしら)
- an**archi**y, **archi**tect

　architect「建築家」など、"archi"が付く語があり、この"archi"は「かしら」「最高位」「統治」といった意味です。つまり日本語でいえば「主(あるじ)」に近いです。archiがいない状態が「あるじなき」anarchy「無政府状態」です。archiがひとり(mono)ならmonarchで「ひとりで統治」なので「絶対君主」。

　architectは「tectのかしら」で、tectは「大工」なので「建築家」。ちなみに日本語でも昔、下っぱ大工職人を「小工」と呼び、上級の職人のことを「大工」と呼んだそうです。江戸弁風に、「大きいでーく」が"architect"。

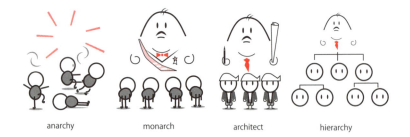

anarchy　　　monarch　　　architect　　　hierarchy

単語	主な訳語	ヒント
an**archy** [ǽnərki]	名 無政府状態	an(否定)→「頭がいない」
mon**arch*** [má(:)nərk]	名 君主政治、王室	mono(ひとり)+頭
architect* [á:rkɪtèkt]	名 建築家	tect(大工)の頭
architecture* [á:rkətèktʃər]	名 建築、建築物	-ure(名詞化)
hier**archy** [háɪ(ə)rà:rki]	名 階層組織	hier(聖なる)

4. cover

- "かぶる"、"かばう"、覆う
- discover, recover

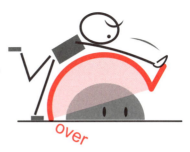

"cover"が日本語の「かぶる」「被る」と似ているように思えてなりません。まったく別の語源ですが、cabも「かぶる」のようにイメージできるかもしれません。cabというのはアメリカでは「タクシー」を意味する語ですが、もとは「客を乗せる辻馬車」のこと。cabinは「小屋」、「(船や宇宙船の)船室」。「小もの」の意味の接尾辞-etが付いたcabinetは「戸棚」や「内閣」の意味です。

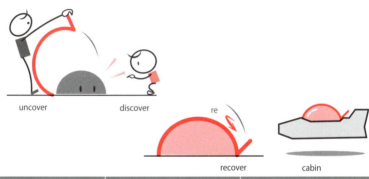

uncover　　discover　　recover　　cabin

単語	主な訳語	ヒント
cover [kʌ́vər]	動名 覆う(もの)	
uncover [ʌ̀nkʌ́vər]	動 暴露する	un(反) + cover
discover [dɪskʌ́vər]	名 発見する	dis(逆) + cover
recover [rikʌ́vər]	動 回復する	re(再び) + cover
cab [kæb]	名 タクシー、機関士室	
cabin [kǽbɪn]	名 小屋、船室	
cabinet [kǽbɪnət]	名 戸棚、保管室	

第5章 日本語を連想

5. dic-

- "説く（とく）"、言う、ことば
- tra**dit**ion, **dic**tionary

　dic-という語根は「言う」「ことば」「述べる」を意味します。

　「ことばを伝える」という感覚から、音が似ている日本語の「説く」をあてるとわかりやすいと思います。tradition の dit も dict のことで、「世代を超えて伝えるもの」。

　語源は異なりますが、doctor の doc も「説く」ととらえられます (p.403)。

tradition

dictionary

contradict　　indicate

単語	主な訳語	ヒント
tra**dit**ion [trədíʃ(ə)n]	名 伝統	(世代を) trans (越えて) ＋ dict
dictation [dɪktéɪʃ(ə)n]	名 口述、口述筆記	-ate ＋ ion (名詞化)
dictionary [díkʃənèri]	名 辞書	「示す物」
contra**dict*** [kà(:)ntrədíkt]	動 否定する、矛盾する	contra (反対) ＋ dict (言う)
in**dic**ate [índɪkèɪt]	動 指し示す、述べる	in (中に) → 示す
in**dex** [índeks]	名 索引、指標　動 示す	in (中に) → 示す物
de**dic**ate* [dédɪkèɪt]	動 献身する	de (すっかり) ＋ dicate

220

predictは「前もって(pre)＋言う(dict)」なので「予言する」。conditionは「共に(con)＋言う(doc)」→「話し合う」→「条件」「様子」。また、表の欄などに「同上」の意味でdittoと入れることがありますが、イタリア語からの借用語(「言われた」のような意味)です。

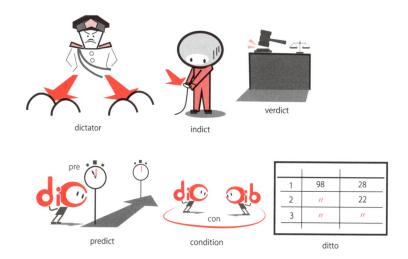

単語	主な訳語	ヒント
dictator* [díkteɪtər]	名 独裁者、専制君主	dict(述べる)＋人
indict [ɪndáɪt]	動 起訴する、告訴する	in(中に)＋dict(述べる)
indictment [ɪndáɪtmənt]	名 起訴、告訴	-ment(名詞化)
verdict* [vɚ́ːrdɪkt]	名 評決、裁定	ver(真実)＋dict(述べる)
predict* [prɪdíkt]	動 予測する	pre(事前に)＋dict(述べる)
condition* [kəndíʃ(ə)n]	動 条件、状況	con(共に)＋dict(述べる)→共に言う
ditto [dítoʊ]	名 同上 副 同様に	(「言う」の過去分詞形から)
interdict [ìntərdíkt]	動 阻止する	inter(間に)＋dict(述べる)

第5章 日本語を連想

6. fac-/fect-

- "矧ぐ(はぐ)"、作る
- factory, effect

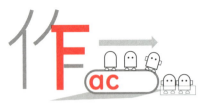

ちょっと無理やりですが、日本語古語には「はぐ」という古いことばがあって「矢を作る」の意味だそうです。それと結び付けました。
　factoryはものを作りだすところ。作り出されたものはfact。このように、"fac"は「作り出す」「為す」を意味します。facilitateは「容易にする」で、facilitatorは進行を容易にする「進行役」。

factory / facility

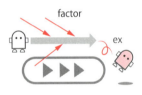

effect / affect

単語	主な訳語	ヒント
factory [fǽkt(ə)ri]	名 工場	fact + ory(場所)
fact [fǽkt]	名 事実、現実	
factor [fǽktər]	名 要因	「作り出すもの」
facilitate [fəsílətèɪt]	動 容易にする	
facility [fəsíləti]	名 施設、設備	容易にするために作られた
effect [ɪfékt]	名 影響、効果	ex + fect = 作られて出るもの
affect [əfékt]	動 影響を及ぼす	ad(向かって) + fect(為す)

effectのefはex-の異形で、effectは「(入ったものに対して)為されて外に(ex)出てくるもの」で、そういう意味の「効果」「影響」。「中に」の意味のin-がつくinfectは「中に作られる(為される)」という意味から「感染する」の意味で、名詞形はinfection「感染」。perfectのperは「やり通す」「通り抜ける」のような意味なので(p.304)、perfectは「全部を通した」というイメージから「完全な」。良いものとして為されて出てくるものがprofitやbenefitです。語源は異なりますがfictionは「作った話」です。

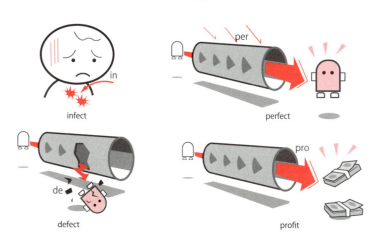

単語	主な訳語	ヒント
infect* [ɪnfékt]	動 感染させる	in(中に) + fect(作る)
perfect* [pə́ːrfɪkt]	形 完全な	per(完全に) + fect(作る)
defect* [díːfekt]	名 欠陥、不足	de(下) + fect(作る)
profit* [prɑ́(ː)fət]	名 利益、収益、得	pro(良い側に) + fit(作る)
benefit* [bénɪfɪt]	名 利益、恩恵	bene(良い) + fit(為す)
artificial* [ὰːrtɪfíʃ(ə)l]	形 人工の	人の技で(art)作る + al(形容詞化)
artifact [ɑ́ːrtɪfæ̀kt]	名 工芸品、人工物	人の技で(art)作る
fiction* [fíkʃ(ə)n]	名 フィクション	作り話(語源異なる)

知恵の活用：違いがわかる！

▶「工場」：factory, plant, facility, shop

factoryは「作る場所」ですから、機械を使って大量の製品を生産する工場で、食料生産や機械・機器の製造や組み立てを行う場所。

factory

plantは、作るための設備を植物にたとえてできている語ですが、この工場の意味では大規模で、車や化学物質やエネルギーなどを生産するような工場を表します。

plant

facilityは「施設」「設備」の意味で、レジャーや医療の施設など広く使われますが、"manufacturing facility"の意味でfactoryと同様に使われることもあります。

facility

shopの原義は「小屋」で、小規模な作業場のような工房はfactoryではなく、例えば"repair shop"「修理工場」のようにshopで表されます。

shop

▶「利益」：profitとbenefit

profitのproはproduceのproで「前」を表し、profitは「作り出す」ような「金銭的な利益」を表します。

profit

benefitは「bene（善い）＋fit」で、「良いこと」「特になること」「恩恵」のような意味の「利益」を表します。

benefit

第5章 日本語を連想

7. issue

- "出づる(いづる)"
- 争点、発行する など

ここではちょっと違うアプローチをして、多義語の解釈をします。issue はラテン語の exire から変化したもので、成り立ちは exit と同じ。形こそ iss になっていますが、言ってみれば「ex の一種(イッシュ)」です。音と意味 が似ている日本語は「いづる」。「問題点」「争点」の意味は「出てきたもの」 から「解決しなきゃいけないもの」の感覚で解釈することが可能です。

単語	主な訳語	ヒント
issue [íʃuː]	名 問題点、争点	出てきたもの→解決しなきゃいけないもの
issue	名 (新聞、雑誌の)号、刊行物	出るもの
issue	名 流出	出る
issue	動 出す、発表する	出す
issue	動 発行する	出す
issue	動 発布する	出す

225

第5章 日本語を連想

8. lect-

- 選る（える、すぐる）
- se**lect**, col**lect**

「選」という字は「選る」と書いて訓読みで「える」または「すぐる」と読みます。selectという単語は、se＋lectで、seはseparateのseで「分ける」という意味（p.71）。ですからselectは「吟味してより分ける」で、co-（共に）がつくcollectは「選ぶ」というより「集める」。electのeはex（出）のことで「選び出す」のようなイメージですが、特に「選挙で人を選ぶ」場合に使われます。eligibleは「選び出されることができる」から「資格がある」ですが、不思議にeligibleが「エラバレル」のようにも聞こえます。

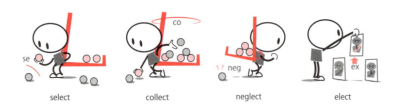

select　　collect　　neglect　　elect

単語	主な訳語	ヒント
se**lect*** [səlékt]	動 選ぶ、えり抜く	se（分けて）＋lect（選ぶ）
col**lect*** [kəlékt]	動 集める、収集する	co（共に）＋lect（選ぶ）
neg**lect*** [nɪglékt]	動 怠る、無視する	lect（選ぶ）＋neg（ない）
e**lect*** [ɪlékt]	動（投票で）選ぶ	選び（lect）＋出す（ex）
intel**lect*** [íntə(ə)lèkt]	名 知性、知力	inter（中に）＋lect（選ぶ）能力
e**lig**ible* [élɪdʒəb(ə)l]	形 適格の、資格のある	e（外へ）＋lect（選ぶ）＋ible

知恵の活用：違いがわかる！

▶「選ぶ」：pick, choose, select, elect

pickは「刺して取り上げる」イメージ（p.116）。気軽に選ぶ行為の、ややくだけた言い方です。

chooseは「選ぶ」ことを表す一般語ですが、欲しいものを「好み」に基づいて選ぶことを暗示します。語源を遡ると「賞味する」を意味する語であったようで、そこからイメージしやすいと思います。

selectはchooseよりかたい語で、複数の選択肢の中から1つまたは少数を選択することですが、客観的な基準に基づきよく吟味して選択する意味を含みます。「選り（lect）分ける（se）」という成り立ちで理解しやすいと思います。「どっち」という二者択一の場合にはchooseが好まれます。

electは選挙によって人を「選ぶ」ことを表します。「選び（lect）＋出す（ex）」という成り立ちから、候補者の中からひとりを選んで抜き取るイメージを持つことができます。

pick

チュー

choose

select

elect

知恵の活用：こうすれば間違えない

electと間違えやすいのがerect。このrectはdirect「直接の」やrectangle「長方形」などのrectで、"right angle"「直角」のrightの仲間。漢字でいえば「直」。erectのe-は「上」のような意味で、erectは「直立した」「ぴんと立った」の意味の形容詞および「（建物などを）建てる」の動詞。成り立ちを知ればelectionをerectionとしてしまうような赤面してしまう間違いもなくなります。

第5章 日本語を連想

9. mal-

- 「○なのに×（バツ）」
- malice, malfunction

　これは日本語の感覚と正反対で面白いです。malfunctionは「故障」であり、マラリア（malaria）は「悪い（mal）＋aria（空気）」で、以前は空気感染する病気と考えられていたためこう呼ばれました。マルウェア（malware）は、「システムやデータに害を与えたり情報を盗み出したりするソフトウェア」のこと。

　英語圏ではチェックシートなどで「OK」の意味で「X」をつけることもあるので日本人にはややこしいです。なお、「良いと悪いの中間」の意味の「△」という記号も英米人には通じませんから英米人向け資料作成の際には注意が必要です。

単語	主な訳語	ヒント
malice* [mǽlɪs]	名 悪意	
malfunction [mælfʌ́ŋkʃən]	名 故障、異常	悪い＋function（機能）
malnutrition [mæln(j)u(ː)tríʃən]	名 栄養失調	悪い＋nutrition（栄養分）
malaria [məléəriə]	名 マラリア	「悪い空気」
malevolent [məlévələnt]	形 悪意のある	male（悪い）＋vol（意志）
malignant* [məlígnənt]	形 悪意のある、悪性の	mali（悪い）＋gen（生まれる）
malpractice [mælpræktɪs]	名 不正行為	悪いpractice（行い）
malware [mælwèər]	名 マルウェア	悪いsoftware
malady [mǽlədi]	名 弊害、病気	
dismal* [dízm(ə)l]	形 陰気な、みじめな	「悪い（mal）＋日」

第5章 日本語を連想

10. merge

- "水(みず)"、浸す
- immerse, emergency

　mが付く語と水の関係についてはp.112で説明しました。具体的に、mergeの関連語は、「水(みず)」と関連させると覚えやすいです。mergeのもとの意味は「水に潜る」「溶け込む」で、ここから「合流」「合併する」のような意味になります。「合流」はmergeと音が似ている「まじる」で覚えられます。emerge「出現する」は水から「外へ(ex)出てくる」イメージ。"emerging market"は「新興市場」。

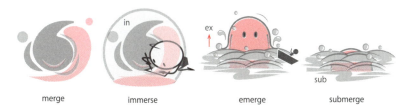

merge　　　immerse　　　emerge　　　submerge

単語	主な訳語	ヒント
merge* [mə́:rdʒ]	動 合併する、同化する、溶け込ませる	語源は「浸す」 「混じる」にも似ている
merger* [mə́:rdʒər]	名 合併、合同	M&A = merger and acquisition「企業の合併・買収」
immerse* [imə́:rs]	動 浸す、没頭させる	in(中へ)＋merge→「どっぷりつかる」
immersion [imə́:rʒ(ə)n]	名 浸水、没頭	-ion(名詞化)
emerge* [imə́:rdʒ]	動 (水中などから)出現する、浮上する	ex(外へ)＋merge→「水上に現れる」
emergency* [imə́:rdʒ(ə)nsi]	形 名 緊急の(事態)	-ency(名詞化)「現れた事態」
submerge* [səbmə́:rdʒ]	動 静める、水浸しにする	sub(下へ)＋merge

229

知恵の活用：違いがわかる！
▶「緊急の」「即座」：emergent, urgent, immediate

emergentは「出現してくる」ような事態を表すので、急に思わぬ事故や災害などの緊急事態が起こって、直ちに対応しなければならないというような「緊急事態」です。名詞形はemergency。
emergency measures 緊急措置

emergent

urgent（p.208）は「アゲアゲ」で「言葉や力でせきたてられる」ような事態を表すので、「すぐにそれをしなかったら重大な悪いことが起こる」というような、現状況下で緊急度が上がっているような「急ぎ」の意味の「緊急な」を表します。名詞形はurgency。
urgent need 緊急の必要性

urgent

immediate（p.261）は「中間（med）にない（in）」の意味で、「時間」に対しても「位置関係」や「組織上の上下関係」に関しても使います。時間に関して言えば「間髪容れず」。つまり「目前に迫った」ような感じでの「急を要する」。副詞の**immediately**はその意味で「即座に」。
immediate action 即座の行動

immediate

Etymocise(語源体操) 6

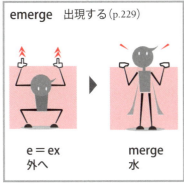

emerge 出現する (p.229)

e = ex
外へ

merge
水

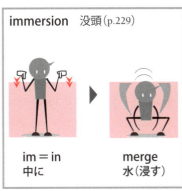

immersion 没頭 (p.229)

im = in
中に

merge
水(浸す)

collect 集める (p.226)

col = con
共に

lect
選ぶ

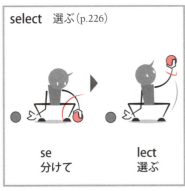

select 選ぶ (p.226)

se
分けて

lect
選ぶ

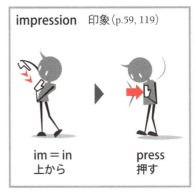

impression 印象 (p.59, 119)

im = in
上から

press
押す

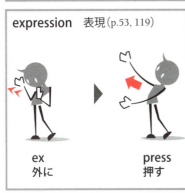

expression 表現 (p.53, 119)

ex
外に

press
押す

第5章 日本語を連想

11. mir-

- "見る"、驚きを持って見る
- miracle, admire

　miracleやmirrorやadmireのmir-は「驚きを持って見る」「目を見開いて見る」というようにとらえると理解しやすいです。日本語で言えば「見入る (miiru)」で、漢字で言えば「魔」でしょうか。magicのmは語源は異なりますが、同じ感覚で理解できると思います。

magic / miracle　　　　　　　　admire

単語	主な訳語	ヒント
miracle* [mírək(ə)l]	名 奇跡	「驚きを持って見る」
mirror* [mírər]	名 鏡 動 映す	「見る」
admire* [ədmáɪər]	動 称賛する	ad(向かって)+見る
admirable* [ǽdm(ə)rəb(ə)l]	形 賞賛すべき	admire + able(できる)
mirage [mərá:ʒ]	名 蜃気楼	「mirrorのように反射する」
marvelous* [má:rv(ə)ləs]	形 不思議な、驚くべき	-ous(形容詞化)
magic* [mǽdʒɪk]	名 魔法、魔力	(語源異なる)

232

第5章 日本語を連想

12. mount

- "盛り土"、"もっこり"
- mountain, amount

「もっこり」のイメージです。mountain「山」、別語源でmound「盛り土」。mountainのmountは本来は「のぼる」の意味。dis（反対）が付いたdismountは「降りる」の意味。amountは「盛り上げた量」ととらえるとイメージしやすいです。

mount　　　　dismount　　　　mountain　　　　amount

単語	主な訳語	ヒント
mount* [maunt]	動 のぼる	
dismount [dɪsmáunt]	動 おりる	dis（反対・下）＋ mount
mountain* [máunt(ə)n]	名 山、山脈	
mountainous* [máunt(ə)nəs]	名 山地の、山のような	mountain ＋ ous（多し）
amount* [əmáunt]	名 総額、量	ad（向かって）「頂上に達する」
paramount [pǽrəmàunt]	形 最重要の、傑出した	per（完全に）＋ amount「この上ない」
mound* [maund]	名 小山、塚、盛り土	

233

第5章 日本語を連想

13. pos-/pot-

- "保す(ポす)"、持つ力
- possible, potential

　pos-/pot-には「秘めたる力」のような意味があるようです。powerも同源だと考えるとわかりやすいです。possessは「pos + sess (座る)」でできていて、「力を持って居座る」から「支配する」「所有する」の意味になります。サッカーの試合で「ボール保持率」のことをpossessionといいますね。
　possibleは「力があり得る」→「可能な」で、potentialは「可能性を秘めた」。

possess

potential

power

単語	主な訳語	ヒント
possess* [pəzés]	動 所有する、支配している	pos + sess (座る)
possession* [pəzéʃ(ə)n]	名 所有、所有物、支配	-ion (名詞化)
possible* [pá(:)səb(ə)l]	形 可能な、あり得る	-ible (できる)
potent* [póut(ə)nt]	形 強い効果を持つ、強力な	-ent (形容詞化)
potential* [pəténʃ(ə)l]	形 可能性を秘めた 名 才能	-ial
impotent [ímpət(ə)nt]	形 無力な、虚弱な	in (否) + potent
omnipotent [ɑ(:)mnípət(ə)nt]	形 全能の	omni- (全) + potent
power* [páuər]	名 権力、能力 動 動力を供給する	

知恵の活用：違いがわかる！

▶「力」：force, power

forceは「外に出た力」で、内に秘めた力というより、実際に行使された物理的な力が基本です（p.96）。

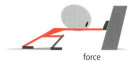

powerはforceのように実際に外に発揮する力も表しますが、「持つ」の意味が語源なので、内に秘めた潜在的な力を表すのが基本です。その意味は広く、権力や影響力も含みます。

物理でいうforceとpowerの違いは、forceは力（Nやkgf）でpowerは仕事率（kwや馬力）と明確ですが、機械が持っていると感じる「力感（力強さ）」や「能力」という意味ではpowerを使います。

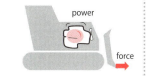

第5章 日本語を連想

14. sek-/sec-

- "先(さき)"、追う
- sequence, consecutive

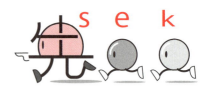

　sequence、secondなど、sek-という語根を含む語がありますが、sek-は「続く」や「つながる」を意味します。日本語では「先(さき)」という語の意味と音が似ています。もっと広げると「先を求める」「先へつなぐ」「追う、追いやる」という感じです。seekは「先を追い求める」ことであり、suitは「周囲とうまくつながっている」ことを表します。societyは「人とのつながり」。

sequence　　　　　consequence　　　　　persecute

単語	主な訳語	ヒント
second [sék(ə)nd]	形 第2の	次に続く→第二の
seek [siːk]	動 得ようとする	「先を求める」
sake [seɪk]	名 ため、目的	「求める先」
sequence [síːkwəns]	名 順序、連続	seq(続く)＋ence(名詞化)
consequence [ká(ː)nsəkwèns]	名 結果、成り行き	「したことと一緒に(con)つながる」
consecutive [kənsékjətɪv]	形 連続した	con(共に)＋sec(つながる)
subsequent [sʌ́bsɪkw(ə)nt]	形 その後の、続いて起こる	sub(下に・後に)＋sec(つながる)
persecute [pə́ːrsɪkjùːt]	動 迫害する	per(徹底して)＋sec(求める)
prosecute [prá(ː)sɪkjùːt]	動 起訴する	pro(前に)＋sec(求める)

単語	主な訳語	ヒント
suit [suːt]	動 好都合である、似合う	「うまくつながっている」
society [səsáɪəti]	名 社会、世間	
association [əsòusiéɪʃ(ə)n]	名 協会、連合	ad（向かって）
pursue [pərsjúː]	動 追求する、追跡する	pur（前を）＋追う

知恵の活用：違いがわかる！

▶「合う」：fit, suit, match, agree

fitの原義は「形にはまる」で、物理的に形や大きさが「ぴったり」を意味する他、状況や役割に「適合する」も意味します。

fit

suitの語源は「続く」の意味ですから、「揃う」の意味の「合う」を表すので、人を目的語にする場合、スタイルや色などがその人に「似合う」を表し、また「ものやことが条件に合う」ことも表します。

suit

matchはもともと「二者の間がぴったり」の意味で、主語と目的語となっているもの同士が「互いにぴったり合っている／釣り合っている」ことを表します。

match

agreeは「好みに合う」という意味から、意見が合ったり、食などが体質に合っていたり、事実などと一致・符号したりする、そんな「合う」です。この意味ではagree withとして使います。

agree

第5章 日本語を連想

15. serial

- "そろえる"、並べる、結ぶ
- series, insert

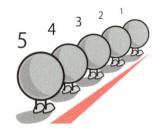

　series「シリーズ」やserial「シリアル、連続的な」は、日本語で似ているのが**「そろえる」「ずらり」**。「結び付けて並べる」ようなイメージです。desertは「そろいから離れる(de)」で「見捨てられた場所」から「砂漠」。desertedは「ひとけのない」という形容詞。assertは「ad(向かって)＋sert」→「意見を(自分に)結びつける」で「断言する」。insert(in(中に)＋sert)、exert(ex(外に)＋sert)は「つながった中に入れる／はずす」で意味が理解できます。

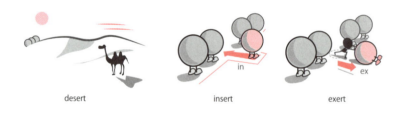

desert　　　　　　insert　　　　　　exert

単語	主な訳語	ヒント
serial* [síəriəl]	形 連続的な	-al(形容詞化)
series* [síəri:z]	名 連続、シリーズ	「そろい」
desert* [dézərt]	名 砂漠	de(離れる)＋そろい
assert* [əsə́:rt]	動 断言する、主張する	ad＋sert 意見を結びつける
assertive [əsə́:rtɪv]	形 きっぱりとした	-ive(形容詞化)
insert [ɪnsə́:rt]	動名 挿入(する)	in(中に)＋入れて結ぶ
exert* [ɪgzə́:rt]	動 (力を)行使する	押して出す(ex)

第5章 日本語を連想

16. suffer

- "娑婆(シャバ)"
- fer- 運ぶ

　これは「無駄話」の領域です。「刑務所からシャバに出たら」の「シャバ」は、「娑婆」と書き、これはサンスクリット語に由来する仏教語。「この世」「俗世間」を指すことばで、サンスクリット語では「サハー(saha)」といって、この語根「サフ」の「耐え忍ぶ」という意味から、この世を表すことばとなったそうです。そこで気づくのが suffer という語。訳語は「苦しむ」、「耐える」。偶然ですが「サハー」と不思議に一致します。suffer はラテン語由来で「sub(下)＋fer(運ぶ)」です。fer は「フェリーボート」の ferry から「運ぶ」の意味を覚えられ、関連して offer、refer、transfer などがまとめて覚えられます。

単語	主な訳語	ヒント
suffer* [sʌ́fər]	動 患う、苦しむ	sub(下)＋fer(運ぶ)
offer* [ɔ́:fər|ɔ́fər]	動 申し出る、与える	ob(対して)＋運ぶ
prefer* [prifə́:r]	動 ～の方を好む	pre(前に)＋運ぶ
preference* [préf(ə)r(ə)ns]	名 好み	-ence(名詞化)
reference* [réf(ə)r(ə)ns]	名 言及、参照	re(元へ)＋運ぶ
transfer* [trænsfə́:r]	動 乗り換える 名 転勤	trans(越えて)＋運ぶ
differ* [dífər]	動 異なる	dis(離れて)＋運ぶ
infer* [infə́:r]	動 推論する	(考えを頭の) in(中へ)＋運ぶ
metaphor* [métəfɔ̀:r]	名 隠喩、メタファー	meta(越えて別へ)＋運ぶ
ferry* [féri]	名 フェリー 動 輸送する	運ぶ

第5章 日本語を連想

17. through、thr-

- "通る（とほる　tohoru）"
- through, threat

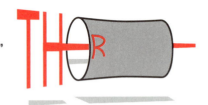

　前置詞のthroughは「通り抜ける」のような意味です。形が似ているthoroughはthroughの強調の意味でできていて、ものごとを「端から端まで通して」の感覚で「徹底的な」の意味。thr-に関して「胸を刺して通過する」感じをイメージするとthrillやthreatの意味を感じられます。別語源ですがthroat「喉」にも同じように「通る」を感じることができます。throttleはthroatと同源で、「喉を絞める」から、エンジンへ送る燃料を絞って調整する「スロットル弁」のことを指します。

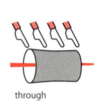
through

thrill　threat

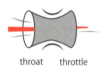
throat　throttle

単語	主な訳語	ヒント
through [θruː]	前副 通り抜けて	
thorough [θə́ːrou]	形 徹底的な	端から端まで通して
thrill [θril]	名 身震い	胸を刺し通す→ぞくぞく
threat [θret]	名 脅威、脅し	(別語源)
threaten [θrét(ə)n]	動 脅す、脅かす	-en（〜にする）
throat [θrout]	名 喉	(語源異なる)
throttle [θrά(ː)t(ə)l]	動 喉を絞める 名 スロットル	

知恵の活用：違いがわかる！

▶「恐怖」：threat, fear, terror, horror, dread

　threatと同源のthrustは「ぐっと押す」「押し付ける」「（武器などで）突きかかる」の意味。これらは「圧迫」「強いる」イメージで、「恐さ」の意味のthreatは「何かが起こるかもしれない」といった「悪い事態が起こる可能性」。

threat

　fearは、per-（「通る」「試す」の意味）を語根に持つperilの仲間(p.304)。見えない先のことに対する、「何が起こるかわからない不安や恐怖」を表します。

fear

　terrorは「震え上がらせるような」恐怖(p.391)。形容詞形はterribleで、terrificは「すばらしい」「ものすごい」といった良い意味で「震える」ような意味にもなっています。スペルが似たtremble「震え」「震える」と関連させてもよいと思います。

terror

　horrorはhairと関連させて、「身の毛もよだつ」ような恐怖でイメージできます(p.176)。

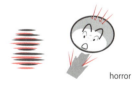
horror

　dreadは「起こるかもしれないことに対する恐怖」で、fearよりも強い恐怖です。ちなみにこれは、髪を絡ませたヘアスタイルのdread hairのdreadですから覚えやすいと思います。

dread

241

第5章 日本語を連想

18. vary、var-

- "バラ"つく、"バラバラ"
- variety, variation

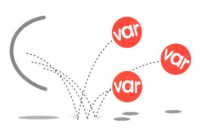

「バラエティー」「バリエーション」というカタカナ語からそれらの意味は理解はしやすいですが、動詞形のvaryや形容詞のvariousとつなげるとファミリー語をまるごと覚えられます。varyは「異なる」「変動する」という概念です。経理用語で「固定費」(fixed cost)に対して「変動費」(variable cost)。新型コロナウィルスなどの「変異株」はvariantまたは"variant strain"と呼ばれます。

variety / various   variant

単語	主な訳語	ヒント
vary [véəri]	動 様々である、変わる	バラバラ
various [véəriəs]	形 様々な	-バラバラous(多し)
variety [vərάiəti]	名 多様性、相違	-ety(名詞化)
variation [vèəriéiʃ(ə)n]	名 変化、変動、変異	-ation(名詞化)
variable [véəriəb(ə)l]	形 変わりやすい、変動する	-able(形容詞化)
invariable [invéəriəb(ə)l]	形 一定不変の	in(否)+variable
variance [véəriəns]	名 (統計の)分散	-ance(名詞化)
variant [véəriənt]	名 変形、異形、変異株	-ant(名詞化)

知恵の活用：違いがわかる！

▶「変動する」「変わる」：fluctuate と vary

fluctuate は flow「流れる」の仲間です（p.169）。価格や数量などが、時間とともに「変動する」、気分などが「揺れ動く」ようなことを表します。つまり「フラフラ」。

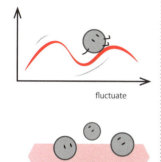

fluctuate

vary は「時間とともに」というより、個体によってさまざまだったり、条件や事情によって変わったりするような「変動する」です。または「変異する」というような特性などの「変化」を表します。つまり「バラバラ」。

vary / various

various は形容詞で、人やものごとの中の種類が多いことを表します（種類が「バラバラ」）。

diverse は、最近耳にすることが多い diversity「多様性」の形容詞形。「di-（離れて）＋ verse（向き、回す）」のつくりなので（p.328）、「見方などの向き・対象範囲を広げる」から、「幅広い」「多様な」の意味になります。

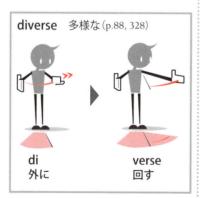

diverse 多様な（p.88, 328）

di 外に　verse 回す

第5章 日本語を連想

19. half：" 半分 "

　動詞形の**halve**「半分に減らす」になるともっと似ていますが、これらは「切る」といった意味の印欧祖語に遡るようです。語源は違いますが、「半球」を意味する**hemisphere**の**hemi**も「半」または「片（ヘン）」に思えてきます。

単語	主な訳語	ヒント
half＊ [hæf]	名 半分	
halve [hæv]	動 半分にする	halfの動詞形
hemisphere＊ [hémɪsfɪər]	名 半球	hemi（半）＋ sphere（球）

20. ease/easy：" 癒す "、" やさしい "

　easeは他動詞で「楽にする」、「和らげる」、「緩和する」の意。古フランス語の "**aise**" から来たようです。ちなみに、関連はわかりませんが、ギリシャ語には "**iasis**" ということばがあって「病気を治す」を意味するそうです。

単語	主な訳語	ヒント
ease＊ [iːz]	名 容易さ 動 緩める	
disease＊ [dɪzíːz]	名 病気、疾病	dis（反対）＋ ease
easy＊ [íːzi]	形 容易な	-y（形容詞化）

知恵の活用：違いがわかる!

▶「やさしい」「簡単な」：simple, plain, easy, quick, brief

simpleは「重なりが1つ」の意味ですから(p.182)、「複雑さがない」「単純な」の意味での「簡単な」「やさしい」。

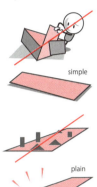
simple

plainはもともとは「平らな」の意味ですから(p.180)、ややこしさや疑問点が見えないような「誰にでも一目でわかる」という意味の「平易な」「やさしい」。

plain

easyは「気楽な」「労力が要らない」の意味ですから、「楽にできる」「容易な」「おちゃのこさいさい」「楽々」という意味での「やさしい」。

easy

「短い」の意味での「簡単な」で言えば、quickは「ちゃちゃっ」と終わるような「時間的に短い」で、例えば"quick lunch"(簡単な昼食)。

quick

briefなら「時間的に短い」またはことばなどが「手短な」「簡潔な」です。briefingは「短い知らせ」の意味から広がり、「事前説明」「簡単な指示」の意味に。股下の短いパンツもbrief。なお、ブリーフケース(briefcase)は「brief(指示書簡)を入れるケース」。

brief

245

第5章 日本語を連想

21. each ：" いちいち "

　ここは単語というより考え方の説明です。eachというのはeveryと同様、単数扱いされます。それは「複数からなる全体」を見ているのではなくて、「個々」に焦点を当てているからです。つまり「**いちいち**」です。everyは ever ＋ each が語源。

単語	主な訳語	ヒント
each [íːtʃ]	形 それぞれの　副 それぞれに	
every [évri]	形 どの〜も	ever ＋ each

22. even ：" 言い分 "

　evenという副詞には「でさえ」「なお」などの訳語が当てられますが、実際の英文をきれいな日本語に訳すのは難しい。英文を几帳面に日本語文に訳そうとするより、「強調するような何か『**言い分**』があるのだな」と感じればよいと思います。

単語	主な訳語	ヒント
even [íːv(ə)n]	副 〜でさえ	
even [íːv(ə)n]	形 平らな	
uneven [ʌníːv(ə)n]	形 平らでない	

第5章 日本語を連想

23. gorgeous：" 豪華 "

　日本語から「豪華」を連想してしまいますが、英語のgorgeousは「すばらしい、非常に美しい、豪華な」「陽気の良い」、「（人が）美形な」のような意味で、日本語の「豪華な」よりもかなり広い意味です。

単語	主な訳語	ヒント
gorgeous* [gɔ́ːrdʒəs]	形 豪華な	a gorgeous dress　豪華なドレス
	形 気持ちのいい	a gorgeous day　気持ちのいい日
	形 美しい	a gorgeous woman 美女

24. load：" 労働 "

　語源としてはleadと同じなので負荷を運んで前に進めるイメージでしょうか。

　パソコンを使っていると関連語がたくさん表示されます。download「ダウンロード（する）」、upload「アップロード（する）」、unload、loadingなどなど。

単語	主な訳語	ヒント
load* [loud]	名 荷物、負担 動 積む	
overload [òuvərlóud]	動 積み過ぎる 名 超過	
workload* [wɔ́ːrklòud]	名 仕事量、作業負荷	

247

第5章 日本語を連想

25. cum：" 込む"、積む

accumulateは「（財産、知識などを徐々に）蓄積する」、「（物などが）積み重なる」を意味する動詞。このad-は「強調」を意味していて、これを外して、数値的に「累積の」を意味するcumulativeという形容詞と関連して覚えられます。

単語	主な訳語	ヒント
accumulate* [əkjúːmjəlèɪt]	動 蓄積する	ad（強調）＋ cum ＋ ate（為す）
cumulative* [kjúːmjələtɪv]	形 累積の	-ive（形容詞化）
cumulus [kjúːmjələs]	名 積雲	

26. hate：" へど"

hateは「（人がものやこと）をひどく嫌う」を意味する動詞。「反吐（へど）」と連想させて覚えるとよと思います。"hate crime"は「憎悪に起因する犯罪」で「憎悪犯罪」。

単語	主な訳語	ヒント
hate* [heɪt]	動 ひどく嫌う	
hatred* [héɪtrɪd]	名 憎しみ、憎悪	-red（名詞化）
heinous [héɪnəs]	形 極悪な、凶悪な	-ous（形容詞化）

第5章 日本語を連想

27. auc/aug : "仰ぐ"、"多く"

　auction「オークション」の語根augは「上がる」「増える」の意味で、音楽の音符でaugとあるのは「半音上げる」。auxiliaryは「増やす」から「補助」の意味で、オーディオのAUXは増設外部機器につなげる端子。

単語	主な訳語	ヒント
auction* [ɔ́ːkʃ(ə)n]	名 競売	-tion（名詞化）
auxiliary [ɔːgzíliəri]	形 補助の、予備の	
augment [ɔːgmént]	動 増大させる	

28. awful/awe : "畏怖"

　気分やものごとの程度を「最悪」というような意味で使うのがawful。名詞形のaweは「恐怖」の意味から派生した「畏れ」「畏敬」の意味で、awfulやaweは音が「畏怖」と似ています。awfulを副詞化したawfullyは「ひどく」「ものすごく」というふうに程度を表す副詞になっていますし、誉め言葉のawesomeもここから。

単語	主な訳語	ヒント
awful* [ɔ́ːf(ə)l]	形 最悪の、ひどい	-ful（形容詞化）
awe [ɔ́ː]	名 畏れ、畏敬の念	
awesome* [ɔ́ːs(ə)m]	形 すごい、恐ろしいほどの	

249

第6章

意味を感じる(4)
漢字の連想で感じる

漢字とも似ていてびっくり

　前章同様、これもかなり面白くて、不思議です。言語は時間の経過とともに変化しますし、たとえばラテン語→フランス語→英語のように移動すると、音もどんどん変化します。文字がない頃には、なおさらたくさん変化したと思われます。逆に言えば、源流に近ければ近いほど「元の形」に近い、つまり「自然の模倣」や「感覚」に近いのではないかと推測できます。

　centerのことをイタリア語で**centro**と言い、ラテン語系では**ce**は「セ」でなく「チェ」と発音するので、**centro**は「チェントロ」と発音します。であるなら漢字の「中」(中国語読みで「チュン」)に近い。ヨーロッパを旅行すると「両替所」に"**Cambio**"とあります。**Cambio**はラテン語由来のイタリア語で「交換」「両替」で「カンビオ」と読みます。この"**can**"は漢字の「換」に近い。

　中国語の文字は古いので、ことばの源流に近いのではないかと考えてみました。もしそうなら、英単語の源流側のラテン語やさらに印欧祖語と漢字の間には類似点が見いだせる可能性があると考えています。

　誰しも**beauty**と「美」が近いとか、**tower**は「塔」と近いとか、そんなことを考えたことはあると思います。挙げてみると意外と多い。それも単語記憶と定着に使えるのではないかと思います。

　うまくはまれば、例えば「自動扉」が「自動ドア」と読めたり、「サラダ油」が「サラダオイル」と読めたりするのと同じように、英語と漢字がそのような認知の関係になるかもしれません。

第6章 漢字で連想

1. bio-

- "培"、生物の、生命の
- biology

bio-には「培（バイ、つちかう）」の漢字がぴったりです。

最近では環境問題に関する話題がしばしば語られますが、**biodegradable**は微生物の作用で無害な物質に分解できる自然に優しい特性で、**biomass**は「生物由来の有機性資源」。**biohazard**は「生物実験などから生ずる危険性・危険物質」。

biology

antibiotic

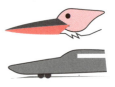
biomimetics

単語	主な訳語	ヒント
biology* [baɪá(:)lədʒi]	名 生物学	生物の + logy（学問）
antibiotic* [æ̀ntibaɪá(:)tɪk]	名 抗生物質	anti（反対）+ bio
biotechnology [baɪətekná(:)lədʒi]	名 生命工学	生命 + technology
biodegradable [baɪədɪgréɪdəbl]	形 生分解性の	bio + de（下げる）+ grade + able
biomimetics [baɪəmɪmétɪks]	名 生物模倣	生物 + mime（真似）
biomass [báɪəmæs]	名 バイオマス	生物 + mass（量）
biography* [baɪá(:)grəfi]	名 伝記、経歴、一代記	生命 + graphy（書いたもの）
biohazard [báɪəhæ̀zərd]	名 バイオハザード	生物 + hazard（危険）

第6章 漢字で連想

2. bi-

- "倍"、2つの
- combine

biは「2」のことです。ですが、「2」に意味が近い「倍」という漢字をあててみました。

bicycleやbilingualなど日本語化した英単語がたくさんあります。biped「二足動物」のpedは、pedalのpedで「足」の意味(p.178)。

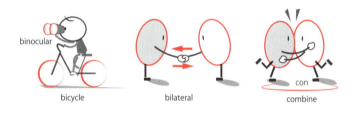

binocular bicycle bilateral con combine

単語	主な訳語	ヒント
bicycle [báɪsɪk(ə)l]	名 二輪車	2つ＋cycle（輪）
bilingual [baɪlíŋgw(ə)l]	形 名 2言語が話せる(人)	2つ＋lingual（言語の）
binary [báɪn(ə)ri]	形 名 2つの、2進数(の)	
binocular [bɪnɑ́(:)kjələr]	名 双眼鏡	bin（2つ）＋ocu（目）
biped [báɪped]	名 二足動物	2つ＋ped（足）
bilateral [baɪlǽt(ə)r(ə)l]	名 相互の	2つ＋lateral（横方向）
biathlon [baɪǽθlən]	名 二種競技	2つ＋athlon（競技）
bisexual [bàɪsékʃu(ə)l]	形 両性愛、両性の	2つ＋sex＋al（形容詞化）
combine [kəmbáɪn]	動 組み合わせる	com（共に）＋2つ

第6章 漢字で連想

3. care/cure

- "気"
- curious, excuse

　careは「世話をする」「面倒を見る」。"be careful about"で「〜に気をつかう」。cureは「治療する」「癒す」。care、cureは漢字で書くなら「気」「心」の感じ。「気を配る」「気遣う」「心遣い」のイメージです。「病は気から」などと言いますが、英語では「病はcure（治療）から」でしょうか。curiousは「cureがたくさん（ous）」→「たくさんの気・心」→「好奇心の強い」。

cure

curious

excuse

accuse

単語	主な訳語	ヒント
care [keər]	名 世話、注意　動 心配する	
cure [kjuər]	動 （病気などを）治す　名 治療	
curious [kjúəriəs]	形 好奇心がある	cur（気）+ ous（多し）
security [sɪkjúərəti]	名 安全（保障）、警備	se（離れて）+ 気→気遣いない
excuse [ɪkskjúːz]	動 大目に見る　名 言い訳	ex（出す）+ cuse（釈明）
accuse [əkjúːz]	動 非難する、告発する	ad（向かって）+ cuse（釈明）
caution [kɔ́ːʃ(ə)n]	名 用心、警告	-ion（名詞化）
cautious [kɔ́ːʃəs]	形 用心深い、慎重な	用心 + ous（多し）
cause [kɔːz]	名 原因、理由	
accurate [ǽkjərət]	形 正確な、精密な	ad（向かって）+ cure

知恵の活用：違いがわかる！

▶「正確な」：accurate, exact, precise

accurateは「正確な」「誤差のない」の意味ですが、「気を向ける」が語源なので、情報・測定・統計など真実や事実に合致させるために、積極的な努力と細心の注意を払う「緻密さや正確さ」を強調します。

accurate

exactは、「実（act）と違わない」が原義で（p.308）、「正確な」「ぴったりの」「まさにその」というような意味ですが、accurateよりも意味がさらに強く、量や質の計測がきわめて正確であることを言います。「細かい」というよりも、「合致」や「一致」を強く意味します。言うなら「ドストライク」。

exact

preciseは、「pre（前もって）＋cise（切る）」という語源構成で（p.264）、正確なデータや判断に基づく細部にわたる明確さや正確さ、「正確な」「精密な」「几帳面な」を意味します。exactの「一致」に対してpreciseは「綿密さ」を表します。「きめ細かいコントロール」の感じです。

precise

第6章 漢字で連想

4. cave

- "窪（くぼ）"
- cavity

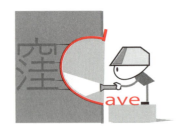

　caveは「洞穴」「洞窟」の意味で、日本語の「窪」「くぼみ」と似ています。cavityは「空洞」の意味の他に「虫歯」の意味があり、言ってみれば「歯にできたくぼみ」。concaveは「へこんだ」で、反対はconvex。excavateは「外（ex-）に掘り出す」ので、遺跡などを「発掘する」の意味に使えますが、工事などで穴を掘りだす「掘削する」の意味にも使われ、工事現場の「油圧式掘削機」は"hydraulic excavator"。cage「かご」「檻」も同源です。

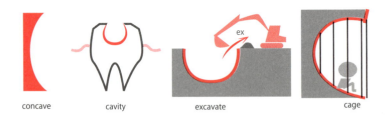

concave　　　　cavity　　　　　excavate　　　　　　　　cage

単語	主な訳語	ヒント
cave [keɪv]	名 洞穴、洞窟	
concave [kɑ(:)nkéɪv]	形 凹状の、へこんだ	con（すっかり）+へこんだ
convex [kɑ(:)nvéks]	形 凸状の	concaveの反対
cavity [kǽvəti]	名 穴、空洞、虫歯	へこみ
excavation [èkskəvéɪʃən]	名 発掘、掘削	ex（外）+へこみ+ation
cage [keɪdʒ]	名 かご、檻	（ラテン語caveaから）

第6章 漢字で連想

5. hollow

- "洞（ほら）"、"掘る"
- hole, hall

hollowは「空洞の」「へこんだ」「中空」の意味があり、holeと同源です。洞穴の「洞」の字の音にも似ていて、日本語の「掘る」の音に似ています。hallもhollowと同様に、「覆われた空洞（広い場所）」を意味します。

「中空」のhollowに対して中が詰まった「中実」はsolid（p.386）。

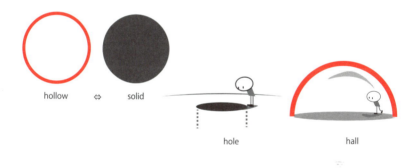

hollow ⇔ solid　　　hole　　　hall

単語	主な訳語	ヒント
hollow [há(:)lou]	形 空洞の、からっぽの	
solid [sá(:)ləd]	形 固体の、中空でない	hollowの反対（p.386）
hole [houl]	名 穴、くぼみ	
loophole [lú:phòul]	名 抜け穴	
hall [hɔ:l]	名 玄関、廊下、ホール	
hallway [hɔ́:lwèi]	名 廊下、通路	

第6章 漢字で連想

6. ceed-/cess-

- "進"、歩を進める
- proceed, success

　ceed-は「歩を進める」といったイメージです。漢字で言えば「進(シン)」。前に進めばproceed、下に(sub-後に)進めばsucceed、何かの対象を越えて(ex)進めばexceedなどです。cessの形にも変化して、process、success、accessなどにも「進」のイメージが感じられます。

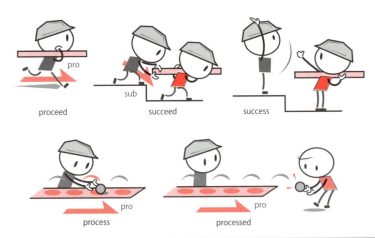

単語	主な訳語	ヒント
proceed [prəsíːd]	動 進行する、前進する	pro(前に)+進む
procedure [prəsíːdʒər]	名 手順、手続き	pro(前に)+進む
process [prá(ː)ses]	名 過程、工程 動 処理する	pro(前に)+進む
processed [prá(ː)sest]	形 加工処理された	-ed(形容詞化)
succeed [səksíːd]	動 後を継ぐ、成功する	sub(下に)+進む/続く
success [səksés]	名 成功	succeedの名詞形

processは「工程」から「加工する」という動詞にもなり、形容詞のprocessedは「加工された」で「加工処理されたチーズ」は"processed cheese"。スポーツ競技で自ら負けを認めることをコンシード(concede)という場合があります。

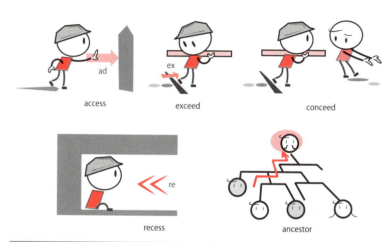

単語	主な訳語	ヒント
access* [ǽkses]	名動 アクセス(する)	ad(向かって)＋cess(進む)
exceed* [ɪksíːd]	動 越える	ex(出る)＋進む
excess [ɪksés]	名形 余分(な)	ex(出る)＋進む→出すぎる
excessive* [ɪksésɪv]	形 過度の	-ive(形容詞化)
concede* [kənsíːd]	動 敗北を認める	con(完全に)＋退く
concession* [kənséʃ(ə)n]	名 譲歩	con(共に)＋歩む→歩み寄る
recess* [ríːses]	名 奥まった場所、休憩	re(後ろ)＋進む
recession* [riséʃ(ə)n]	名 景気後退	-ion(名詞化)
predecessor* [prédəsèsər]	名 前任者、先任者	pre(前)＋de(離れる)＋進む
ancestor* [ǽnsestər]	名 先祖、祖先、原形	ante(先に)＋行く人

第6章 漢字で連想

7. cent-

- "中(チュン)"
- center, concentrate

　「中」という漢字は四角の中心を直線が通っています。centerはそういう「中心」の意味で使われ、次ページのmid-/med-との違いが理解できます。concentrateなら「中心に向かう」、eccentricなら「中心からはずれる」ということです。地震のepicenterは「震央」のことですが、epiは「上」で、地下にある震源から地上に向けて真上に伸ばしたところの地表を意味します。

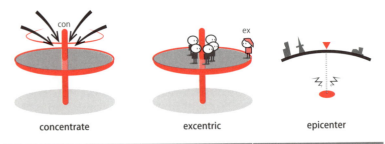

concentrate　　　　　excentric　　　　　epicenter

単語	主な訳語	ヒント
center [séntər]	名 中心 動 中心とする	
central [séntr(ə)l]	形 中央の、中心的な	centerの形容詞形
concentrate [ká(:)ns(ə)ntrèɪt]	動 集中する	con(完)＋中心＋ate(動詞化)
self-centered	形 自己中心的な	self(自己)＋center
eccentric [ɪkséntrɪk]	形 風変わりな	ex(外)　中心から外れた
decentralize [dìːséntrəlàɪz]	動 分散させる	de(出す)＋中心＋ize(動詞化)
epicenter [épɪsèntər]	名 震央、震源地	epi(上)＋中心

第6章 漢字で連想

8. mid-/med-

- "間(マ)"
- mid**d**le, med**i**a

　middleやmediumは「間」の意味で使われることが多いです。「間(ま)をとる」の「間」ととらえると理解しやすいと思います。漢字の「間」は「両開きの戸の間」の象形だそうで、「挟まれた間」を表します。immediateは、medの前に否定の意味のin-が付いているので「間に入らない」という意味で、「間髪容れず(いれず)」というイメージです。時間的な意味だと「直ちに」で、関係性の意味だと「直属の(上司など)」のことです。midnightやmiddayの場合には「真夜中」「正午」を表すことがありますが、午前と午後の「間」にはさまった時刻だととらえると理解ができると思います。mediaは間に入る「媒体」です。

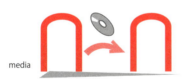

media

immediate

単語	主な訳語	ヒント
mi**dd**le* [míd(ə)l]	名形 中央、中間(の)	「間の」
med**i**um* [míːdiəm]	形 中間の 名 媒体	「間に入るもの」
med**i**a* [míːdiə]	名 マスメディア、媒体	mediumの複数形
im**med**iate* [imíːdiət]	形 即座の、一番近い	im(ない)+中間
inter**med**iate* [ìntərmíːdiət]	形 中間の 名 中級者	inter(間)+mediate
mid**night*** [mídnàit]	名 深夜0時 形 真夜中の	「nightの真ん中」
mid**day*** [mìddéi]	名 正午 形 正午の	「dayの真ん中」

261

第6章 漢字で連想

9. change

- "換"、変、替
- exchange

　同じ「変わる」でも、turnには漢字の「転」の感覚がありますが、changeの方は漢字で書けば「変」、または「換」「替」。turnが「くるっと」転じるように他の何かに変化するのに対して、changeは「一転」ではなく、別のものや状態に「変化する、変える」ようなイメージです。

　exchangeは等価なものと「交換する」で、interchangeableは「inter（互いに）＋change＋able（可能）」なので「互換性がある」の意味です。

change a battery	電池を交換する
change buses	バスを乗り換える
change direction	方向転換する
change in policy	政策の方向転換
change rooms	部屋をとり替える（交換する）
change clothes	服を着替える

単語	主な訳語	ヒント
exchange [ɪkstʃéɪn(d)ʒ]	名 動 交換（する）	「外（ex）のものと換える」
interchange [ɪ́ntərtʃèɪn(d)ʒ]	名 交換、（高速の）インター	inter（互いの）＋換える
interchangeable [ɪ̀ntərtʃéɪndʒəbl]	形 互換性のある	-able（できる）

第6章 漢字で連想

10. turn

- "転"、くるっと変わる
- turnover

turnは「くるっと変わる」を意味し、漢字であらわすなら「転」。

turn 180 degrees	180度転換する
turn around	好転する
turn into the black	黒字に戻る
turn profitable	黒字に転じる
turn failure into success	失敗を成功に転じる
The leaves turn red.	木の葉が紅葉する。

単語	主な訳語	ヒント
upturn [ˈʌptɜːrn]	名 上昇、好転	up(上)＋turn
turnover* [ˈtɜːrnˌoʊvər]	名 転倒、総売上、転職(率)	

知恵の活用：違いがわかる！

▶「回転する」: turn, spin, roll

turnは「回る」の意味だと「大きくくるりと円を描く」。

spinは小さな円を描きながらその運動を継続する、つまりコマのように「ぐるぐる回る」ことです。

rollは回る物体の周囲が常にある面に接触しながら一定の方向に何度も何度も回転するという、「ごろごろ回る」です(p.126)。

263

11. cide/cise

- "裁断"、切る
- decide, precise

　漢字の「裁」も「断」も「断つ」「切る」の意味です。cide-は「切る」を意味し、「裁断」と似ているので覚えやすいです。decideは「すっかり(de) cide (切る)」で「決める」「決断する」。-cideは「殺害」も意味し、人間を殺害するのがhomicideで、genocideは民族などの集団を殺害しようとする行為。conciseは「余分をすっかり(con)切り落とした」から「簡潔な」。

　「チョキチョキ」(p.190)の感覚にも関係しますが、scissorsもこのcideの仲間です。

単語	主な訳語	ヒント
decide [dɪsáɪd]	動 決定する	すっかり(de)切る(cide)
decision [dɪsíʒ(ə)n]	名 決定、決断	-ion (名詞化)
decisive* [dɪsáɪsɪv]	形 決定的な	-ive (形容詞化)
suicide [súːɪsàɪd]	名 自殺	sui (自己) + cide (殺害)
genocide [dʒénəsàɪd]	名 大量虐殺	geno (種) + 殺害
homicide [hɑ́(ː)mɪsàɪd]	名 殺人	homi (人) + 殺害
insecticide [ɪnséktɪsàɪd]	名 殺虫剤	insect (虫) + 殺害
concise* [kənsáɪs]	形 簡潔な	「余分をすっかり(con)切り落とした」
precise [prɪsáɪs]	形 正確な、精密な	事前に (pre) 切る
precision* [prɪsíʒ(ə)n]	名 正確さ 形 精密な	-ion (名詞化)
scissors [sízərz]	名 はさみ	

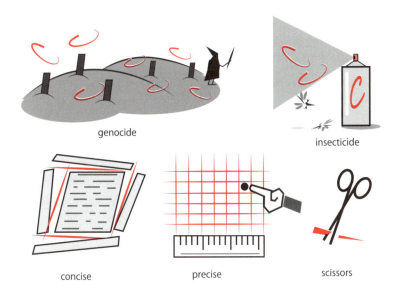

genocide

insecticide

concise

precise

scissors

知恵の活用：違いがわかる！

▶「決める」：decide と determine

decide は「de（すっかり）＋ cide（切る）」ですから、「迷いをスパッと断ち切る」と考えるとイメージがしやすいと思います。"make a decision"で「決断する」。

同じ「決める」でも、determine の de は decide の de と同じものですが、term は「端」の意味（p.285）ですから、「スパッ」ではなく「端を見極める」ととらえ、「じっくり考える」というプロセスに焦点があると考えるとイメージしやすいと思います。

decide

determine

第6章 漢字で連想

12. duc-

- "導（ドウ）"、導く
- introduce, conduct

　duc-は用水を導いたりすることを表現した語根。つまり漢字の「導」のイメージ。introduceのintroは「中へ」で、漢字で書けば「入」。ですからintroduceは「入導」で、ひっくり返せば「導入」。製品の市場導入や、しくみの導入のときには「導入」ですが、人やことを「紹介する」という訳語にもなります。潜在する資質を外に(ex＝e)導くのがeducation「教育」です。

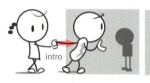
introduce

produce

conduct

単語	主な訳語	ヒント
introduce [ìntrədjúːs]	動 導入する、紹介する	intro(中に)＋導く
introduction [ìntrədʌ́kʃ(ə)n]	名 導入、紹介	introduceの名詞形
produce [prədjúːs]	動 生産する、制作する	pro(前に)＋導く
reduce [ridjúːs]	動 減らす、減る	re(後ろ)＋導く
duct [dʌkt]	名 管、ダクト	「流れを導くもの」
conduct [kəndʌ́kt]	動 案内する、行う	共に(con)＋導く
abduct* [æbdʌ́kt]	動 誘拐する	ab(離して)＋導く
deduction* [dɪdʌ́kʃ(ə)n]	名 推論、控除	de(下に)＋導く
education [èdʒəkéɪʃ(ə)n]	名 教育	e(外)＋導く→力を引き出す

266

第6章 漢字で連想

13. don-

- "授（ジュ）"、どんと授ける
- donation, pardon

　doは「与える」という意味を語源とし、pardon、donor、donationなども同源です。実はずっと昔に仏教に乗ってサンスクリット語の形で日本にも伝来していて、「旦那」や「檀家」という形として残っています。漢字で意味も音も近いのが「授」、つまり「授ける」だと思います。date「日付」も同じ語源由来です。

　dueは語源の成り立ちこそ異なりますが、debtとdebitと合わせてdonと語源の共通部分があり、たまたま形も似ているので、いっしょにまとめました。

donation / pardon

due / debt

単語	主な訳語	ヒント
pardon* [pάːrd(ə)n]	動 許す 名 恩赦	par（完全に）＋ don（与える）
donor [dóunər]	名 寄付する人	don ＋ or（する人）
donation* [dounéiʃ(ə)n]	名 寄贈品、寄付	-ation（名詞化）
date* [deit]	名 日付	「文書に与えられたもの」
condone [kəndóun]	動 大目に見る	co（完全に）＋ 許す
dose* [dous]	名 一服分、服用量	
due* [djuː]	形 払われるべき、予定で	de（離れる）＋ 授 → 借りている
debt* [det]	名 借金	

267

第6章 漢字で連想

14. dur-

- "中（じゅう）"
- during, endure

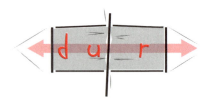

　durは「持続する」という意味です。なじみのあるduring「～の間」でイメージしやすいと思います。イギリス風の [djúəriŋ]（ジューリング）の発音で考えるとさらに理解しやすいかもしれません。durableは「期間の間を耐えることができる」から「耐久性がある」「持続性がある」の意味です。「耐久レース」は"endurance race"。前置詞duringは、同じように「まで」の意味を表すbyと比較されますが、その違いはbyが期限を表すのに対してduringが「間じゅうずっと」を表すこと。だからこそ「中（じゅう）」のイメージで覚えるとよいと思うのです。

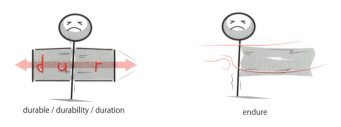

durable / durability / duration　　　　　　endure

単語	主な訳語	ヒント
during [dɚ́ːriŋ]	前 ～の間に	「間じゅう(dur)」
durable* [djúərəb(ə)l]	形 耐性のある	dur＋able（できる）
durability [djùərəbíləti]	名 耐久性	-ity（名詞化）
duration* [djuréiʃ(ə)n]	名 継続、持続時間	-ation
endure [ɪndjúər]	動 耐える、存続する	en＋dure
endurance* [ɪndjúər(ə)ns]	名 忍耐、我慢強さ	endure＋ance（名詞化）

268

知恵の活用：違いがわかる！

▶「期間」：period, term, duration

　periodは、はっきり「はじまりとおわり」がある「期間」の一般語です。periodに「終止符」の意味があることからも、「時間の区切り」の意味がイメージできると思います。

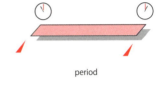
period

　termも「はじまりからおわりまでの時間の長さ」なので、periodの中に入るのですが、その中でも特に公式に定められた期間です。任期（term）とか契約期間（contract term）とか、刑期（prison term）とか、そういった期間です。termの語源は「端っこ」「境界」「限界」の意味で（p.285）、termも「はじまりとおわりをはっきり定めた」という意味を含む「期間」です。

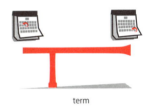
term

　durationは「持続する間」という意味の期間で、"duration of stay"（滞在期間）、"duration of treatment"（治療期間）のように、はじまりとおわりよりも「継続」の部分に焦点があります。「持続期間」「存続期間」という訳語があてられます。

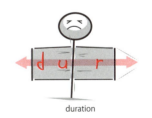
duration

269

第6章 漢字で連想

15. gen-

- "源（ゲン）"
- general, genius

　generateのgenで、「源」とか「生む」とか「能力」といった意味があります。ちょうど漢字の「源」の意味に近いです。geneは「遺伝子」で "genetically modified" は「遺伝子組み換えの」。

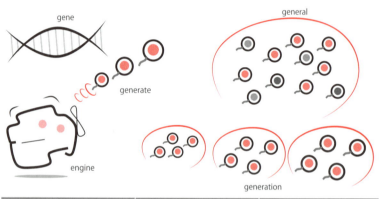

単語	主な訳語	ヒント
gene* [dʒíːn]	名 遺伝子	
genetic* [dʒənétɪk]	形 遺伝子の	-ic（形容詞化）
genome [dʒíːnoum]	名 ゲノム	
generate* [dʒénərèɪt]	動 生み出す	-ate（動詞化）
engine* [én(d)ʒɪn]	名 エンジン、原動力	en（中）＋gene
general* [dʒén(ə)r(ə)l]	形 概略の、一般的な	gene＋al（形容詞化）
generation* [dʒènəréɪʃ(ə)n]	名 世代	
genre [ʒá(ː)nrə]	名 ジャンル、種類	
indigenous [ɪndídʒ(ə)nəs]	形 （地域）原産の、土着の、生来の	in（中で）＋生まれ＋ous（形容詞化）

人を形容する場合は **gen-** は「生まれ・品格」を表すことが多いようです。「生まれが良い」とか「高貴な生まれ」の意味から **gentle** や **generous**、さらに「持って生まれた能力」のイメージで **genius** や **ingenious** を感じられます。

pregnant / genuine / gentle / generous / ingenious

単語	主な訳語	ヒント
pregnant* [prégnənt]	名 妊娠して	生まれる前(pre)の
genuine* [dʒénjuːn]	形 本物の、純粋な	
gentle* [dʒént(ə)l]	形 優しい、穏やかな	「生まれが良い」
generous* [dʒén(ə)rəs]	形 気前の良い、寛大な	-ous(形容詞化)
genius* [dʒíːniəs]	名 天才、天性	持って生まれた
ingenious* [ɪndʒíːniəs]	形 うまくできた	-ous(形容詞化)
ingenuity* [in(d)ʒənjúːəti]	名 創意、考案品	in(中に)
hydrogen* [háɪdrədʒ(ə)n]	名 水素	hydro(水)を生むもの
oxygen [ɑ́(ː)ksɪdʒ(ə)n]	名 酸素	oxy(酸)を生むもの

第6章 漢字で連想

16. geo-

- "地（ジ）"、地球
- geology, geography

　「地球」を意味するgeo-はギリシャ語に由来し、ギリシャ神話のGaia（ガイア）は大地の象徴。geologyは「地質学」で、geographyは「地理学」。geometryは「地球を計測する」から「幾何学」。"geothermal energy"は「地熱エネルギー」。ちなみにthermo-は「熱」を意味しthermometerは「温度計」で、温度を保つ魔法瓶Thermosの名はここから。

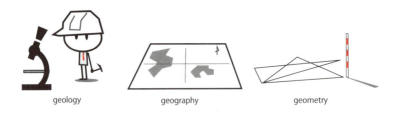

geology　　　geography　　　geometry

単語	主な訳語	ヒント
geology* [dʒiá:lədʒi]	名 地質学	-logy（〜学）
geologist [dʒiá:lədʒɪst]	名 地質学者	-ist（人）
geography* [dʒiá:grəfi]	名 地理学	geo（地球）+ graph（描く）
geographer [dʒiá:grəfər]	名 地理学者	-er（する人）
geographic* [dʒì:əgrǽfɪk]	名 地理的な	-ic（形容詞化）
geometry* [dʒiá:mətri]	名 幾何学	geo（地球）+ metry（計測する）
geophysics [dʒì:əfízɪks]	名 地球物理学	geo（地球）+ physics（物理学）
geothermal [dʒì:əθə́:rml]	形 地熱の	geo（地球）+ thermal（熱の）

第6章 漢字で連想

17. gn-/kn-

- "認"、"念"
- know, recognize

know「知っている」が「脳（ノウ）」と似ているのは不思議です。nの前にkが付く理由は、knowが印欧祖語*gno-に由来するからで、gnが古英語でknに変化したものです。同じ語根を持つラテン語由来の語にはrecognize、ignoreなどがあります。漢字で表現するなら「認」で、「認知」はcognition。ものごとを理解するときに、飲み込むように喉で「んぐっ」とやるイメージと一致すると思います。

recognize　　　　ignore　　　　diagnosis

単語	主な訳語	ヒント
know [nou]	動 知っている	
acknowledge [əknɑ́(ː)lɪdʒ]	動 認める	ad（向って）「認に入れる」
recognize* [rékəgnàɪz]	動 認識する、認める	re（再び）＋認＋ize（動詞化）
recognition [rèkəgníʃ(ə)n]	名 認識、賞賛	-tion（名詞化）
cognitive* [kɑ́(ː)gnətɪv]	形 認知の	co（共に）＋認
ignore [ɪgnɔ́ːr]	動 無視する	in（否）＋認
diagnosis [dàɪəgnóusɪs]	名 （病気の）診断	dia（対）＋認

第6章 漢字で連想

18. ject-

- 射(シャ)、(シャッと)投げる
- project, subject

jectという語根は「投げる」といった感じの意味ですが、jet「噴射」もその語源に由来することからわかるように、「シャッ」と投げる感じです。漢字で言えば「射」のイメージで、この漢字は矢を射る姿を現しているそうです。project、eject、inject、rejectなどが「シャッと投げる」イメージとしてわかりやすい単語だと思います。subjectやobjectも仲間で、「投げられたもの」という感じです。

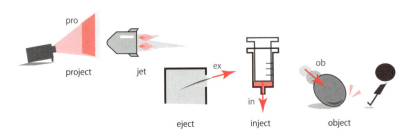

単語	主な訳語	ヒント
project [prá(:)dʒèkt]	名 計画 動 投影する、発射する	pro(前)+射る
jet [dʒet]	名 ジェット機、噴出	射
eject [ɪdʒékt]	動 追い出す、緊急脱出する	e(外)+射→外に投げ出す
inject [ɪndʒékt]	動 注射する、投入する	in(中に)+射
reject [rɪdʒékt]	動 断る、拒否する	re(戻)+投げる→投げ返す
subject [sʌ́bdʒekt]	名 話題、主題、科目	sub(下)+投げられた
object [á(:)bdʒekt]	名 物体、対象、目的	ob(対して)+投げられた

知恵の活用：多義語がわかる！

▶subject

subject は「足もと(sub)に投げられた」のようなイメージで、「どうにかしなきゃ」という「頭の中を支配してしまう」のようなもので、「考えの中心」なら「主題」で、subjective の「主観的」の意味がとらえられます。対義語の「客観的」は objective。

「目の前にある」なら、形容詞として使われる"be subject to"の「さらされてる」「影響を受けやすい」のような「無防備」な感じがわかってきます。

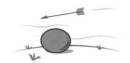

・be subject to danger（危険にさらされている）

「目の前で見え見えになっている」ととらえると「対象となる」の感じも。

・be subject to a custom duty（関税対象である）

「無防備」だから「どうなっちゃうかわからないけどね」の感じが出ていて、「～を前提に」「～を条件として」の意味がわかってきます。

・be subject to change（〔仕様・価格などが〕変更される可能性がある）

第6章 漢字で連想

19. labor-

- "労"
- col**labor**ate

　laborは「苦難」を語源とする主に肉体的な「仕事」「労働」のこと。「コラボ」はcollaborationのことで「共に(con)＋働くこと」の意味で、科学や芸術の分野で個人やグループが共同して何かを成し遂げることを言います。"labor union"は「労働組合」、"labor force"は「労働力」。「詳しく述べる」の意味で使うelaborateは「苦労して作り上げる」の方が原義に近そうです。

collaborate　　　　elaborate　　　　laboratory

単語	主な訳語	ヒント
labor [léɪbər]	名 動 労働(する)、骨折り	
laborious [ləbɔ́:riəs]	形 手間のかかる、面倒な	労＋ous(多し)
collaborate [kəlǽbərèɪt]	動 共同して働く	con(共に)＋労＋ate(為す)
collaboration [kəlæbəréɪʃ(ə)n]	名 協力、合作、共同研究	collaborate＋ion(名詞化)
collaborative [kəlǽbərèɪtɪv]	形 協力的な、合作の	＋ive(形容詞化)
elaborate [ɪlǽb(ə)rət]	動 詳しく論じる 形 練った、入念な	ex(出/強調)＋労＋ate(為す)
laboratory [lǽb(ə)rətɔ̀:ri]	名 実験室、ラボ	＋ory(場所)→「働く場所」

第6章 漢字で連想

20. log

- "論"、話す、ことば
- logic, apology

logは「話す」の意味で、logicは「論理」「論理学」。-logyは「～学」でarcheology（考古学）、biology（生物学）、ecology（生態学）、etymology（語源学）、methodology（方法論）、psychology（心理学）、technology（工業技術）などがあります。catalogは品物やサービスの全体（cata）を語る（log）もの。apologyは「（罪から）逃れるために話す」から「謝る」の意味に。

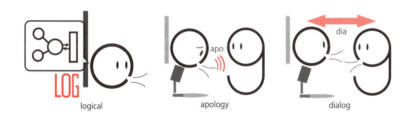

logical　　　apology　　　dialog

単語	主な訳語	ヒント
-logy	～学	
logic* [lá(:)dʒɪk]	名 論理、論理学	
logical* [lá(:)dʒɪk(ə)l]	形 論理的な	logic + cal（形容詞化）
apology* [əpá(:)lədʒi]	動 謝る、詫びる	apo（離す）+ log（話す）
catalog* [kǽt(ə)lɔ̀:g]	名 カタログ、目録	cata（完全に）+ log
dialog* [dáɪəlɔ̀:g]	名 対話	dia（対）+ log
colloquial* [kəlóukwiəl]	形 口語の、日常会話の	con（共に）+ 語る
logo [lóugou]	名 デザイン文字	

無駄話！

▶ blog と log house

"log house" の log は「丸太」。昔、水に浮かべた丸太によって船の速度を測ったそうで、log には「速度計測器」の意味もあります。測定記録が積み上げられた log-book が短縮されて log となり、「日誌」の意味でも使われるようになったようです。

コンピュータの "message log" の log は「記録」で、blog（ブログ）は "Web log"（web の記録）が短縮されたもの。

なお、数学の「対数」の意味の log（logarithm）は「計測」に由来するようなイメージですが、実際は「ことば」の方が由来のようです。

また、lodge にも「丸太」のイメージを持ちがちですが、実は lodge は leaf の仲間のようで、「物流」の意味の logistics は lodge の仲間の語のようです。

本当の語源はともあれ、これらはいっしょに覚えてもいいと思います。

第6章 漢字で連想

21. mun-

- "民（みん）"
- municipal, community

"municipal office"は「市役所」。municipal「地方自治体の」「市の」のmunはcommunityのmunと関係します。「持つ」という意味で理解するとわかりやすく、従ってcommonは「共に(con)持つ」で「共通の」「共有の」「公共の」の意味になります。加えて、communityを含めmon/munを「民」という漢字でとらえると理解しやすい語もあります。この語根は本来は「変わる」の意味で、それについてはp.365参照。

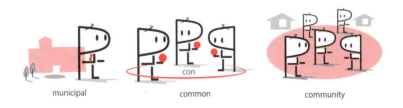

municipal　　　　common　　　　community

単語	主な訳語	ヒント
municipal* [mjunísɪp(ə)l]	形 市の、地方自治の	
municipality [mjunìsɪpǽləti]	名 地方自治体	-ity（名詞化）
common* [ká(:)mən]	形 普通の、共通の	com（共に）＋持つ
commonality [kà(:)mənǽləti]	名 共通性、共通点	
community* [kəmjú:nəti]	名 地域社会、共同体	-ity（名詞化）
communist* [ká(:)mjənəst]	名 共産主義者	-ist（する人）

第6章 漢字で連想

22. nat-/nu-

- "然(ネン)"、"乳(ニュウ)"
- nature, nutrition

少し強引ですがこの漢字をあてました。「自然」の「然」の字です。natureをはじめ「生まれる」「生命」「養分」に関係した語があります。nutrition、nourish、nurse、nurseryなどは「乳をのませる」という意味に由来するようです。nativeは「土着の」の意味であり、naïveは日本語の「ナイーブ」の印象とはちょっと違って「うぶな」の意味。

単語	主な訳語	ヒント
nature [néɪtʃər]	名 自然	nat(生まれる) + ure(名詞化)
natural [nǽtʃ(ə)r(ə)l]	形 自然な、野生の	nature + al(形容詞化)
native [néɪtɪv]	形名 出生地の、土着の(人)	-ive(形容詞化)
nation [néɪʃ(ə)n]	名 国家、国民、民族	nat(生まれる) + ino(名詞化)
nationality [næ̀ʃənǽləti]	名 国籍、国民	-al(形容詞化) + ity(名詞化)
naïve [naɪíːv]	形 世間知らずの、純粋な	「生まれたままの」
innate [inéɪt]	名 生得的な	in(中)に持って生まれた
nutrition [njuːtríʃ(ə)n]	名 栄養摂取、栄養	-ion(名詞化) (「乳採り」)
nutritious [njutríʃəs]	形 栄養のある	-ous(形容詞化)
nourish [nə́ːrɪʃ]	動 育てる、養分を与える	栄養 + ish(動詞化)
nurse [nəːrs]	名 看護師、乳母	
nursery [nə́ːrs(ə)ri]	名 託児所、保育園	-ery(場所)
nanny [nǽni]	名 乳母	

第6章 漢字で連想

23. n

- "悩(ノウ)"
- **n**uisance, **n**oise

　互いに語源的関連は薄いですが、日本語の「悩み」を連想させるような気持ちが伝わってくる語がいくつかあります。nuisance「迷惑」のもとは「傷つける」の意味で、「反対」の意味のinがつくとinnocent「無害の」「悪気のない」。それからnoise「騒音」。nauseaは「船酔い」の意味から「吐き気」「嘔吐」「嫌悪感」。他にも、agony「苦悩」、annoy「悩ます」。nasty「不快な」「意地の悪い」は「えぐい」などと訳されることがあります。

noise　　　nuisance　　　　nasty　　　　　　nausea

単語	主な訳語	ヒント
nuisance* [njúːs(ə)ns]	名 迷惑な人・物・こと	-ance（名詞化）
innocent* [ínəs(ə)nt]	形 無罪の、悪気のない	in（否）＋傷つける
nasty* [nǽsti]	形 意地の悪い、不快な	
nausea [nɔ́ːziə]	名 吐き気、むかつき	「船酔い」から
noise* [nɔ́ɪz]	名 騒音	nauseaと同源か
a**nn**oy* [ənɔ́ɪ]	動 いらいらさせる	ennui（アンニュイ）と同源
a**go**ny* [ǽg(ə)ni]	名 苦痛、苦悩	「あ・苦悩」

第6章 漢字で連想

24. rate

- "理"、"率"
- rational, reason

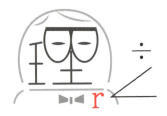

　rateは、感覚的には「割り算」「割合」「率」、または「理屈」や「理性」の「理」のイメージ。「値段」の意味も表しますが、「割合」の意味から、特に基準に応じて規定された料金を示すときに使うものです。「郵便料金」は"postal rate"、「ホテルの部屋代」は"room rate"。他に「比率」の意味も。星をつけたりする「格付け」はrating。reasonableは「理にかなった」または「理由を付けられる」と考えればreason「理由」との関係がつかめます。

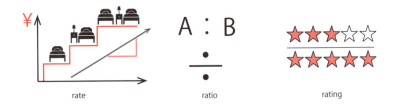

rate　　　　　　　　　ratio　　　　　　　　　rating

単語	主な訳語	ヒント
rate [reɪt]	名 割合、レート	「計算された」
ratio [réɪʃiou]	名 比率、歩合	
rational [ræʃ(ə)n(ə)l]	形 理にかなった	-al（形容詞化）
rationalize [ræʃənəlàɪz]	動 合理的に説明する	-ize（動詞化）
reason [ríːz(ə)n]	名 理由　動 ～の原因となる	
reasonable [ríːz(ə)nəb(ə)l]	形 筋の通った、合理的な	-able（形容詞化）
read [riːd]	動 読む	

282

第6章 漢字で連想

25. sort

- "送"、"揃える"
- 整理して置く

　sorterとは「分類する人」「選別する人」「選別機」。物流倉庫などで搬送経路を分岐させ、商品を行き先ごとに仕分ける装置はsorterです。単に「送り出す」ということではなくて、意味ある塊に分類したり、意味のある順番に並べたりした上で「送り渡す」イメージです。

　serial、seriesなど(p.238)と語源は同じようで、つまり「揃える」。

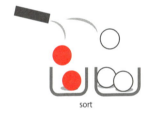

sort

resort

単語	主な訳語	ヒント
sort★ [sɔːrt]	名 種類 動 分類する	「揃えて置く」
sorter [sɔ́ːrtər]	名 選別機、分類する人	-er（する人）
a sort of	一種の	
assort [əsɔ́ːrt]	動 分類する	ad（向かって）＋送
assorted [əsɔ́ːrtɪd]	形 各種取り合わせた	assortの形容詞形
sort out	動 準備する、整理する	
resort★ [rɪzɔ́ːrt]	名 保養地、行楽地	再び出かける

283

第6章 漢字で連想

26. sume-

- "収（シュウ）"、摘み取る
- con<u>sume</u>, as<u>sume</u>

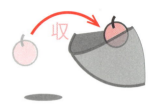

「収」という漢字は「取り入れる」の意味で、英語の語根sume-も似た意味です。consumeは「完全に（con）取る」で「消費する」。「消費税」は"consumption tax"。「向かって」のadがつくassumeは「先走って取ってしまう」イメージで、assumptionは「想定」。presumeは「先に（pre）＋取る」で「仮定する」。

consume

assume

presume

単語	主な訳語	ヒント
con<u>sume</u>* [kənsjúːm]	動 消費する	con（すっかり）＋収/取る
con<u>sum</u>er [kənsjúːmər]	名 消費者	-er（する人）
con<u>sum</u>ption* [kənsʌ́m(p)ʃ(ə)n]	名 消費	consumeの名詞形
as<u>sume</u>* [əsjúːm]	動 当然～と思う	ad（向かって）＋取る
as<u>sum</u>ption* [əsʌ́m(p)ʃ(ə)n]	名 想定、前提	assumeの名詞形
pre<u>sume</u>* [prɪzjúːm]	動 仮定する	pre（前、先）＋取る
pre<u>sum</u>ably* [prɪzjúːməb(ə)li]	副 おそらく、たぶん	-able（形容詞化）＋ly（副詞化）
re<u>sume</u>* [rɪzjúːm]	動 再開する	re（再）＋取る
ex<u>em</u>ption* [ɪgzém(p)ʃ(ə)n]	名 免除、免責	取ることからex（外す）

284

第6章 漢字で連想

27. term-

- "端(タン)"、境界
- terminal, terminate

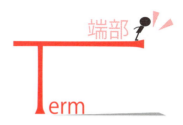

　termという語根は「端っこ」を意味します。termという語は多義語ですが、「端っこ」を意識すると意味がとらえられます。時間的な「端」なら学校の「学期」や「任期」「刑期」のような意味になります。「範囲の端をはっきり定義する」の意味だと契約の「条件」になり、語の定義をはっきりさせる「専門用語」の意味にもなります。"terminal station"は「終着駅」。「端をはっきり(de)見極める」という意味でdetermineはよく考えた上で「見極める」「決定する」の意味になり、形容詞のdeterminedは「決意している」。同じ「決める」でも、decideのcideは「切る」ですから、「決断する」というような感覚です(p.264)。

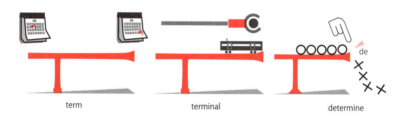

単語	主な訳語	ヒント
term [təːrm]	名 専門用語、学期	端っこ
terminal [tə́ːrm(ə)n(ə)l]	形 末期の、末端の、終点の	-al (形容詞化)
terminate [tə́ːrmɪnèɪt]	動 終わらせる	-ate (動詞化)
determine [dɪtə́ːrmɪn]	動 見極める、決定する	端をはっきり(de)
determined [dɪtə́ːrmɪnd]	形 決意している	-ed (形容詞化)

第6章 漢字で連想

28. tens- / ten-

- "展"、延、張、ピンと張る
- tension, extend

「テンションが上がる」などと言いますが、tensionは「ピンと張ること」「緊張」。まつ毛や髪をつなげてのばす「エクステ」はextension。キャンプのテントを「張る」イメージを持てば「伸ばす」「緊張」のイメージが持てます。漢字の「展」は「縮んだものを伸ばす」の意味なので、tens-と似ているように思えます。

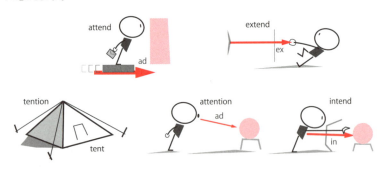

単語	主な訳語	ヒント
tension [ténʃ(ə)n]	名 緊張、緊迫状態	-ion（名詞化）
tend [tend]	動 傾向がある	
attend [əténd]	動 出席する、伴う	ad（向かって）+伸ばす
attention [əténʃ(ə)n]	名 注意、関心	（気持ちを）向かって伸ばす
extend [ɪksténd]	動 拡大する、延長する	ex（外へ）+伸ばす
intend [ɪnténd]	動 〜するつもり	in（中に）+伸ばす
intense [ɪnténs]	形 強烈な、激しい	「ぴんと張った」
intensive [ɪnténsɪv]	形 集中的な	-ive（形容詞化）

ten-に由来するtemptは「気持ちを引っ張る」から「誘惑する」で、これは「試す」の意味にもなり、それにad-（向かって）が付くattemptは「試み」「企て」。「こめかみ」のtempleもこのtenに由来し、「額の横の皮膚の伸び」から。「引っ張る」からさらに「切る」の意味にもなり、「寺」のtempleは「世俗から区切られた」から。temperは「引っ張られてもバランスした状態」のイメージで「平常心」ですが、"bad temper"の意味にもなって「短気」の意味も。temperature「温度」もこの仲間。音楽用語のtempo「テンポ（速さ）」もこのten-に由来し、もとのイタリア語では「時間」を意味します。

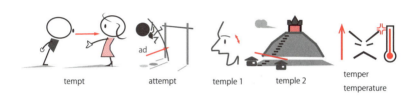

tempt　　　attempt　　temple 1　　temple 2　　temper temperature

単語	主な訳語	ヒント
tempt* [tem(p)t]	動 （人を）誘惑する	「気持ちを引っ張る」
temptation* [tem(p)téɪʃ(ə)n]	名 誘惑、衝動	-ation（名詞化）
attempt* [ətém(p)t]	名 試み、試行、未遂 動 試みる	ad（向かって）＋試す
temple [témp(ə)l]	名 こめかみ	「皮膚の引っ張り」
temple* [témp(ə)l]	名 寺院	「世俗から切られた」
temper* [témpər]	名 短気、機嫌	bad temper
temperature* [témp(ə)rətʃər]	名 温度、気温	-ure（名詞化）
tempo [témpou]	名 テンポ、進み具合	「時間」
temporary* [témpərèri]	形 一時的な、仮の	-ary（形容詞化）
contemporary* [kəntémpərèri]	形 現代の、同世代の	con（共に）＋tempo（時間、時代）

知恵の活用：違いがわかる！

▶「仮の」「暫定の」：temporary, tentative, provisional, preliminary

temporaryは「時間」に由来するので「一時的な」の意味の「仮の」「暫定の」。temporary housing「仮設住宅」、temporary worker「臨時職員」

temporary

permanent

tentativeのtenはattemptのtemと同じで「試す」。ですから「試験的な」のような意味で、同意や日程などが「不確定な」という「仮の」「暫定の」。tentative plan「暫定案」、tentative name「仮称」。

tentative

final
fixed

provisionalはprovide「準備する」(p.362)のファミリーですから「前もって(pro)用意しておく」の意味の「仮の」「暫定の」で、予約や日程や合意などが「変わるかもしれないけどとりあえず置いておく」「正式が出る前の間に合わせの」の意味の「仮の」「暫定の」。provisional order「仮命令」、provisional government「暫定政府」、provisional budget「暫定予算」

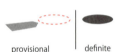
provisional | definite

preliminaryのliminはlimitの仲間で、「limin（しきい）のpre（前）」なので、調査や集計などが「最終に行く前の」「中間的な」、本番でない「予備的な」のような「仮の」「暫定の」。preliminary result 中間結果、preliminary ballot「予備選挙」

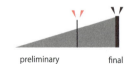
preliminary | final

第6章 漢字で連想

29. str-

- 引っ張る、縛る
- straight, stretch

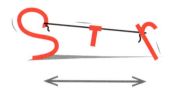

「漢字」のところに入れるべきではないですが、ten-の「伸ばす」のついでに入れておきます。共通イメージでとらえられるものとして語源が異なるものも含んでいます。straightやstretchのような「ピンと伸ばす」イメージの語や、綱を張ったり、ひもでピンと縛ったりするイメージの語です。場所を分割する「縄張り」のイメージでdistrict「地域」がイメージできます。

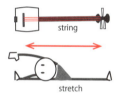
string / stretch

strain / strict

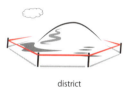
district

単語	主な訳語	ヒント
straight [streɪt]	形 まっすぐの	
stretch [stretʃ]	動 (手足を)伸ばす、背伸びする	伸ばす、引っ張る
string [strɪŋ]	名 ひも、糸、弦	「ぴんと張ったもの」
strain [streɪn]	名 精神的緊張、緊張状態	語源は「縛る」
restrain [ristréin]	動 制止する、禁じる、抑制する	re(後方へ)縛る/引っ張る
constrain [kənstréin]	動 束縛する、制限する	con(共に)縛る/引っ張る
strict [strɪkt]	形 厳しい、厳格な、厳重な	「きつく縛る」
restriction [ristríkʃ(ə)n]	名 規制、制限、制約	re(後ろ)に縛る/引っ張る
district [dístrɪkt]	名 地域、地区	dis(離して)縛る→縄張り

知恵の活用：違いがわかる！

▶「制限」：limit, restriction, constraint

limitは「制限」の一般語で、この類義語の中で最も広い意味を持ちます。limは「しきい」を表す語根です。時間や空間や量などに、その手前にある線を設けたもの、つまり「限界点・線」「限度が」limitです。

limit
limitation

limitationになると、「制限・規制・制約・限界」といった、抽象的な意味になります。一線を越えさせない規制やルールや事情がlimitationです。

restrictionやconstraintのstrは「引っ張る」から「活動範囲の制限」というイメージです。何かに引っ張られていることによって生じるような境界のような感じです。restriction は「後ろに（re）引っ張られる」ということですから、自由にならない「しがらみ」というイメージでとらえられます。行動や思考の広がりの制約です。

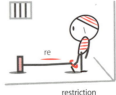
restriction

constraintは「con（共に）つなげられて引っ張られている」イメージ。自分の自由にならない「強制力」とか、抑圧されるようなイメージで、「束縛」「拘束」というような意味です。budget constraint（予算の制約）というときは不可算の抽象名詞で、「予算の上限値」を表す可算名詞は a budget limitになるわけです。

constraint

第6章 漢字で連想

30. dirt：" 泥（デイ、どろ）"

dirtはもともと「糞」という意味を持っていて、土・泥のほかに汚物や糞便も意味します。お皿やコップに食べ残しが付いている「汚れた」や、「不正な」「下品な」のような汚れた状態も表します。

単語	主な訳語	ヒント
dirt* [dəːrt]	图 土、泥	
dirty** [dɔ́ːrti]	形 汚い、不正な	
dirtiness [dɔ́ːrtɪnəs]	图 不潔、下品	-ness（名詞化）

31. fool：" 呆 "、" アホ "、" ホラ "

a foolにすると「アホ」と読めます。4月1日のApril Fool's Day（エイプリルフール）は日本語では「4月ばか」。「嘘を言ってもいい」などと言われますが、「嘘」は「ホラ」で、foolに似ています。ちなみに日本語の「ホラ」は「法螺貝」が語源です。foolの語源は火力を強めるために吹く道具、「ふいご」だそうです。どっちも「吹く」ということですね。"F"の「不」にも通じる気がします（p.95）。

単語	主な訳語	ヒント
fool* [fuːl]	图 ばか者、愚か者	
foolish* [fúːlɪʃ]	形 愚かな、ばかみたいな	-ish（形容詞化）
foolproof [fúːlprùːf]	形 間違いない、失敗ない	

291

第6章 漢字で連想

32. route：" 路（ロ、ルー）"

　語源としては rupture（p.129）と同じで、「動物の通い路」の意味から広がったようです。「いつも通る」のイメージで routine は「お決まりのこと」「ルーティン」「決まりきった」の意味になります。

単語	主な訳語	ヒント
route* [ruːt]	名 道、路線	
reroute [rìːrúːt]	動 迂回させる	re（再び）＋路
routine* [rùːtíːn]	名 日課 形 決まりきった	「いつも通る路」

33. cult-：" 耕（コウ）"

　culture はもとは「耕す」の意味でしたが、「文化」の意味に広がりました。「カルト」や「カルト教団」の cult も同源です。イタリアで農場に宿泊するファームステイのことを「アグリツーリズモ」といいます。agri と観光を意味する tourismo からできたことばです。

単語	主な訳語	ヒント
cultivate* [kʌ́ltɪvèɪt]	動 耕作する、育む	-ate（動詞化）
culture* [kʌ́ltʃər]	名 文化、教養	
agriculture* [ǽgrɪkʌ̀ltʃər]	名 農業、畜産	agri（土、畑）＋耕
colony* [ká(ː)ləni]	名 植民地、（生物の）群生	

第6章 漢字で連想

34. hide：" 背（ハイ）"

hideは見えないところに自らを置いたりものを置いたりすることで「覆う」の意味が語源。語源は違いますがhind「後ろの」に由来する前置詞のbehindもあわせて「背」の漢字をあてるとイメージしやすいと思います。

単語	主な訳語	ヒント
hide：[haɪd]	動 隠す、隠れる	
behind：[bɪháɪnd]	前 副 背後に	be + hind
hinder* [híndər]	動 じゃまする	

35. call：" 呼（コ）"

callは「叫ぶ」が原義で、そこから「呼ぶ」。recallは「再び（re）+ call」なので「記憶を呼び戻す」から「思い出す」の意味がありますが、他に欠陥製品などの「回収」の意味もあります。「天が呼ぶ」のイメージでcalling「使命感」「天職」の意味もとらえることができます。claimもこの仲間です。

単語	主な訳語	ヒント
call：[kɔːl]	動 呼ぶ、電話する	
recall* [rikɔ́ːl]	動 思い出す 名 リコール	記憶を呼び戻す（re）
calling* [kɔ́ːlɪŋ]	名 使命感、天職、招集	
claim：[kleɪm]	名 動 主張（する）	「叫ぶ」から

第7章

もはや日本語になった語に引っ掛ける

エージェント

なじみの語に繋げてちゃっかり

　外来語としてすっかり日本語として定着した英語由来の語はたくさんあります。「よくはわからないけど、なんとなく使っている」というようだと、もったいない。それらの由来と語源的成り立ちを知れば、同源語などの類語を含めて英単語を覚えやすくなることがあります。ここではそのいくつかを紹介します。

　街を歩けば、または今いる部屋の中を見回しても、「カタカナ」で呼ばれるものがたくさん目につきます。それを英単語で言ってみて、同じ語源を持つものも挙げてみる。そんなことをしていると日常が「英単語学習」に変わるかもしれません。

第7章 もはや日本語

1. serve　サーブ

- serve　給仕する
- serve-　見守る、仕える
- reserve, preserve, observe

　serve-という語根は「守る」「見守る」。「給仕する」とは違うイメージが広がります。conservativeは「(現状を)守る」「変えない」ことから「保守的な」「古風な」「控えめな」。オブザーバーというのは「見守る人」。observationには「観察から得た意見」の意味もあります。servant「召使い」はもとは「守られる人」で、食事を準備するのがserviceで、「反対」の意味のdisが付いたdessertは「食事の片付け」から。「仕えた人への報い」を表すのがdeserve「〜に値する」。

単語	主な訳語	ヒント
serve* [sə́:rv]	動 仕える、給仕する	給仕する
conserve* [kənsə́:rv]	動 保全する、温存する	con(強調)+守る
conservative* [kənsə́:rvətɪv]	形 保守的な、保存性の	-ative(形容詞化)
reserve* [rɪzə́:rv]	動 予約する、取っておく	re(後ろに)+守る
reservation* [rèzərvéɪʃ(ə)n]	名 予約	-ation(名詞化)
preserve* [prɪzə́:rv]	動 (ありのままに)保存する	pre(先々まで)+守る
observe* [əbzə́:rv]	動 観察する、気づく	ob(向かって)+見守る
observation* [à(:)bzərvéɪʃ(ə)n]	名 観察、(観察から得た)意見	-ation(名詞化)
servant* [sə́:rv(ə)nt]	名 使用人、家来、召使い	(本来は)「守られる人」
dessert* [dɪzə́:rt]	名 デザート	「テーブルを片付ける」
deserve* [dɪzə́:rv]	動 〜に値する、価値がある	de(すっかり)

observe　　　　　reserve

dessert　　　　　deserve

知恵の活用：違いがわかる！

reserveとconserveとpreserveは紛らわしいです。どれも「守る」「見守る」の意味からきています。

reserveは「後に（re）守る」で、「取り置く」「取っておく」「備えておく」「予約する」「取っておく」「蓄えておく」。

reserve

conserveは「完全に（con）守る」で、資源や文化財などを「今の状態を保存する」や「エネルギー資源などを温存する・節約する」。

conserve

preserveは「先々（pre）まで守る」で文化遺産などの状態を維持すること、野生生物を保護すること、食品を保存することなどを意味します。

preserve

第7章 もはや日本語

2. grade グレード

- grade 等級
- grad-, gress- 歩み、段階
- grade, gradation, progress

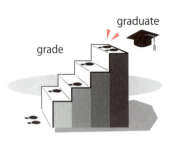

grade や gradation はもう日本語としてなじんでいます。この語根 grad-/gress- は「歩み」「行く」「段階」の意味で、「歩みを極めて学位を取る」と考えると graduation が理解できます。grade が上がるのが upgrade「上り坂」「性能/機能の向上」で下がるのが downgrade「下り坂」「格下げする」「評価を下げる」。

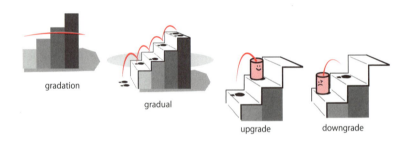

単語	主な訳語	ヒント
grade* [greɪd]	名 等級、段階、階級	「段々」
gradation [grədéɪʃ(ə)n]	名 ゆるやかな変化	「段々に変わること」
gradual* [grǽdʒu(ə)l]	形 緩やかな、徐々の	「段々の」
graduation* [grædʒuéɪʃ(ə)n]	名 卒業、目盛り	「段を極める」
upgrade* [ʌ́pgrèɪd]	動名 アップグレード（する）	up（上）+ grade
downgrade [dáungrèɪd]	動名 ダウングレード（する）	down（下）+ grade

degradeも「gradeが下がる(de)」で等級が下がったり「劣化する」を意味します。-ableがついたdegradableは「(化学的に)分解可能な」の意味で、biodegradableになると「生分解可能な」で、材料などが微生物によって無害なものに自然分解される性質を表します。同じde-がつくdegreeは、たとえば円周を360分割するような「度」や程度を表す「度合い」。「歩を進める」「行く」のイメージだと、ingredientは料理や食品に「入る(in)もの」です。aggressiveは「がんがん向かって(ad)進む」ことなので「積極的な」。progressは「pro(前)+gress(進)」。

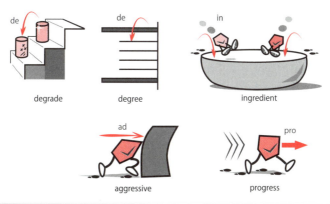

単語	主な訳語	ヒント
degrade [dɪgréɪd]	動 劣化する	de(下)+grade
biodegradable [baɪədɪgréɪdəbl]	形 生分解可能な	bio-(生物の)
degree* [dɪgríː]	名 度、程度、学位	de(下)+gree(歩)
ingredient* [ɪngríːdiənt]	名 成分、原料、料理の具	in(中に)+歩／行く
congress* [ká(ː)ŋgrəs|kɔ́ŋgres]	名 国会、大会	con(共に)行く→集まる
aggressive* [əgrésɪv]	形 積極的な、攻撃的な	ad(向かって)+gress(進む)
progress* [prá(ː)grəs]	名 動 進歩、進展(する)	pro(前に)+gress(進む)
regress [rɪgrés]	名 動 後退(する)	re(後ろに)+gress(進む)

第7章 もはや日本語

3. spec　スペック

- specification　仕様
- spec-　よーく見る
- spy, inspect, expect

　specというのはspecificationの略で、「仕様（書）」「設計明細（書）」。製品のspecificationは、その製品の諸元（大きさ、重さ、性能特性値など）を表して、別の製品との差がわかるようにspecifyするもの。specifyは「細かく記す」「特定する」の意味。この語根specは「よーく見る」というような意味で、specialのspecです。specialは「他と違って見える」ととらえればspecのこころがわかります。inspectは「in（中）＋見る」なので「調べる」「検査する」。suspectは「sub（下から）＋見る」なので、「疑いを持って見る」「疑う」。名詞では容疑者。このspecの仲間の語はたくさんあります。spy「スパイ」も同じだと知れば覚えやすい。

inspect

respect

単語	主な訳語	ヒント
specification* [spèsəfɪkéɪʃ(ə)n]	名 仕様書、仕様値	「見えるようにした特性値」
inspect* [ɪnspékt]	動 調べる、検査する	in（中を）＋spect（よーく見る）
respect* [rɪspékt]	名 動 尊敬（する）、敬意	re（振り返って）＋見る

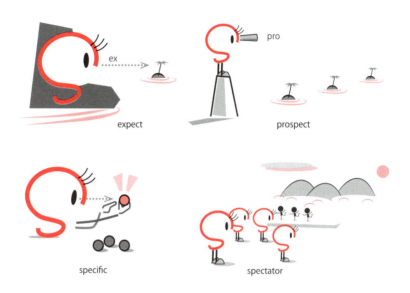

単語	主な訳語	ヒント
suspect [səspékt]	動 疑う、嫌疑をかける	sub（下から）＋spect（見る）
speculate [spékjəlèɪt]	動 推測する、憶測する	よーく見て考えを巡らす
expect [ɪkspékt]	動 予想する、予期する	ex（外を）＋見る
aspect [æspekt]	名 面、様相、観点	ad（向かって）＋見る
prospect [prá(:)spekt]	名 見込み、（未来への）展望	pro（前を）＋見る
perspective [pərspéktɪv]	名 観点、見方	per（通して）＋見る
specific [spəsífɪk]	形 特定の、具体的な	specifyの形容詞形
special [spéʃ(ə)l]	形 特別な、特殊な	-ial（形容詞化）
spectacle [spéktək(ə)l]	名 光景、見世物	
spectator [spéktèɪtər]	名 観客、観衆	-or（する人）

第7章 もはや日本語

4. concrete　コンクリート

- concrete　具体的な
- crete-　成長する
- create, creature

　フランスのパンの種類「クロワッサン」は「三日月（crescent）」の形に由来する呼び名です。「月の満ち欠け」のイメージから「増減」に結びつけると頭に残ります。concreteは「ともに（con）＋成長（crete）」から「成長してに結合する」→「固まる」の意味になり、「固体の」「有形の」さらに「具体的な」や建材の「コンクリート」の意味にまで広がりました。in-が付くとプラス側の成長（増加）increaseで、de-が付くとマイナス側の成長（減少）decreaseです。

create / creator

increase

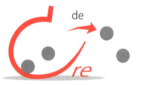
decrease

単語	主な訳語	ヒント
concrete [ká(:)nkri:t]	形 具体的な 名 コンクリート	
create [kriéɪt3]	動 創造する	
creative [kriéɪtɪv]	形 創造的な	-ive（形容詞化）
creation [kriéɪʃ(ə)n]	名 創造、創造物	-ion（名詞化）
creature [krí:tʃər]	名 生き物	生み出されるもの
increase [ɪnkrí:s]	動 増える、増やす 名 増加	in（中・増）＋crease（成長）
decrease [dì:krí:s]	動 減る、減らす 名 減少	de（外）＋crease（成長）

知恵の活用：違いがわかる！

▶「具体的な」：concrete と specific

concrete は、ぼんやりしているのでなく、形があってしっかりしたものという意味の「具体的」。反意語の「ぼんやり」はabstract「抽象的な」です。

concrete

（なんとなくの方策じゃなくて）具体的な方策は "concrete measures"
（言っているばかりではなくて）具体的な行動は "concrete action"

abstract

specific は、「これ！」と特定するという意味の「具体的な」です (p.301)。反意語は vague（漠然とした）や general（全体的な）です。

漠然とした話ばかりをされて、話し手の意図がわからなくなったときには、「もっと具体的に言って下さい」の意味で Can you be more specific? とお願いします。

specific

（漠然とした方向性でなく）具体的な指示が必要なときは、I need specific instructions.（具体的な指示が必要です）

（あれもこれもではなくて）具体的な目的は a specific purpose で、具体的な名前を挙げるなら a specific name です。

general

5. performance
パフォーマンス

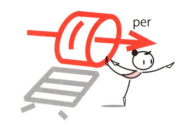

- performance　上演、性能、業績
- per-　試す、通す、貫く
- ex**per**t, **per**mit

performのformは「形作る」。perは「通して」「すっかり」の意味の接頭辞per-。「すっかり形作る」なので「性能を発揮する」「演技をする」「実行する」の意味になります。per-にはperilのように「試す」の意味もあります。

単語	主な訳語	ヒント
perform [pərfɔ́:rm]	動 上演する、遂行する	per(通して)＋form(形成する)
permanent [pə́:rm(ə)nənt]	形 永遠の	per(通して)＋残る
perspective [pərspéktɪv]	名 観点、見方	per(通して)＋spect(見る)
perfect [pə́:rfɪkt]	形 完全な、完璧な	per(通して)＋fect(為す)
peril [pér(ə)l]	名 危機、危険	試す、挑戦
expertise [èkspə:rtí:z]	名 専門知識	「試し通した」
experience [ɪkspíəriəns]	動 名 経験(する)	ex(十分に)＋試す
experiment [ɪkspérɪmənt]	動 名 実験(する)	試す＋ment(名詞化)
expert [ékspə:rt]	名 熟練者、専門家	「十分に試された」

知恵の活用：似ている単語を見極める

▶perspective と prospective

　語源的には近いですが、perspective は「通して（per）観る」ような「見方」「大局的観点」や「将来の見通し」の意味の名詞。prospective は「先（pro）を見る」で、名詞の前について「期待される」「この先起こりそうな」という意味になる形容詞です。

知恵の活用：違いがわかる！

▶「危険」「危機」：danger, peril, risk, hazard

　danger は「危険」の意味を表す最も一般的な語です。

　peril は「挑戦」が語源で、差し迫った予測できない大きな危険で、主に書きことばで使われます。fear（恐れ）も同じ語源で、「先が見えない」というような恐さです。

peril

　risk は不利・不幸、危害・損害などに遭う危険性で、単に「危ない」ではなくて、利得を得ようとする目的で自ら覚悟してそれを冒すことを含意します。

risk

　hazard は、健康や安全に関わる有害なものごとです。事故など危険の原因になり得る危険要素を指します。サイコロを使った賭博が語源であることから、「偶然的なもの」の意味を通常は含みます。

hazard

6. indie インディーズ

- indie 独立プロの
- pend- つるす
- suspend

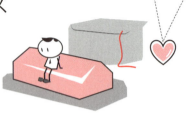

「インディーズ」と呼ばれるindiesはindependentから。pend-は首に下げるペンダント(pendant)でイメージできます。dependは「依存する、頼る」。否定のinが付くとindependent「頼らない、独立した」。下へ(sub)が付いたsuspendは「ぶら下げる」「宙ぶらり」のイメージで「一時中断する」。電車の「不通」もsuspendで表されます。

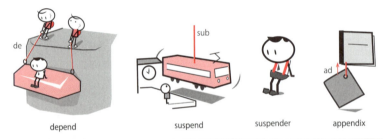

depend　　　　suspend　　　suspender　　appendix

単語	主な訳語	ヒント
depend* [dɪpénd]	動 次第である、依存する	de(下へ)+ぶら下げる
independent*** [ìndɪpénd(ə)nt]	形 独立した	in(否)+depend
indie [índi]	名形 独立プロ(の)	(independentから)
pending* [péndɪŋ]	形 未決定の	-ing(形容詞化)「宙ぶらり」
suspend* [səspénd]	動 一時中断する	sus(下に)pend(つるす)
perpendicular [pə̀ːrp(ə)ndíkjələr]	形 垂直の 名 垂線	per(完全に)「真下」
appendix [əpéndɪks]	名 付録、盲腸	ad(付く)+pend

知恵の活用：違いがわかる！

▶「頼る」、「頼りにする」：rely on, depend on, trust, count on

rely on

「しっかり（re）＋結び付けられている（ly）」なので、「頼れるものごとにしっかり結びついている」イメージ。頼れる人やものにしっかり支えてもらっているような「依存している」「信頼している」「頼りにする」です。（p.106）

rely on

depend on

rely on に似てはいますが、「de（下に）＋ pend（ぶらさがる）」なので、完全にぶら下がっていて、それなしでは成り立たないようなイメージ、または「それ次第である」ような「頼っている」の意味です。

depend on

trust

語源は「強固な」「手堅い」のような意味で、人が人を「信用する」の意味ですが、「頼りにする」の意味になると、人がものなどを「頼りにする」「当てにする」。

trust

count on

これも「頼る」という訳語にもなりますが、「勘定（count）に入れる」というイメージを持つとわかりやすいと思います。その存在や助けを「すでに計算に入れてある」「あてにしている」というような「頼る」です。

count on

第7章 もはや日本語

7. agent　エージェント

- agent　代理業者
- ag-/act-　行う、実行する
- exact, agitate

　スパイ映画などで出てくる「エージェント」。日常生活では「トラベルエージェント」のような「代行業者」の意味でなじみがあります。この ag- は「行う」の意味の語根で、act の ac です。agent は「行動する人」の意味から「代理人」「代行業者」「仲介人」それから「諜報員」。「（化学変化を起こす）作用物質」の意味もあり、"cleaning agent" は「洗浄剤」。agility はスポーツ選手の「敏捷性」「機敏性」。agitate は「扇動する」で、最近では「アジる」という日本語ができているようです。会議などで「議題」「協議事項」の意味で使う agenda は、政治の世界では「（取り組むべき）課題」「政策」の意味で使われます。

単語	主な訳語	ヒント
agent* [éɪdʒ(ə)nt]	名 代理人	-ent（する人）
act* [ækt]	動 行動する 名 行為	
actual* [ǽk(t)ʃu(ə)l]	形 実際の、現実の	
exact* [ɪgzǽkt]	形 正確な、的確な、精密な	ex（十分に）
agility [ədʒíləti]	名 俊敏さ	
agitate* [ǽdʒɪtèɪt]	動 扇動する、動揺させる	-ate（動詞化）
agenda* [ədʒéndə]	名 課題、議題、政策	

308

第7章 もはや日本語

8. fund　ファンド

- foundation　基礎
- fund-　底、基
- found, fund, profound

　fundの語源は「底」つまり「一番下の部分」。「基」という漢字のイメージです。上のイラストは「**フンドシ**」のイメージです。foundは会社・協会などを「設立する」の意味で、「設立する人」がfounder。foundationは「土台」「基礎」。fundは基盤となる「資金」「基金」。refundは「払い戻し金」で、「払い戻し可能」なことをrefundableといいます。

単語	主な訳語	ヒント
found* [faund]	動 設立する	
foundation** [faundéiʃ(ə)n]	名 基礎	-ation（名詞化）
founder* [fáundər]	名 設立者、創始者	-er（する人）
cofounder [kòufáundər]	名 共同創始者	co（共に）＋founder
fund** [fʌnd]	名 基金	「基盤となる金」
refundable [rɪfʌ́ndəbl]	形 返金可能な	re（戻）＋fund＋able（できる）
fundamental* [fʌ̀ndəmént(ə)l]	形 基本的な	ment（名詞化）＋al（形容詞化）
profound* [prəfáund]	形 深遠な	pro（方へ）＋found（底）→底深い

第7章 もはや日本語

9. inspiration インスピレーション

- inspiration　ひらめき
- spire-　息
- inspire, conspire, expire

　spire-という語根は「息」を表します。「息吹」のような魂(spirit)の込もった「息」です。ですからinspireは「鼓舞する」「(勇気などを)吹き込む」ような意味があり、その名詞形がinspirationで、ただの直感ではなく、何かから発想を得たり着想したりすることを表します。「ひらめき」「霊感」という訳語があるのはそのためです。

conspire　　　　　　　respire　　　　　　　expire

単語	主な訳語	ヒント
inspire* [ɪnspáɪər]	動 奮い立たせる	in(中に)+息吹を吹き込む
inspiration* [ìnspəréɪʃ(ə)n]	名 ひらめき、吸入	inspire+ation(名詞化)
conspire* [kənspáɪər]	動 共謀する	con(共に)+spire
aspire* [əspáɪər]	動 熱望する	ad(向かって)+息する
respire [rɪspáɪər]	動 呼吸する	re(繰り返し)+spire
respiration [rèspəréɪʃ(ə)n]	名 呼吸	-ation(名詞化)
expire* [ɪkspáɪər]	動 期限が切れる	ex(外)「息を引き取る」
spirit* [spírət]	名 精神、魂	

310

第7章 もはや日本語

10. party　パーティー

- party　政党、一行
- part-　分かれる
- participate, depart

「誕生日パーティー」の印象が強いですが、コアの意味は「分ける」「部分」です。人間たちの「部分的」な集合が「一行」であり「政党」です。中心的な意味を知れば、同源語の理解が容易になります。

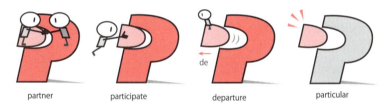

単語	主な訳語	ヒント
party [pá:rti]	名 政党、パーティー、一行	「人の部分的な集合」
part [pa:rt]	名 部分 動 分かれる	
partner [pá:rtnər]	名 共同出資者、相棒	「分け合う」
participate [pa:rtísɪpèrt]	動 参加する	parti（部分）+ cip（取る）
departure [dɪpá:rtʃər]	名 出発	de（離れる）
department [dɪpá:rtmənt]	名 部門、省、売り場	
apartment [əpá:rtmənt]	名 アパート	ad（向かって）
particle [pá:rtɪk(ə)l]	名 粒子、微量、小片	-icle（小さい）
particular [pərtíkjələr]	形 特定の、特別な、特有の	
particulate [pa:rtíkjələt]	名 形 微粒子（の）	
participle [pá:rtəsìp(ə)l]	名 分詞	

第7章 もはや日本語

11. price/prize
プライス/プライズ

- price　価格
- pris-, preci-　価値
- praise, appreciate

　priceは「値段」ですが、原義は「価値」。「感謝する」を意味するappreciateも同源語。appreciateは「ad（向かって）＋価値」なので「価値を認める」「価値を正しく評価する」「十分理解する」。反対に、価値を下げるのがdepreciate「値下がりする、減価する」。会社での「勤務評定」の意味でappraisalという語を使います。動詞形はappraiseで、スペルからわかるようにpraise「褒める」の仲間です。

単語	主な訳語	ヒント
price [praɪs]	名 値段、物価	価値
prize [praɪz]	名 賞、ほうび	価値
appreciate [əpríːʃièɪt]	動 価値を認める、感謝する	価値を＋付ける（ad）
depreciate [dɪpríːʃièɪt]	動 価値が下がる	de（下へ）＋価値
appraise [əpréɪz]	動 評価する、査定する	価値を＋付ける（ad）
appraisal [əpréɪz(ə)l]	名 鑑定、査定	
praise [preɪz]	名 動 賞賛（する）	
precious [préʃəs]	形 貴重な、高価な	価値＋ous（多し）
interpret [ɪntə́ːrprət]	動 通訳する、解釈する	inter（間で）＋価値を付ける

第7章 もはや日本語

12. test テスト

- test 試す
- test- 証す、証拠、証人
- contest, protest

testは「試す」ということですが、「証明する」「証す(あかす)」というような意味でとらえると関連語とつながります。contestは「共に証明する」、protestは「人前で証言する」。学校の「テスト」は、自分の能力を「立証する」機会ととらえると、「試される」と考えるよりもやる気が出ます。

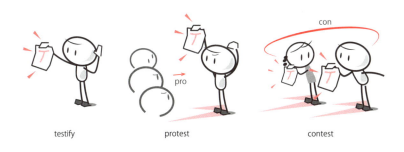

testify　　　　　　　protest　　　　　　　contest

単語	主な訳語	ヒント
test* [test]	動名 試験(する)	
testify* [téstɪfàɪ]	動 証言する	-ify(動詞化)
testimony* [téstəmòuni]	名 証明、証言	-mony(動作)
protest* [próutest]	動名 抗議(する)、主張(する)	pro(前で)＋証す
Protestant [prá(:)tɪst(ə)nt]	名 プロテスタント、新教徒	抗議する人(ant)
attest [ətést]	動 証言する	ad(向かって)＋証す
contest* [ká(:)ntest]	名 競技、競争 動 論争する	con(共に)＋証す

313

第7章 もはや日本語

13. value　バリュー

- value　価値
- val-　強い、価値
- validate, available

　val-は「強い」の意味に由来し、「勝つV」のイメージともつながります。availableという語は1つでピッタリ当てはまるような訳語は見つからないので、理解しきれないかもしれません。「価値がある（利用できる）状態にある」という意味でその使い方によって「入手可能な」「店に置いてある」「在庫がある」「借りられる」「（部屋が）空いている」「（人の体が）空いている」などの意味になります。

validate　　　　　　equivalent　　　　　　available

単語	主な訳語	ヒント
value [vǽlju:]	名 価値、値段　動 重んじる	
valuable [vǽljəb(ə)l]	形 高価な、有益な　名 貴重品	-able（できる）
validate [vǽlɪdèɪt]	動 立証する、価値を認める	-ate（動詞化）
invalid [ínv(ə)ləd]	形 無効の、根拠がない	in（否）+ valid
equivalent [ɪkwív(ə)lənt]	形 同価値で、対等の　名 同等のもの	valueが等しい（equ）
available [əvéɪləb(ə)l]	形 利用できる	
prevail [prɪvéɪl]	動 広く行きわたっている	

> **第7章** もはや日本語

14. volume　ボリューム

- volume　容量、量
- vol-　巻く
- revolve, involve, volume

　vol-は「巻く」の意味。テレビの**volume**は、巻物にした書き物のイメージでとらえて、「多ければ巻物は大きくなっていく」のでそこから「量」の意味が感じられます。また、"**vol.**"と略されて、小説などで「第2巻」のことを**vol.2**などといいます。

　evolutionは「外に(ex)回転」で「発展」「進化」の意味。「大変革」は**revolution**。**involve**は「中に(in)巻く」つまり「巻き込む」で、人を何かに参加させたりするときに使い、"**be involved in**"は「〜に関わる」の意味でしばしば使われます。

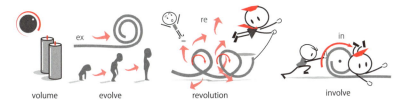

volume　　　evolve　　　revolution　　　involve

単語	主な訳語	ヒント
volume* [vá(:)ljəm]	名 容量、量、音量	「巻物」
evolve* [ɪvá(:)lv]	動 進化する、発達する	e (外に) + volve (回る)
evolution* [èvəlú:ʃ(ə)n]	名 進化、進化論、発展	-tion (名詞化)
revolve* [rɪvá(:)lv]	動 回転する	re (何度も) + 回る
revolution* [rèvəlú:ʃ(ə)n]	名 革命、大変革	-tion (名詞化)
involve* [ɪnvá(:)lv]	動 巻き込む、含む	in (中に) + volve

第8章

紛らわしい語を
感じ分ける

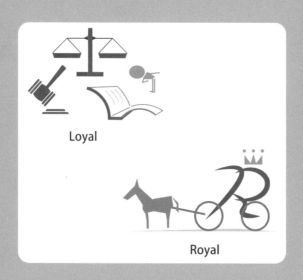

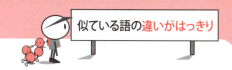
似ている語の違いがはっきり

　先日、お菓子売り場で「くるみまんじゅう」というのを見つけて買って来ましたが、よく見たら「みるくまんじゅう」でした。日本語でもそんなことが起こります。

　「あしたのイベントの内容を教えてください」と「あしたのおべんとの内容を教えてください」では大違いです。「記号」は少し違うだけで全然違うものを指してしまうのです。電話番号を1つ間違えるだけで違うところにかかるのと同様です。

　さて、これまでも、ちょっと混乱してしまうような「似ている単語」について「こうすれば間違えない！」としてところどころに紹介してきました。ここでもう少し列挙してみます。今まで生徒さんたちから質問されたものなどを選びました。理解と記憶に役立ててください。

　「私は混乱しない」という人もいるでしょうが、毎日自分の生徒さんたちと接していると、意外な混乱に気づきます。特に初心者の方の場合、**also**と**always**を取り違えたり、**difficult**と**different**を取り違えたり。

　前にも書きましたが、「LとR」は「違う音」という認識をして発音することを心がけていればいずれは区別がつくようになります。そこにはまだ至らない習いはじめのときや、「カタカナ語」が邪魔してしまうときなどに、区別するためのヒントを書き出しました。

　他にも語源構造を知れば「どっちがどっちだっけ？」の混乱がなくなる語もあります。

・スペルが似ているから覚えられない ⇒ 似ているからまとめて覚えられる
・スペルが似ているから混乱する ⇒ 似てない部分で違いが明確になる

■ adaptとadopt

どちらにも**ad**(向かって)が付いています。

adaptの**apt**は「ちょうどぴったり」の意味。形容詞の**apt**は「〜しがちである」の意味があります。**adapt**は「ぴったり(**apt**)に向ける(**ad**)」から「適合させる」「順応する」の意味。サイズや形の異なるものをピッタリ合わせる物を日本語でも「アダプター」と言う語をよく使います。

adoptの**opt**はオプション(**option**)と同じく「選ぶ」の意味で、**adopt**は「採用する」「養子にする」の意味。

adapt

adopt

■ expectとexcept

スペルはそっくりですが大きな違いです。

expectは「**ex**(外)+**spect**(見る)」(p.301)。「身を乗り出して外を(先を)首を長くして見ている」ようなイメージで理解できます。

exceptは**ex**(外)+**cept**(取る)(p.407)、つまり「つかんで出す」から「除外する」。**cept**は**accept**や**receive**の**cept/ceive**です。

expect

except

■ contrastとcontractとcontraction

contrastとcontractは一文字違いですが全然違います。

contrastはcounterの意味の「contra（反対）とst（立つ）」(p.200)の組み合わせ。ですから「対照」「対比」の意味になります。

contrast

contractは「con（共に）＋tract（引く）」(p.367)なので「引き合う」「駆け引き」のようなイメージで「契約（する）」の意味になります。文法用語で「短縮形」つまり短くすることをcontractionといいますが、「両端を内に引っ張る(tract)」イメージを持てば解釈できます。また、contractには「（病気に）感染する」の意味もありますが、「風邪を引く」の「引く」や「結び合う」でイメージできます。

contract

contraction

■ augmentとargument

augment「増大させる」は「仰ぐ」で覚えると覚えやすいと説明しました(p.249)。これと紛らわしいのがargument「口論」。

augment

argumentのargはもともと「輝く」「銀」を意味する語源で、アルゼンチン（Argentine）は「銀の川」を意味するそうです。argumentは「白熱する議論」というイメージでとらえることができ、またArgentineと結び付ければargumentのスペルも覚えやすくなります。

argument

319

■ illuminationとelimination

illuminationは「電飾」「照明」。接頭辞はil-（in-の異形）で「中に」。語根のluminは「光」なので、「光を当てる」「明るくする」(p.110)。

illumination

eliminationは「e（=ex出る）+limin（しきい）」で、liminはsubliminal「sub（下）+limin」「意識下の」のliminで、limit（しきい→限度）と同源です(p.290)。なのでeliminateは「しきいの外に出す」、つまり「取り除く」「（望ましくないものを）撲滅する」の意味です。illuminationとはだいぶ異なります。

ex

elimination

■ investとinvestigate

investmentは「投資」の意味ですが、このvestは衣服「チョッキ」のvest。他動詞investは「服を着せてあげる」のイメージから「（権力・権限を）与える、授与する、授ける」、「（時間や労力やエネルギーを）投入する」の意味で、そこから「投資する」の意味になって、一般にはそれが最もなじみのある意味だと思います。

invest

investigateのvestはそれとは違ってvestige「跡」「痕跡」から「痕跡を追う」というような「調査する」。p.363でその他の「調査する」との比較を説明しています。

investigate

■ embarrassとembrace

embarrassは「まごつかせる」「当惑させる」「恥ずかしい思いをさせる」という動詞。emは"in（中）の意味でbarは「棒」で、「棒で邪魔する」というのが語源構成。形容詞のembarrassed「恥ずかしい」「きまりが悪い」になじみがあると思います。barricade「障害物」やbarrel「樽」も同源です。

embarrass

embraceのbraceは「腕」の意味で、bracelet「ブレスレット」のbrace。このletは「飾り」の意味です。embraceは「腕（brace）の中に囲う（en）」なので「抱きしめる」「抱擁する」の意味です。

embrace

■ confidentとconfidential

confidentは「自信を持っている」「確信している」という形容詞で、confidential「機密の」の意味とは結び付かないようにも見えます。どちらも動詞confideのファミリーでconfideには「信頼する」の他「秘密を打ち明ける」の意味があり、これがconfidential「機密の」の意味につながります。なおこれらはfaith「信頼」と同源で、同源のconfederationは「連盟」「連邦」。

confident

confidential

321

第8章 紛らわしい語

reminder：思い出させるもの

- 再び気づく
- mind　心、思い

　ここから似ている語を見開きページに並べてみます。

　「心」「思い」に関係する語です。最近は「催促」の意味で「リマインダー」ということばを使います。想像できるように、reは「再び」でmindは「心」「記憶」「気づく」。rememberも同じように「思い出す」。memorialは「亡くなった人のことを思い出させるような」の意味で「追悼の」。「身体の」のphysicalに対して「心の」はmental。dementiaは難しい語ですが、意味を知らなくても、「de（出る）＋ment（心・記憶）」と考えればなんとなく「認知症」かという予想がつきます。

単語	主な訳語	ヒント
mind [maɪnd]	名 心　動 気にする	
remind [rimáɪnd]	動 思い出させる	re（再び）＋ mind
reminder [rimáɪndər]	名 思い出させるもの	-er（するもの）
remember [rimémbər]	動 思い出す、思い出させる	
memory [mém(ə)ri]	名 記憶力、記憶	
memorize [méməràɪz]	動 暗記する	-ize（動詞化）
memorial [məmɔ́:riəl]	形 記念の　名 記念物	-ial（形容詞化）
commemorate [kəmémərèɪt]	動 記念する、追悼する	co（すっかり）＋思い出す
mental [mént(ə)l]	形 心の、精神上の	ment（心）-al（形容詞化）
dementia [dɪménʃə]	名 認知症	de（出）＋ ment（心）

第8章 紛らわしい語

remainder：残り

- 元に（後ろに）とどまる
- main　とどまる

　reminderと間違えそうなのがremainderです。意味はreminderとは全然違って「残り物」。動詞のremainは「〜のままである」「とどまる」「残っている」で、構成は「re（元に）＋main（とどまる）」。このmainはmansionのmanで、mansionは「とどまるところ」から「大邸宅」。「マナーハウス」（manor house）のmanorも同じで、「手」を意味するmanが付くmanner「行儀」とは全く異なります。permanentのperはp.304参照。

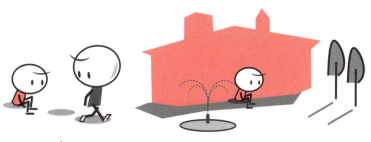

remain　　　　　　　　　　　　mansion

単語	主な訳語	ヒント
remainder* [riméɪndər]	名 残り（物・人）、余り	remainするもの
remain* [riméɪn]	動 〜のままである	re（元に）＋とどまる
remaining [riméɪnɪŋ]	形 残りの	remainの形容詞形
permanent* [pə́ːrm(ə)nənt]	形 永遠の	per（通して）＋とどまる
mansion [mǽnʃ(ə)n]	名 大邸宅	「とどまるところ」
manor [mǽnər]	名 大邸宅、領地	

323

第8章 紛らわしい語

innovation：革新、発明

- nov/new 新しい、新（にい）

　innovationとinventionは、なんとなく形も意味も似ていて紛らわしいですが成り立ちが違います。まずinnovationのnovはnew「新しい」の仲間で、innovationは「in（中に入る）＋nov（新しい）＋ation」で「新しいものに替えること」で「革新」「発明」の意味。漢字の「新」は「にい」とも読みますが、newと似ていて不思議です。ついでにnewの仲間の語をいっしょに覚えます。

　免許などを更新するのはrenew。renewableは「再び新しくできる」から「再生可能な」で"renewable energy"は「再生可能エネルギー」。店舗や家屋の「改装」は「再び（re）新しくする」renovation。"novel coronavirus"は「新型コロナウィルス」で、novel「小説」も「新しい」から。拡販目的で配られる景品「ノベルティ」のnoveltyは「目新しさ」「斬新さ」「アイデア商品」の意味。

単語	主な訳語	ヒント
innovation* [ìnəvéɪʃ(ə)n]	名 導入、革新	in（中に）＋nov（新しい）＋ation
innovative [ínəvèɪtɪv]	形 革新的な	innovate＋ive（形容詞化）
renew [rɪnjúː]	動 更新する	re（再）＋new
renewable [rɪnjúːəb(ə)l]	形 再生可能な	renew＋able（できる）
renovation [rìnəveɪʃən]	名 修理、修繕、改装	renovate＋ion（名詞化）
novel* [nά(ː)v(ə)l]	形 新しい、目新しい	
novel : [nά(ː)v(ə)l]	名 小説	「新しい」から
novelty [nά(ː)v(ə)lti]	名 目新しさ、斬新さ	-ty（名詞化）

324

第8章 紛らわしい語

invention：発明品

- ven-/vent-　行く、来る、便

　innovationと似ていてややこしいのがinvention。vent-は「行く・来る」を表し、inventは「（頭に）入ってくる」から「発明する」。vent-/ven-が付く単語は多いので、ついでにいっしょに覚えます。

　eventは「e（出）＋ven（来る）」なので「出来事」。venueは催しなどの「会場」。avenueは「a（向かって）＋ven」なので「大通り」や「建物などに続く並木道」を表します。「行き来」の意味からvenは「交通の便」の「便」という解釈もできて、そうすればconvenientの「便利」を連想できます。preventは「先に来る」から、先回りして「妨げる」「邪魔する」の意味がわかります。

単語	主な訳語	ヒント
invention [ɪnvénʃ(ə)n]	名 発明品、創案	（頭の）in（中に）＋vent（来る）
event [ɪvént]	名 出来事、大事件、行事	出て（e）＋来る（ven）
venue [vénjuː]	名 会場、開催地	「行く（場所）」
avenue [ǽvənjùː]	名 大通り、並木道	ad（向かって）＋来る
convention [kənvénʃ(ə)n]	名 大会、慣習	con（共に）＋来る
convenient [kənvíːniənt]	形 便利な、都合の良い	「いっしょにいて便利」
adventure [ədvén(t)ʃər]	名 冒険、危険を冒すこと	ad（向かって）＋行く
venture [vén(t)ʃər]	名 冒険的事業	（adventureのadが消失）
revenue [révənjùː]	名 収入、収益	re（戻る）＋来る→戻ってくる
prevent [prɪvént]	動 妨げる、防止する	pre（前に）＋来る→先回り

知恵の活用：違いがわかる！
▶「道」：street, avenue, road, way

streetは街の中の道で、片側か両側に家や商店や建物などが立ち並んでいるような道を表します。語源的にはstrは「伸ばす」の意味で(p.289)、「均して延ばした」というのがsreetの成り立ちのようです。歩きやすいようにするためならした道のイメージと結びつきます。

street

avenueは「どこかに至る道」ということで、屋敷に至るような道、並木のある大通りのようなものをこう呼びました。わかりやすくするために、アメリカの街では東西を走る道をstreetと呼び、それと交差する道をavenueと呼ぶことがあります。

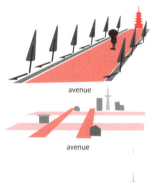
avenue

avenue

roadは、もともと「馬に乗る」のrideの意味に由来する語です。車やバスなどの乗り物で通行するような、町から町へ続く長い道であることがイメージできます。

road

wayは「〜へ至る道」の意味で使います。「道」の意味で広く使われますが、「道筋」、「行く道」、「やり方」など、抽象的なものも含めていろいろな意味があります。（p.392）

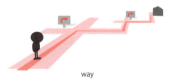
way

知恵の活用：違いがわかる！

▶「出来事」：event, incident, accident

event：日本語で「イベント」というと、なんだかわくわくするような催事のような感じがしますが、英語のeventではそれに限らず、むしろ一番目のセンスは「重大な出来事」のことです。特に注目に値する重要な出来事や大事件、または様々な行事をいいます。「e（出）＋vent（来る）」を考えれば理解できます。

event

incidentは、eventほどの重要性はなく、偶発的な出来事・小事件を表し、普通はよくない出来事を表します。重大な犯罪や暴力事件もincidentで表します。

incident

accidentは、身体に危害を及ぼす思いがけない不愉快な出来事や事故、または単なる偶発的な出来事の意味で使われます。人の意思で起こるような殺人や窃盗などには使いません。

cidは「落ちてくる」を意味し（p.389）、accident、incidentどちらも「降りかかってくること」という感覚で共通しています。accidentの方が偶発的な意味がより強く感じられます。

accident

327

第8章 紛らわしい語

convertible：変換できる

- verse 向き、回す
- diverse, advertise

verse-という語根は「向き」や「回す」を表します。reverse「逆進」やreversible「裏返し可能」のverseです。convertは「完全に(con)＋向きを変える(vert)」。車のconvertibleはオープンカーにするなどルーフ部分が「変えられる」車。converterは「変換器」。diversityのdi-は「離れて」なので「見方などの向き・対象範囲を広げる」ととらえると「多様性」の意味が理解できます。

単語	主な訳語	ヒント
convert [kənvə́ːrt]	動 転換する 名 変換	con(完全に)＋vert(回す)
convertible [kənvə́ːrtəb(ə)l]	形 変換できる 名 幌型自動車	-ible
versatile [və́ːrsət(ə)l]	形 多芸な、用途の広い	-ile(形容詞化)
reverse [rivə́ːrs]	動 後退する、逆回転する 名 逆	re(戻)＋回す
diverse [dəvə́ːrs]	形 多様な	dis(離す)＋vers(回す)
adverse [ædvə́ːrs]	形 不利な、逆向きの	ad(向かって)＋vers(向く)
advertise [ǽdvərtàɪz]	動 宣伝する	-ize(動詞化)「注意を向ける」
versus [və́ːrsəs]	前 〜対…	(vs.と略す)
universal [jùːnɪvə́ːrs(ə)l]	形 全体の、万能な	1つで(uni)＋全部に向く
vertical [və́ːrtɪk(ə)l]	形 垂直の	-al(形容詞化)
avert [əvə́ːrt]	動 回避する、目などをそらす	ab(離れる)＋vert
vice versa	逆もまた同様	(ラテン語)

第8章 紛らわしい語

compatible：互換性がある

- pas-/path-　受ける
- passive, sympathy

　pas/pat-は「受ける」の意味で、「心の内に受ける」ととらえると理解しやすいです。compatibleは「con（共に）＋ pat（耐える）＋ ible（ことができる）」なので、「複数の部品が共用できる」ことや「互換性がある」、「人と人が仲良くやっていける」、「考えなどが矛盾しない」のような意味を表します。patientは「辛抱強い」「病人」、sympathyもcompassionも「受ける感情を共にする」というような意味から。

passive

compassion

sympathy

antipathy

単語	主な訳語	ヒント
compatible* [kəmpǽtəb(ə)l]	形 互換性がある	con（共に）＋耐える＋ ible
passion* [pǽʃ(ə)n]	名 情熱	-ion（名詞化）
passive* [pǽsɪv]	形 受動的な	-ive（形容詞化）
compassion [kəmpǽʃ(ə)n]	名 同情、哀れみ	com（共に）＋ pass（心に受ける）
sympathy* [símpəθi]	名 同情、思いやり	感情（pathy）を共にする（syn）
antipathy [æntípəθi]	名 反感、嫌悪（感）	anti（反）＋ pathy（感情）
patient* [péɪʃ(ə)nt]	名 患者　形 忍耐強い	-ent（形容詞化、名詞化）
impatient* [ɪmpéɪʃ(ə)nt]	形 我慢できない	in（否）＋ patient
inpatient	名 入院患者	in（中）＋ patient

329

知恵の活用：似ている単語を見極める

adverseとadvertiseはどちらも「ad（向かって）＋verse（向ける）」でできていますが意味が異なります。

adverseは「向かってくる風」のように、「不都合な」「不利な」「好ましくない」「敵意のある」というような意味の形容詞です。人やものごとに向かって来る好ましくないエネルギーを持つもののことを表します。
　adverse effect 悪影響、副作用
　adverse reaction 有害反応
　adverse party （裁判などの）相手方

adverse

advertiseは「注意を向けさせるもの」で、人々の関心を向けさせるような操作「広告する」「売り込む」を表します。adと短縮されます。

　newspaper advertisement 新聞広告

advertise

知恵の活用：似ている単語を見極める

controversialとcontributeは"contr"の部分の形が似ていますが、語源構成を知ればまったく違うものに見えます。

controversialのcontro-は「反対」の意味でcontroversialは「互いに反対向きに議論する」と解釈すると「論争の対象になっている」という形容詞の意味が理解できます。

contributeのconは「共に」のconでcontro-のconとは全く異なります。tributeは「配る」「贈る」の意味で（p.343）、contributeは「貢献する」「寄与する」「（ことの）一因となる」というような意味になります。

知恵の活用：違いがわかる！
▶「感情」：feeling, emotion, passion

feelingは「感情」を表す一般語。理性や判断力に対立する語で、ある状況に対する精神的・肉体的な反応や気持ちがfeelingです。

feeling

emotionは、現れる強い喜怒哀楽や愛憎の感情です。emotionのeはex（外に）のことで、「外に動く（mot）」ということですから、「外に出る心の動き」から「噴き出す感情」のイメージです。「エモい」のemoはこれです。emotionは、出てしまうことが必ずしも好ましくない状況があり、抑制が必要になる場合もあるような「感情」で、「情動」「情緒」などの訳語もあります。

emotion

passionはもっと強い感情です。愛や憎しみ、共感や熱意などの激しい感情や激情、情熱です。patは「受ける」「耐える」という「内なる感情」の意味ですが、passionはその心理的パワーが何か外からの刺激によって湧き出るような「感情」「情熱」です。やる気を表に出すようなものはpassionです。

passion

第8章 紛らわしい語

legal：合法な、
loyal：忠誠心のある

- leg-/loy-　法、決まり事

　legalとregalもややこしいです。legalやillegalはよく出てくる単語ですが、これと紛らわしいのがregulation。どちらも「決まり事」に関わる語であるためで、legalとregal、loyalとroyalが各々わからなくなってしまいがちです。

　legの方はlog-（p.277）やlect-（p.226）の仲間で、「語る」が語源。"L"で始まる方は「ことば」「語る」に由来する「法」や「決まり事」。

　privilegeは「privateの法律」ととらえれば「特権」の意味が理解できます。loyalは「決まりに忠実な」から「忠実な」「忠誠心のある」なので「王室」のroyalとの区別がつきやすいと思います。「ローヤルカスタマー（loyal customer）は「忠誠心の高い顧客」のことです。

単語	主な訳語	ヒント
legal＊ [líːg(ə)l]	形 法律上の、合法な	
illegal＊ [ɪlíːg(ə)l]	形 違法の	il(=in 否)
legislate [lédʒɪslèɪt]	動 法制化する	
legislation＊ [lèdʒɪsléɪʃ(ə)n]	名 法律、法律の制定	
legacy＊ [légəsi]	名 伝承の物、遺産	
privilege＊ [prív(ə)lɪdʒ]	名 特権	private（個人）に法律
loyal＊ [lɔ́ɪ(ə)l]	形 忠誠な、義理がたい	「決まりに忠実な」
loyalty＊ [lɔ́ɪ(ə)lti]	名 誠実、忠誠	-ty（名詞化）

第8章 紛らわしい語

regal：王の
royal：王族の

- reg-　支配、基準

　スポーツ大会などの「決まり事」を「レギュレーション」(regulation)ということがあります。もちろんスポーツ以外も「法規制」として regulation という語が使われます。靴のブランドの「リーガル」は Regal で英語で、regal は「王の」。同源の rule には「規則」「基準」「法則」の他、「支配」「統治する」の意味があります。region「地域」もこの「支配」の reg に由来します。"r" で始まる方は「王による支配」「君主」で覚えると混乱しません。royalty「印税」は「君主が与えた権利」。direct や address、correct、right なども同源で、漢字でいえば「直」のイメージ。

　「民主・法治」の "L" に対し、「君主」の "R" と記憶すればよいかもしれません。

単語	主な訳語	ヒント
regal [ríːg(ə)l]	形 王の、荘厳な	-al（形容詞化）
regulation [rèɡjəléɪʃ(ə)n]	名 規制、法規	-ation（名詞化）
regular [réɡjələr]	形 規則的な、定期的な	-ar（形容詞化）
region [ríːdʒ(ə)n]	名 地域、地帯	-ion（名詞化）
rule [ruːl]	名 規則、定規　動 支配する	
royal [rɔ́ɪ(ə)l]	形 国王の　名 王族	-al（形容詞化）
royalty [rɔ́ɪ(ə)lti]	名 印税、実施許諾料	「君主が与えた権利」
direct [dərékt]	形 直接の、まっすぐな	dis（離れて）＋ rect（直）
correct [kərékt]	形 正確な	con（すっかり）＋ rect（直）
right angle	名 直角	

第8章 紛らわしい語

その他の"L"と"R"

LとRを「違う音」だと認識できることがゴールですが、そう簡単にはいきません。「カタカナ語」が先行する場合は特にそうです。LとRを感覚的に区別できるように並べました。

■ bleedとbreed

blood「血」はblowなどの「バーッ」のbl-(p.148)の仲間で、「膨れる」「吹き出す」の意味からと考えられ、bleedは「血が出る」、さらに「(気体や液体を)抜き取る」の意味に。

breedは「ブクブク」のbr-(p.151)、つまり「醸造する」「温める」「育てる」の仲間で「子を産む」「繁殖する」。

bleed

breed

■ bleachとbreach

bleachは「バーッ」のbl-の仲間(p.148)で、blankやblanketと同様「白」の仲間で、意味は「漂白する」「漂白剤」。

breachはbreak「壊す」「破る」の仲間(p.36)で、「(規則、約束などの)違反」「不履行」を意味します。

bleach

breach

■ overlapとoverwrap

「重なり合う」の意味の「オーバーラップ」はoverlap。lapはスカートが巻きつくイメージ(p.212)。「うりうり」のwr-のwrap(p.211)を使ったoverwrapという語もあって、それは「上包み包装」の意味。

overlap

overwrap

334

■ misleadとmisread

misleadは日本語でも「ミスリードする」というように、「mis（誤った）+ lead（導く）」で「真実でないことを信じさせる」こと。「長い"L"」でイメージすることも可能です（p.102）。目的語には導く対象の「人」が来ます。

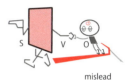
mislead

The ad misled him.（その広告は彼をミスリードした）

misreadという語もあって、これは「(文書を)誤読する」「(人を)誤解する」。目的語には間違ってしまう情報源としての「文書」や「人」が来ます。

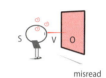
misread

He misread the ad.（彼は広告を誤読した）

■ lagとrag

"jet lag"「時差ぼけ」や"time lag"「時間差」のlagは「緩む」の"L"（p.108）で感じられます。

lag

ragは「ぼろ切れ」、raggedは「ぼろぼろの」「ギザギザの」。これらは「粗い」「烈」の"R"（p.128）で感じられます。

rag

■ lawとraw

lawは「置かれたもの（something laid）」が原義でlayの仲間のようです。「決まりが掲げられている」つまり「置かれている」と考えるとイメージできて、日本語の「おきて（掟）」につながるような気がします。

law

rawは「粗い」"R"の仲間（p.128）で「生の」「粗野な」。

第8章 紛らわしい語

■ laceとrace

laceは「レースのカーテン」のlaceで、語源は「ひも」。靴紐はshoelace。長いから"L"で迷いなし(p.102)。

「競争」のraceは、rush同様「素早い走り」から「荒々しいR」がイメージできます。だからR。

lace
race

■ layとray

layの「長いものを横たえる」イメージは"L"のところで説明済です(p.103)。

Blu-rayやX-rayのrayは「光線」で、「光るLか?」と思いきや、これは「放射」が語源でradiationやradio、radiatorと同源です。だからRです。

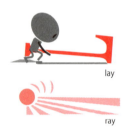
lay
ray

その他ややこしい語

■ believeとbereaved

believeのlieve部分はloveと同源。「愛することは信じること」。

bereavedは「(親族・友を)亡くした」「(親族・友に)先立たれた」という形容詞や、そういう人を表す名詞として使われます。事件や事故の記事で犠牲者の遺族を表すようなときに目にします。このreaveはrupt (p.129)の仲間で「壊す」「奪う」の意味、つまり「荒々しいR」の仲間です。bereavedは過去分詞の形ですから「奪われた」という意味です。

believe
bereaved

■ diseaseとdecease

disease「病気」は「dis（反対）＋ease」（p.244）。

deceaseという似た形の語があって、堅い言い方で「逝去」「死去」の意味。deceasedは形容詞で「亡くなった」「故…」。病気と死去では似ているようで大きな違いです。deceaseのdeは「離れて」でcease部分は「進」の意味のceed/cessのこと。ですから「逝去」の意味になるわけですね。

■ cooperationとcorporation

ややこしいようで区別は簡単です。

cooperationは「co（共に）＋operate（働く）」の成り立ちですから「協力する」。operationという語を知っていれば迷いません。officeも同源です。

corporationのcorpは「筐体」「体」を表します。生身の人間が形として「一体」を成しているのがcorporation「企業」「法人」。"Amazon Inc."のInc.はincorporatedで「法人組織の」を意味します。かっちり形にはめる「コルセット」はcorsetで、これも仲間の語ですから、coの後にRが入ることが頭に残ります。

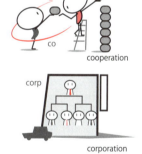

Etymocise（語源体操）7

proceed　前進する（p.258）

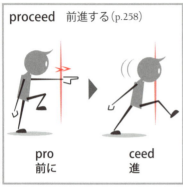

pro　　　　　　　　ceed
前に　　　　　　　　進

exceed　越える（p.259）

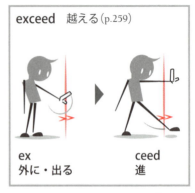

ex　　　　　　　　ceed
外に・出る　　　　　進

reject　拒否する（p.274）

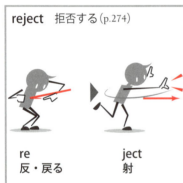

re　　　　　　　　ject
反・戻る　　　　　射

object　対象（p.62, 274）

ob　　　　　　　　ject
対して　　　　　　射

introduce　導入する（p.266）

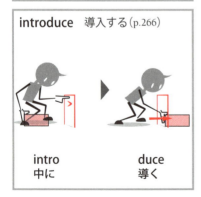

intro　　　　　　duce
中に　　　　　　　導く

produce　生産する（p.266）

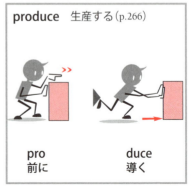

pro　　　　　　　duce
前に　　　　　　　導く

Etymocise（語源体操）8

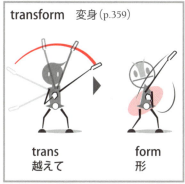

transform　変身（p.359）

trans　form
越えて　形

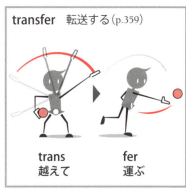

transfer　転送する（p.359）

trans　fer
越えて　運ぶ

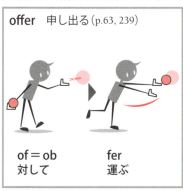

offer　申し出る（p.63, 239）

of = ob　fer
対して　運ぶ

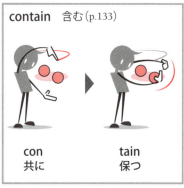

contain　含む（p.133）

con　tain
共に　保つ

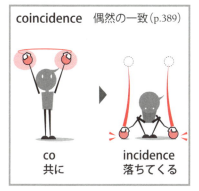

coincidence　偶然の一致（p.389）

co　incidence
共に　落ちてくる

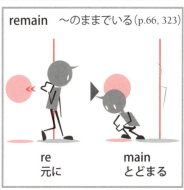

remain　〜のままでいる（p.66, 323）

re　main
元に　とどまる

第9章

語呂という最終兵器

オススメmandの介
(早乙女主水之介)

サムライちゃん
(シミュレーション)

納得の語呂でにっこり

　ここまでの章でカバーできなかった重要単語や頻出語根があります。それらを「語呂」「ダジャレ」で覚えることを考えました。

　ハナで笑ってもらっても構いません。ただ、私自身、歴史の年号をいくつか語呂で覚えていますし、科学の元素周期表や「ミリ」「デシ」などの単位の接頭辞も語呂で記憶しています。（「水兵リーベ僕の船…」「キロキロとヘクト出かけたメートルが、弟子に…」）

　電話番号を暗記する必要性は最近は少なくなりましたが、かつては語呂で覚えました。テレビＣＭでも「ナヤミムヨー」などと電話番号を語呂で言う場合が今でもあります。

　私自身、英単語もいくつかは語呂で覚えました。ここでは1つの語呂で単語を覚え、それに関連させて複数の単語を「一網打尽」式に覚えられるようにまとめました。語呂は語呂でも、単語の意味と関係づけできるようなものを考えてみました。「連れテイク（**take**）」「持ってテイク（**take**）」は見事な語呂だと思い、目指すのはそれでしたが、かなり強引なものに見えるかもしれません。それでも少なくともいくつかは使ってもらえるのではないかと思います。

　とにかく頭に入れて、トイレの中やお風呂の中でときどき思い出しながら、その上で実際に使用される英文の中で繰り返し出合いながら、頭に定着させてください。

第9章 語呂という最終兵器

1. "なによりプリン"

- pri- 最初の、主な
- prime, priority, prior
- prince, principle

　英語で「プリン」はもちろん pudding ですが、ここでは王子様 (prince) が一番好きかも知れないものを想定して書いてみました。語源としては「前」を意味する pre の仲間で、premium とも同源です。「何より前に来る」という意味から「最初の」さらに「主要な」「主な」の意味になっています。"prime minister" は「首相」、"priority seat" は「優先席」。

primitive　　　　　　　　　　　　　　　priority

単語	主な訳語	ヒント
prime [praɪm]	形 最も重要な、最上位の	
primitive [prímətɪv]	形 原始的な、原始の	-itive（形容詞化）
primary [práɪmèri]	形 最も重要な、初等の	-ary（形容詞化）
prior [práɪər]	形 前の、優先的な	より前の、より先の
priority [praɪɔ́ːrəti]	名 優先事項、優先	-ity（名詞化）
prioritize [praɪɔ́ːrɪtàɪz]	動 優先をつける、優先にする	-ize（動詞化）
prince [prɪns]	名 王子	1位を占める人
principle [prínsəp(ə)l]	名 主義、原理、法則	1位、最初を占める
principal [prínsəp(ə)l]	形 最も重要な 名 校長	1位の

2. "こいつぁ子分の取り分と"

- tribute　貢物
- trib-　配る
- contribute, distribute

　語根 trib- は「分配する」「分け与える」「捧げる」「貢ぐ」の意味。「トリビュート」は日本語にもなっていますが、たとえば "tribute concert" は人に捧げる「賛辞コンサート」。contribute は「貢献する」という良い意味だけでなく、結果の「一因となる」のような意味にもなる他、「寄稿する」の意味にも。attribute は日本語訳しにくいですが、結果の原因を特定の「人・もの」として帰することをいいます。

　もともと tribe は「部族」の意味で、部族間で分配したことから「分配」の意味になったものです。

単語	主な訳語	ヒント
tribute* [tríbjuːt]	名 貢物、賛辞、敬意	
contribute* [kəntríbjət]	動 寄与する、貢献する	con(共に)＋分け与える
contribution* [kɑ̀(ː)ntrɪbjúːʃ(ə)n]	名 寄与、貢献、寄付金	-ion(名詞化)
contributor* [kəntríbjətər]	名 貢献者、原因となる物	-or(する人)
distribute* [dɪstríbjət]	動 分配する、配達する	dis(離れて/出す)＋分ける
distribution* [dìstrɪbjúːʃ(ə)n]	名 分配、分布	-ion(名詞化)
distributor [dɪstríbjətər]	名 分配者、配電器	-or(する人)
attribute* [ətríbjət|ətríbjuːt]	動 〜に帰する 名 属性	ad(向かって)＋分ける
tribe* [traɪb]	名 部族	

3. "おそれいって authority"

- authority　権威
- auth-　本物、権威
- authentic, author

　auto-を起源とするauthenticは「本物の」で、authorityは「権威」です。ビジネスの場で「オーソライズする」などと言いますが、「正当と認める」「公認する」というような意味です。正確には語源が違うauthorは「創り出す」の意味から「著者」。

authorize

authentic

coauthor

単語	主な訳語	ヒント
authority [əθɔ́ːrəti]	名 権威、権限	-ity（名詞化）
authorize* [ɔ́ːθəràɪz]	動 権限を与える	-ize（動詞化）
authoritarian [ɔːθɔ̀ːrətéəriən]	名 権威主義者	-arian（主義の人）
authentic [ɔːθén(t)ɪk]	形 本格的な、本物の	-tic（形容詞化）
inauthentic [ìnɔːθéntɪk]	形 本物でない	in（否）＋ authentic
authenticity [ɔ̀ːθentísəti]	名 本物であること	authenticの名詞形
author* [ɔ́ːθər]	名 著者　動 執筆する	（語源異なる）「作り出す人」
coauthor [ɔ́ːθər]	名 共著者	co（共に）＋執筆する人

知恵の活用：違いがわかる！

▶「本当の」「本物の」：genuine, authentic, real

genuineは、純金や著名画家が描いた本物の絵や直筆の署名など、偽物でないことを主張するような「生まれ（gen）が確か」のような意味で、「純潔の」「生粋の」という意味もあります。コンピュータ製品などの「純正品」は"genuine parts"です。（p.271）

genuine

authenticは、genuineとほぼ同じ意味ですが、偽造でないことを示す正式な証拠があったり文書などで証明されたりしている場合、つまり「権威付けされている場合に使われる点で異なります。「本格的な」「伝統に基づいた」のような意味でも使われます。

authentic

realは「本物の」「実在する」「本当の」の意味で、空想したものではなく実在するものの意味で、実際にに存在し、本物であり、外見が本質と一致することを表す語です。"the real world"（実社会）、"the real name"（本当の名前）、"real flowers"（本物の花）。バーチャルリアリティ（virtual reality）というのは「仮想現実」。あたかも現実（real）であるような表現をいいます。

real

第9章 語呂という最終兵器

4. "並んでパラパラ"

- par- きちんと並べる、等しい
- compare, prepare
- separate, repair

par-という語根には「きちんと並べる」と「等しい」がありますが、ここでは1つにまとめます。compareのcomは「共に」で、「共にに並べて比較する」。pair「ペア」と関連付けると理解し易いです。前もって(pre)きちんと並べればprepare「準備する」。「再び(re)並べる」のがrepair「修理」です。

compare　prepare　separate　repair　parallel

単語	主な訳語	ヒント
compare* [kəmpéər]	動 比較する	con(共に)＋等しく並べる
pair* [péər]	名 ひと組	「等しい」
prepare* [prɪpéər]	動 準備する	pre(前もって)＋並べる
repair* [rɪpéər]	動 修理する	re(再び)＋並べる
separate* [sépərèɪt]	動 分ける、別れる	se(離す)＋並べる＋ate(動詞化)
apparatus* [æpərǽtəs]	名 器具一式	「器具の集まり」
parade* [pəréɪd]	名 パレード、行進	「揃えて見せる」
parallel* [pǽrəlèl]	形 平行な 名 平行線	「線が交わらず並ぶ」

知恵の活用：似ている単語を見極める

▶compare, competitive, compatible, compartment

comparable

compareには「比べる」の意味の他に「比較の対象となりうる」「くらべものになる」のような意味もあり、能力を表す接尾辞 -able がついた comparable は「匹敵する」「比較対象のなる」という意味の形容詞です。

comparable

competitive

comparableと似たような意味ですが、competitiveのpeteは「競う」の意味で、competeは「共に（con）競う（pete）」で、形容詞形のcompetitiveは「競うことができる」から「競合力のある」の意味。

competitive

compatible

p.329で説明した通り、「con（共に）＋ pat（耐える）＋ ible（ことができる）」なので、「複数の部品が共用できる」ことや「互換性がある」、「人と人が仲良くやっていける」、「考えなどが矛盾しない」。

compatible

compartment

compatibleと同様「いっしょにいる」必要があるのが列車のcompartment「仕切り客室」。これは「com（完全に）＋ part（別れた）＋ ment」の成り立ち（p.311）。自動車の「エンジンルーム」は英語では"engine compartment"で、英語の"engine room"は設備や船などの「機関室」を表します。

compartment

347

第9章 語呂という最終兵器

5. "傾きはこれくらいに"

- recline　椅子を傾ける
- clin-　傾く
- decline, incline, clinic

　「リクライニングシート」のreclineは「re（後ろに）＋cline（傾ける）」。clin-/clim-は「傾く」「はしご」を意味する語根です。declineは、気持ちが下に（de）傾いて「辞退する」。climateは太陽の傾斜によって変わる「気候」を意味します。clinicは「人が横になる」を語源に「診療所」で、clientは「頼る人」から「支える相手」「相談者」。身体などをもたれかけさせるleanも同源の語です。

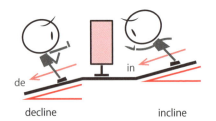

decline　　　　　incline

単語	主な訳語	ヒント
recline [rikláin]	動 もたれる、イスを傾ける	re（後ろに）＋傾く
decline* [dikláin]	動 減少する、辞退する	de（下へ）＋傾く
incline* [inkláin]	動 その気にさせる、傾斜させる	in（内に）＋傾く
inclination* [ìnklinéiʃ(ə)n]	名 気持ち、意向、勾配	-ation（名詞化）
disinclination [dìsìnklinéiʃ(ə)n]	名 嫌気、気が進まないこと	dis（反）＋傾く＋ation（名詞化）
clinic* [klínik]	名 診療所、クリニック	「人が横になる台」

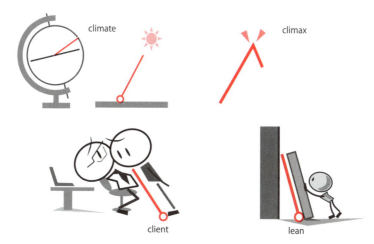

単語	主な訳語	ヒント
climate [kláɪmət]	名 気候	陽の傾きにによる
climax [kláɪmæks]	名 はしごの最上段、クライマックス	
client [kláɪənt]	名 依頼人、相談者	「頼る人」
lean [li:n]	動 寄りかからせる	

　climb「よじのぼる」「這い上がる」の語源は「手足で突破する」ような意味の語からで「傾斜」とは異なりますが、似ているのでいっしょに覚えることは可能だと思います。

単語	主な訳語	ヒント
climb [klaɪm]	動 (よじ)のぼる、這い上がる	climb down で「降りる」

知恵の活用：違いがわかる！

▶「状況」「環境」「風土」：situation, condition, circumstance, surroundings, environment, climate

situationは、その場その時の、さまざまな事柄の集合体です。そのときに置かれている場所や「事態」、すなわちconditionや諸事情の集合体で、たとえば「雨が降っている」＋「寝坊した」＋「宿題やってない」このような諸事情の集合体です。

conditionは「その場」の状況や状態、具合を表す語ですが、もっと長い時間の中での周囲の様子・状態になると、circumstanceになります。

circumstanceにもsta（p.200）が入っていますね。circumは「くるり」の「周囲」ですから（p.156）、circumstanceは「周囲に立つ」で、「境遇」「事情」という感覚です。

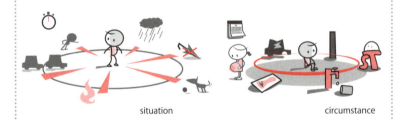

situation　　　　　　　　　　　　　circumstance

surroundingsは「あふれる」のイメージで（p.412）、特定の時期に人や物を取り囲む物的・地理的な環境を表します。建物や自然の物を含む特定の時間の周囲環境です。知覚や感性に関わるような「環境」です。

surroundings

environmentは人・物・ことの行動や生活や精神に影響を与える周囲の環境をいいます。物的なものから、もっと大きく社会的なもの、さらに自然も含みます。environmentのenは「とり囲む」(p.54)。どのようなものがとり囲んでいるかというと、自然や、設備や、周囲の人などです。例えば自分をとり囲む「食料事情」、「自然」、「季節」、「スペース」、「気温」、「音」、「照明」、そのようなものが合わさった「生活環境」または「職場環境」といったものが、environmentです。living environment（生活環境）、working environment（労働環境）、learning environment（学習環境）。また、定冠詞theがついてthe environmentになると、水・空気・森林など、「自然環境」のことを指します。

climateは「気候」を表しますが(p.349)、「気候」のセンスから、環境に影響するような「風土」「雰囲気」に転じています。職場でのclimateといえば「職場風土」のことです。そこで働く人の意識や行動が影響するのが職場風土で、それは時間をかけて作られるものなので空調や照明のような「職場環境（environment）」、またはその場の「雰囲気（atmosphere）」のようには簡単には変えられません。

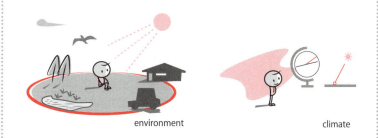

environment　　　　　　　　　　　climate

6. "入国審査で移民、ぐらっと"

- immigrant　移民
- migr-　移動する
- immigration, migrate

p.365のcommuteのmut-/mun-ともとは同じ語源ですが、形が違うので分けました。「外国から移住してくる」のがimmigrateで、「自国から他国に移住する」のがemigrate。国際空港の「入国審査」は"immigration clearance"で、その手続きは"immigration procedure"。その場所は"passport control"と表示されています。関連して、「難民」はrefugeeで、語呂で覚えるには：

　"扱いがあまりに理不尽、refugee"。

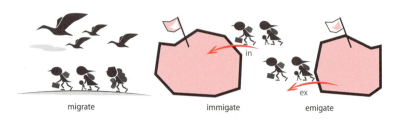

migrate　　　　　　　　immigate　　　　　　　　emigate

単語	主な訳語	ヒント
migrate* [máɪgreɪt]	動 移動する、移住する	場所を変える
immigrate* [ímɪgrèɪt]	動 (他国から)移住する	in(中)+migrate
immigration* [ìmɪgréɪʃ(ə)n]	名 入国、移民	-ion(名詞化)
immigrant* [ímɪgr(ə)nt]	名 移民、入植者	-ant(人)
emigrate* [émɪgrèɪt]	動 (他国に)移住する	ex(外)+migrate
refugee* [rèfjudʒíː]	名 難民、避難民	-ee(する人)

第9章 語呂という最終兵器

7. "朝委員に任命"

- assign　任命する
- sign-　印（しるし）
- resign, significant

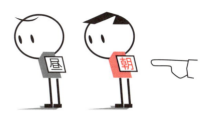

　語根 sign- を「印（しるし）」「表すもの」ととらえると同源語が理解しやすくなります。sign は「兆候」「表れ」や「標識」「看板」のような「印」。「向かって(ad) 印をつける」のが assign「割り当てる」「指定する」で、名詞形の assignment には「任務」「割り当て」の他「宿題・課題」の意味があります。入社した後に再びサインすると resign「退職」。significant は「印がついているように区別できる」というような意味の「重要な」「意味深い」。「いちじるしい」に「しるし」が入っているのも面白い偶然です。野球の DH（指名打者）は "designated hitter"。

単語	主な訳語	ヒント
sign* [saɪn]	名 表われ、前兆 動 署名する	
signature* [sígnətʃər]	名 署名、サイン	
assign* [əsáɪn]	動 割り当てる、任命する	ad（向けて）＋印をつける
resign* [rizáɪn]	動 辞任する	re（再び）
design* [dɪzáɪn]	名 デザイン 動 設計する	de（はっきり）＋印す
designate* [dézɪgnèɪt]	動 指名する	-ate（動詞化）
signal* [sígn(ə)l]	名 合図、しるし、信号	-al（形容詞化）
significant* [sɪgnífɪk(ə)nt]	形 重要な、重大な意味を持つ	-fic（為す）＋ant（名詞化）
sign language	名 手話	

第9章 語呂という最終兵器

8. "真実しゃべろう"

- ver-　真実
- very
- verify, verdict

　映画「ローマの休日」のシーンで知られる「真実の口」は "Bocca della Verità"（ボッカ・デラ・ベリタ）。イタリア語で「本当の」は vero。very という副詞は短いですが語根 ver- に "接尾辞 y" が付いたものです。verify は調査や比較によって「真実かどうかを確かめる」ことで、名詞形が verification。パソコンに "verifying" と表示されるときは、正常に動作しているかやデータ転送が正しく行われたかを照合によって検証していることを意味します。verdict は「真実＋dict（言う）」で、陪審員が下す「評決」や「決定」「判定」を意味します。その意味だと上で示した「語呂」は "真実しゃべろう verdict" として覚えられます。

verify

verdict

単語	主な訳語	ヒント
very [véri]	副 非常に	ver ＋ y
verify* [vérɪfài]	動 検証する	ver（真実）＋ fy（動詞化）
verification [vèrɪfɪkéɪʃ(ə)n]	名 検証、実証	-cation（名詞化）
verdict* [vɔ́:rdɪk]	名 評決、裁定	ver（真実）＋ dict（言う）

知恵の活用：違いがわかる！

▶「確かめる」「確認する」：check, confirm, verify ascertain, double-check

checkは最も一般的な「確認する」として使えて、広い意味を持ちます。checkはチェスの「王手」が原義のようで、最終的に「詰める」という感じです。

check

confirmは「com（完）＋ firm（しっかり）」ですから、「確固なものにする」つまり、「あるべき状態であることの念を押す」の意味。（p.96）

confirm

verifyは「照合する」のような意味の「確認する」。「調査や比較などにより、予測や想定などが合っていることを見つける」の意味の「検証する」。

verify

ascertainは、「ad（向かって）＋ cert（確か）」なので、「確度を上げる」の意味の「確かめる」(p.399)。情報を得ることで確度をあげるような意味です。

ascertain

double-checkは、「念には念を入れて」のような「確認する」です。

第9章 語呂という最終兵器

9. "詳細が出ている"

- detail 細部、詳細
- tail- 切る
- tailor, retail

　tail-は「切る」を意味します。「すっかり(de)切った」ものがdetail「詳細」です。布地を裁断する仕立て屋がtailor。tailorには動詞で「個別の目的に合わせて作る」の意味もあり、例えば"tailored program"はその目的に合わせて専用に作られたプログラム。「切り分けて売る」のがretail「小売りする」。語呂でいうなら

「小売商が売りあるいている　retail」。

tailor　　　　　retailer　　　　売りあるいている retail

単語	主な訳語	ヒント
detail* [díːteɪl]	名 細部、詳細	de(すっかり)＋tail(切った)
detailed* [díːteɪld]	形 詳細な	-ed(形容詞化)
tailor* [téɪlər]	名 仕立て屋 動 仕立てる	-er(する人)
tailored [téɪlərd]	形 注文仕立ての	-ed(形容詞化)
retail* [ríːtèɪl]	名 動 小売り(する)	re(すっかり)＋tail(切る)
retailer [ríːtèɪlər]	名 小売商人	retail＋er(する人)

356

知恵の活用：違いがわかる！

▶「丁寧な」：detailed, thorough, comprehensive, careful

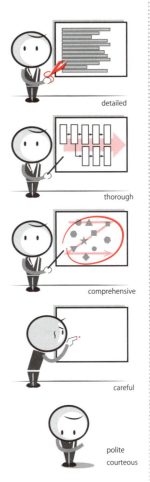

detailedのtailは「切る」の意味で、deは「徹底的に」なので、「細部にわたる」の意味の「丁寧な」の意味がが理解できます。

thoroughのthrは「通す」の意味なので（p.240）、「端から端まで全域にわたって」の意味で、ひとつひとつ念入りに注意が払われていることを表します。

全体に渡っていて包括的によく理解できるような「丁寧な」はcomprehensive「com（完全に）＋prehend（つかむ）＋ive（形容詞化）」です。

carefulは「careがfull」なので、考察や説明が「注意深く」慎重になされていることを表します。

同じ「丁寧」でも、内容でなくマナーや態度が丁寧なのはpoliteやcourteousです。politeはpolish（磨く）と同源で、「滑らかな」という感覚です。

357

第9章 語呂という最終兵器

10. "健康毛布を売るセラー"

- wholesaler　卸売業者
- whole, all, hol-　全
- health, holy

　retail が出たので wholesaler も挙げます。下記はどれも知っている単語だとは思いますが、漢字の「全」でイメージできます。"whole cake"の whole は「まるごとの」の意味で意味的にも音も all に近いです。healthy は「健康な」ですが、「全部整っている」の意味なので、体の健康だけでなく組織などが「健全な」という意味も表します。健康な状態にするのが heal で、healing は名詞で「癒し」。holy は「(神に使える)完全な状態にある」から「神聖な」で、holiday は「神聖な日」で「祝祭日」を表します。

単語	主な訳語	ヒント
whole [houl]	形 全体の　副 まるごと	
wholesaler [hóulsèɪlər]	名 卸売業者	whole(全) + sale
holistic [houlístɪk]	形 全体論の、全体観的な	
heal [hi:l]	動 治る、治す、癒す	万全にする
healing [híːlɪŋ]	名 形 癒し(の)	-ing(名詞化)
health [helθ]	名 健康、健全さ	-th(名詞化)
healthy [hélθi]	形 健康な、健全な	-y(形容詞化)
holy [hóuli]	形 神聖な	-y(形容詞化)
holiday [háːlədèɪ]	名 祝日	holy + day

11. "トラ引く邪魔で交通渋滞"

- traffic jam　交通渋滞
- trans-　越える、「交」
- tradition, transport

　trans-という接頭辞は「越えて」のような意味。translateは言語を「越えて変える」ことで、transformは形を越えて「変形」します。trafficのtra-はtransのことで、traditionのtra-も同様。jamはたまたま「邪魔」の音に似ています。transit、transfer、transportなど交通に関わる語が並びます。trans-はアルファベット「X」で略されることがありますが、漢字の「交」にもXが隠れていますね。

単語	主な訳語	ヒント
traffic* [træfɪk]	名 交通 動 売買をする	trans＋fic（為す）
tradition** [trədíʃ(ə)n]	名 伝統、慣習	（先祖から）引き継がれた
transfer* [trænsfə́ːr]	動 移す、乗り換える 名 転勤	trans（越えて）＋fer（運ぶ）
transit* [trǽnsət]	名 動 運送、通過（する）	trans（越えて）＋it（行く）
transition* [trænzíʃ(ə)n]	名 推移、移行、過渡期	-ion（名詞化）
transport* [trǽnspɔːrt]	名 輸送機関 動 輸送する	trans（越えて）＋port運ぶ
transaction* [trænsǽkʃ(ə)n]	名 取引、交流	trans（越えて）＋act
transform* [trænsfɔ́ːrm]	名 一変させる、一変する	trans（越えて）＋form（形）
transparent* [trænspǽr(ə)nt]	形 透明な	trans（越えて）＋parent（見える）
transceiver [trænsíːvər]	名 トランシーバー	trans（越えて）＋ceive（受ける）
transfuse [trænsfjúːz]	動 輸血する	trans（越えて）＋fuse（注ぐ）

第9章 語呂という最終兵器

12. "彼には疾患あるんだそうだ"

- **disorder** 不調、異常、疾患
- **order-/ordin-** 順序
- **ordin**ary, co**ordin**ate

orderは野球の「バッティングオーダー」でわかる通り「順序」。否定の**dis**がつく**disorder**は「無秩序」。**ordinary**は「普通の順序」で「平凡な」。逆に平凡から外れる(**extra**)と**extraordinary**「並外れた」。「下」を意味する**sub-**がつくと「序列が下」の**subordinate**「部下」。熟語の"in order to 〜"は「〜するために」の意味なのですが、**order**を「コトの順序」ととらえれば理解しやすいです。

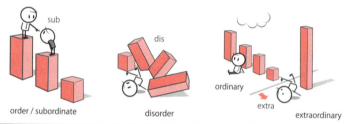

単語	主な訳語	ヒント
order [ɔ́ːrdər]	名動 順序、規律、指示（する）、注文（する）、順序	
sub**ordin**ate* [səbɔ́ːrdɪnət]	名 下位の 名 部下	sub（下）＋順序→序列が下
dis**order*** [dɪsɔ́ːrdər]	名 障害、混乱、無秩序	dis（否）＋秩序
out of **order**	故障して	
ordinary [ɔ́ːrd(ə)nèri]	形 普通の、平凡な	-ary（形容詞化）
extra**ordin**ary [ɪkstrɔ́ːrd(ə)nèri]	形 並外れた	extra（外側）＋平凡
co**ordin**ate* [kouɔ́ːrd(ə)nèrt]	動 順序良く整理する、調和させる	共に(co)＋順序＋ate（動詞化）

知恵の活用：違いがわかる！

▶「普通の」：common, ordinary, regular, normal, typical

common（p.279）は、「共に持つ」ということですから「共通する一般性」のことです。その意味で「普通の」「ありふれた」という意味です。

common

ordinary は order ＝順序 から来ているので、「きちんと並んだ」というところから、奇抜じゃなくて「平凡な」「並みの」という意味での「普通」です。

ordinary

regular の reg- は「まっすぐ」が原義で（p.46, 227）、定規で測ったような「規則的な」とか「一定の」とか「不変の」「いつもの」「通常の」または「定期的な」「定例の」という意味です。

regular

normal の norm は「物差し」というのが語源で、「標準的な」、または異常ではなくて「正常な」のような意味を表します。平均や基準から外れない、規格内の感じのものが normal です。外れたものは abnormal。

normal

typical は「ごく普通の」「典型的な」「いつもの」という意味です。見てわかるように type のファミリー語ですから、「判で押したような」というイメージが持てます。

typical

13. "うわべだけでも調査するべえ"

- **survey** 調査(する)
- **vis-/vid-** 見る
- **vis**ual, **vis**ible, e**vid**ence

　viewやvis/vidが「見る」の意味だというのは知られていると思います。形は少し違っていますがsurveyのveyもその仲間。sur-はsurface（表面）のsur-と同じで「上から」の意味で(p.68)、surveyは「上から（さーっと）見る」こと。概要把握のためのアンケートなどでの意見調査や、地形測量などの意味で使います。evidenceは「e（出）＋vid」で「はっきりと見えるもの」から、「証拠」「痕跡」の意味になります。

evident

supervise

provide

単語	主な訳語	ヒント
surv**ey*** [sərvéɪ]	動名 調査(する)、測量(する)	上から（さーっと）見る
visual* [víʒu(ə)l]	形 視覚の	-al（形容詞化）
view* [vjuː]	名 見方、見解、視界	
visible* [vízəb(ə)l]	形 目に見える、明らかな	-ible（できる）
e**vid**ent* [évɪd(ə)nt]	形 明白な、明らかな	e（出）＋見える
super**vis**e* [súːpərvaɪz]	動 監督する、管理する	super（上から）＋見る
re**vis**e* [rɪváɪz]	動 改訂する	re（再び）＋見る
pro**vid**e* [prəváɪd]	動 提供する	pro（前もって）＋見る
pro**vis**ional [prəvíʒ(ə)n(ə)l]	形 仮の、暫定の	provide＋ion＋al

知恵の活用：違いがわかる！

▶「調べる」：survey, inspect, research, examine, consult

surveyは、アンケートのような手法で人の意見を求めることや、状況や概況を調べることなどです。

inspectは「中(in)を見る(spect)」で、あるべき状態に対して異常が無いか、またはどこがどうおかしいかなどを検査・診断する動作を言います。(p.300)

investigateの語源は「足跡をたどる」というようなもので、事象や問題における真実や原因を究明しようとするという意味です。(p.320)

researchは「re(繰り返し)＋search(探し回る)」で、新事実を発見したりアイデアを生み出すために時間をかけて研究する行為です。(p.157)

examineは「正確に重さを測る」が原義です。データや記録を調べたり、指紋を調べたりするイメージにつながります。

辞書やウェブサイトなどを使って単語の意味などを「調べる」場合はconsultを使います。 consult a website for information（情報を求めてウェブを調べる）

survey

inspect

investigate

research

examine

第9章 語呂という最終兵器

14. "まるで問答無用のdemand"

- demand　需要、要求
- mand-　ゆだねる
- command, recommend

　供給(supply)に対して「需要」はdemand。demandは「完全に(de)ゆだねる(mand)」からこの意味です。"on demand"のonは「〜次第」「〜に応じて」の意味で、「要求に応じるサービス」。commandも似ていて「命令」の意味で、IT用語として目にします。recommendは「推薦する」。mandateは「命令」で、mandatoryは「義務的な」。"mandatory education"は「義務教育」。

オススメmandの介
(早乙女主水之介)

recommend

mandころ

mandate

単語	主な訳語	ヒント
demand [dɪmǽnd]	名 需要 動 要求する	de(完全に)＋mend(ゆだねる)
demanding [dɪmǽndɪŋ]	形 大変な努力を要する	-ing(形容詞化)
command [kəmǽnd]	名 動 命令(する)	con(完全に)＋mend(ゆだねる)
commend [kəménd]	動 賞賛する、勧める	
recommend [rèkəménd]	動 推薦する	re＋commend(勧める)
mandate [mǽndeɪt]	名 権限、命令 動 強制する	-ate(動詞化)
mandatory [mǽndətɔ̀ːri]	形 義務的な、強制的な	-ory(形容詞化)

第9章 語呂という最終兵器

15. "混むと変える通勤経路"

- commute　通勤、通学
- mut-/mun-　変わる、移動する
- mutual, communicate

　mut-/mun-という語根は「変わる」の意味で、SF映画などで出てくるmutantは「突然変異体」。新型コロナのニュースで出てくる「変異株」は"mutant strain"。「免疫」はimmunityで、「im（ない）＋mun」で「受け入れない」から。commuteは「行ったり来たり」ととらえれば「通勤・通学」やcommunicationが理解できます。mun（民）の説明のmunと語源は同じです（p.279）。

mutual　　　　　communicate　　　　　in immune

単語	主な訳語	ヒント
mutant [mjúːt(ə)nt]	名 突然変異体	-ant（名詞化：するもの）
mutual* [mjúːtʃu(ə)l]	形 相互の、共有する	-al（形容詞化）
commute* [kəmjúːt]	動 名 通勤・通学（する）	「行ったり来たり」
commune [kəmjúːn]	動 親しく交わる	
communication** [kəmjùːnɪkéɪʃ(ə)n]	名 伝達、意思疎通	-ation（名詞化）
immune* [ɪmjúːn]	形 免疫がある	攻撃を受け入れない（im）
immunity [ɪmjúːnəti]	名 免疫	-ity（名詞化）

第9章 語呂という最終兵器

16. "何でも引き出すドラえもん"

- draw 引く
- dra-/tra- 引っ張る
- withdraw, train, contract

「引き分け」はdraw。drawは「引っ張る」の意味で、「描く」の意味は「線を引っ張る」イメージなので、色を塗って描くことを表すpaintとの違いがわかります。drawerは「引き出し」で、withdrawは「引っ張り出す」「(お金を)引き出す」の他に「(前言を)引っ込める」の意味も。このwith-は「いっしょ」というよりwithstand「耐える」と同様に、「対して／逆らって」のような意味です。draftも「引く」から「下書きを書く」。"draft beer"は樽から直接「引く」ビール。tra-も同族で、「引く」を意味する語がたくさんあるので次ページに挙げます。

draw　　　　　　　　　withdraw　　　　　　　　drag

単語	主な訳語	ヒント
draw* [drɔː]	動 引く、描く	
withdraw* [wɪðdrɔ́ː]	動 引き出す、引っ込める	with(対抗して)＋引く
withdrawal* [wɪðdrɔ́ː(ə)l]	名 取りやめ、撤退	-al(名詞化)
draft* [dræft]	名 下書き	「引く」
drag* [dræɡ]	動 引きずる	

単語	主な訳語	ヒント
tractor* [trǽktər]	名 牽引トラック	-or（するもの）
train [trein]	名 列車 動 訓練する	引っ張る
track [træk]	名 路、走路、軌道、線路 動 跡をたどる	
trace [treis]	動 たどる、捜し出す	足跡をたどる
contract [ká(:)ntrækt]	名 動 契約（する）	共に（con）引き合う
treat [tri:t]	動 扱う 名 ごほうび	取引き
trade [treid]	名 取引 動 貿易する	「取引き」
trailer* [tréilər]	名 トレーラー	（車で引っ張られる）
truck [trʌk]	名 トラック、貨車	別語源（車輪）
trench* [tren(t)ʃ]	名 溝、堀、塹壕	別語源

第9章 語呂という最終兵器

17. "構築すると楽じゃ"

- structure　構造
- struct-　築く
- construction, instruction

　語根struct-は「築く」「積み重ねる」で、structureは「構造」「構造物」「構築する」。constructは「建設する」で、「建設的な意見」などというときには形容詞のconstructiveを使います。ネットなどで目にする"under construction"は「工事中」。destroyにはde(反対、下す)がついているので「破壊する」。

　語彙を増やすには、"**単語のネットワークを「構築すっと楽じゃ」**"。

単語	主な訳語	ヒント
structure [stríktʃər]	名 構造、構造物	struct(築く)＋ure(名詞化)
restructure [rìːstríktʃər]	動 再構築する	re(再)＋structure
instruction [ɪnstrʌ́kʃ(ə)n]	名 指示、取扱説明書	「(頭の中に)積み上げる」
construction [kənstrʌ́kʃ(ə)n]	名 建設、建設工事	con(共に)＋積み重ねる
constructive [kənstrʌ́ktɪv]	形 建設的な、前向きな	-ive(形容詞化)
obstruct [əbstrʌ́kt]	動 妨害する	ob(対抗して)＋築く
destruction [dɪstrʌ́kʃ(ə)n]	名 破壊、破壊行為	de(反対)＋struct(築く)
destructive [dɪstrʌ́ktɪv]	形 破壊的な	destructionの形容詞形
destroy [dɪstrɔ́ɪ]	動 (建物などを)破壊する	destructionの動詞形
instrument [ínstrəmənt]	名 器具、楽器	in(中に)＋積む
industry [índəstri]	名 産業	「内部に作る/築く」
infrastructure [ínfrəstrʌ̀ktʃər]	名 インフラ	infra(下に)＋築く

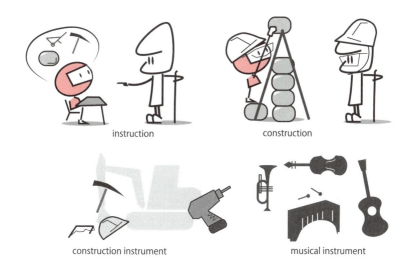

instruction   construction

construction instrument   musical instrument

知恵の活用：似ている単語を見極める

obstructとabstractは、形は似ていますが、構成も意味もまったく異なります。

obstructは「ob（向かって、対抗して）＋struct（築く）」なので、「妨害する」「妨げる」の意味です。サッカーなどのスポーツ競技で妨害行為の反則を「オブストラクション」と呼びます。

obstruct

abstractは「abs＋tract」でできていて、「abs（離して）＋引っ張る（tract）」（p.366）。「具体から引き離す」という意味から「抽象的な」「概念的な」の意味になり、詳説ではない「（論文などの）要旨、概要」の意味にもなります。

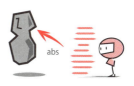

abstract

第9章 語呂という最終兵器

18. "「こんでもダメじゃ」と非難され"

- condemn　非難する
- damn-　損害
- damage, damn

ラテン語 damnum は「損害」の意味で、damage はこれに由来します。日本語の「ダメ」にからめて記憶すれば簡単。condemn は「完全に(con)ダメだと言う」ととらえれば記憶に残りやすいです。damn も同源で、間投詞として「くそっ」の意味で使われます。

単語	主な訳語	ヒント
damage [dǽmɪdʒ]	名 動 損害(を与える)	-age (名詞化)
damn [dæm]	間 くそ 形 忌まわしい	損害を与える
condemn [kəndém]	動 非難する	con(完全に)＋損害を与える
indemnify [ɪndémnɪfàɪ]	動 (損害などを)賠償する	in(否)＋demn＋fy(動詞化)

370

:::知恵の活用：違いがわかる！
▶「壊す」：break, damage, destroy, demolish
:::

breakは「壊す」の一般語で、訳語で言えば「壊す」の他、「破る」「割る」「折る」「砕く」などさまざまですが、どれも「1つのものを2つ以上に分裂させる」という意味で共通しています（p.36）。

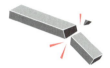
break

damageのdamnは「損害」の意味で、damageは、力を与えて、その物の価値や機能を下げたり、健康や環境などに悪影響や被害を与えることを言います。

damage

destroyはstructureを完全に「下す（de）」というイメージで、災害などによって建物や町や森林などを完全に「破壊」することを言います。（p.368）

destroy

demolishは堅い言い方で、建物などを跡形もなく解体すること。deはdestroyと同じで「下す」。molは巨大構造物を意味します。

demolish

第9章 語呂という最終兵器

19. "この補償で「勘弁せい」と"

- compensate　補償する
- (s)pend-　支払う
- spend, expensive

pend-（p.306）はもともと「引っ張る」という意味の祖語*(s)pen-に由来し、「引っ張る」の意味では同族語のspanでイメージできます。spendはexpendのeの消失形と言われていて、お金の流れを「引っ張る」「引っ張り出す」とイメージするとspendやexpenseが理解できます。銀行のATMは"cash dispenser"。

単語	主な訳語	ヒント
span* [spæn]	名 期間、距離、スパン	「引っ張る」
expend* [ɪkspǽnd]	動 費やす、消費する	お金をex（外に）+引っ張る
spend* [spend]	動 （金・時間を）費やす	expendのe消失
expense* [ɪkspéns]	名 費用、出費	expendの名詞形
expensive* [ɪkspénsɪv]	形 高価な	-ive（形容詞化）
expenditure* [ɪkspéndɪtʃər]	名 支出額、費用、経費	expendの名詞形
compensation* [kɑ̀(ː)mpə(ə)nséɪʃ(ə)n]	名 補償、賠償金	con（共に）+pens→「釣り合わせる」
dispense* [dɪspéns]	動 分配する、与える	dis（出す）+pense

「年金」を表すpensionも「支払い」の意味からで、「宿泊施設」の意味はフランス語からで、これも「食事代の支払い」から。compensateは「共に(con)＋払う」から「補償する」の意味です。

pension

pension

単語	主な訳語	ヒント
pension: [pénʃ(ə)n]	名 年金、恩給	「支払い」
pension* [pɑːnsjóun]	名 ペンション	「食事代の支払い」から

知恵の活用：違いがわかる！

▶「費用」：costとexpense

costは「co（共に）＋ st（立つ）」(p.200)で、得た物品やサービスと「共に立つ」つまり「釣り合う対価・代価」というような成り立ち。「費用」の意味では「ある取引での対価」なので可算名詞としての使用が多いです。お金に限らず「共に立たせる」ための「代償」「犠牲」の意味でも使われます。

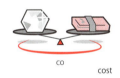
cost

expenseは「外に（ex）支払う（pend）」なので「出ていくお金」。その意味でcostと重なりますが、「費用」の意味では通常は不可算で、costが表す「個々の取引での対価」というより、事業活動上の収益を表現するようなときの「経費」ととらえることができます。

expense

第9章 語呂という最終兵器

20. "改正するのがあー面倒"

- amend　修正する
- mend-　直す
- amendment

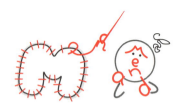

　mendはamendのaが消失してできた語で、どちらも「正す」「直す」の意味。amendが法律などを修正したり改正したりすることであるのに対して、mendは洋服などを繕ったり、ものの簡単な修理をしたりすることを表します。emendは文書などを「校訂・訂正する」。amendのaは「外す」の意味で、もともとはmendは「誤り」の意味だったようで、つまり「誤りを外す」です。なのでamendとemendは似た意味になります。やっぱりmendは「面倒な誤り」なのですね。

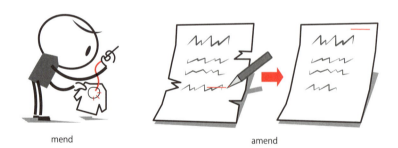

mend　　　　　　　　　amend

単語	主な訳語	ヒント
amend* [əménd]	動 修正する、改正する	「誤りを外す」
amendment* [amén(d)mənt]	名 修正、訂正	-ment（名詞化）
mend [mend]	動 修繕する	
emend [ɪménd]	動 （文書などを）校訂する	mend（誤り）を出す（ex）

知恵の活用：違いがわかる！

▶「改める」「直す」：amend, remedy, rectify, mend, repair, fix

amend は法律などを改正したり、誤りを改めること。

remedy の med は medical の med で「再び（re）＋ med（癒す・治療する）」。問題のある状況を改善したり、病気を改善したりする場合に使います。

rectify の rect は correct の rect と同じで「right（正しい）」（p.333）。動詞化する接尾辞の –ify が付いて rectify は問題・状況などを訂正することを表します。

mend は衣服の穴など、構造の簡単なものの修繕や直しをすること。「めんどうじゃない」ものを直すのが mend ということになります。

repair は技術を使って壊れた機械などを元通りに戻すこと（p.346）。物だけでなく人間関係・状況や、身体の治療にも使います。

fix は「整える」のような意味で広く使われ、「修理する」の意味では repair よりもくだけた言い方。「機能するようにする」という意味で機械にも人間関係などにも、また「問題解決」の意味でも使えます。

第9章 語呂という最終兵器

21. "お泊り施設でアッコもデート"

- accommodation　宿泊施設
- mod-　型・枠、基準・尺度
- moderate, modest

　accommodateの名詞形であるaccommodationの訳語は「宿泊・収容施設」「収容能力」など。動詞のaccommodateは、「ad（向かって）＋con（いっしょに）＋mod（型）＋ate（する）」の構成」。このmodはmodel「模型」のmodで、「型・枠」の意味。なのでaccommodateは言ってみれば「いっしょに枠におさまる」の意味から「収容できる」で、その名詞形が「宿泊施設」の意味になることも理解できます。モジュール（module）は教材や装置などのセットのこと。

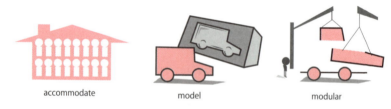

accommodate　　　model　　　modular

単語	主な訳語	ヒント
accommodate* [əkɑ́(:)mədèɪt]	動 収容できる	ad（向かって）＋con（共に）＋枠
accommodation* [əkɑ̀(:)mədéɪʃ(ə)n]	名 収容能力、宿泊施設	-ation（名詞化）
model* [mɑ́(:)d(ə)l]	名 模型、モデル、型、手本	
mode* [moud]	名 モード、様式	
module [mɑ́(:)dʒuːl]	名 モジュール	
modular [mɑ́(:)dʒ(ə)lər]	形 モジュール式の	-ar（形容詞化）

「型」「基準」に合わせようとすることにもmod-が使われます。**moderate**は「基準に合うように調整された」ということで「適度の」という意味でになり、**modest**も「型にはまって尺度に合った」ということで「はみ出していない」つまり「謹み深い」という意味。**modulate**も「尺度に合わせて調子をそろえる」ということですし、**modify**も「合うように修正する」という意味です。**modern**というのは「今の尺度の」ということで、「現代の」「現代的な」という意味に使われます。

accommodateのacを外して名詞化のityをつけたのが**commodity**「日用品」「必需品」。「メーカーに関わらずどれを取っても同じような商品やサービス」のような意味で使われ、「型にはまった品物」と考えれば意味が理解できます。

moderate exercise

modest

modify

commodity

単語	主な訳語	ヒント
moderate* [má(:)d(ə)rət]	形 適度の　動 穏やかにする	「枠から出ない」
modest* [má(:)dəst]	形 謙虚な、控えめな	「尺度の範囲内」
modulate [má(:)dʒəlèɪt]	動 調整する	module + ate（形容詞化）
modulation [mà(:)dʒuléɪʃən]	名 調節、調整	modulate + ion（名詞化）
modify* [má(:)dɪfàɪ]	動 修正する	-fy（動詞化）
modern* [má(:)dərn]	形 現代の、近代的な	「今の尺度」
commodity [kəmá(:)dəti]	名 日用品	con（同じ）「型にはまった」

22. "捨てんじいさん、ケチだから"

- stingy　けちな
- stinct-　刺す、突き刺す
- distinct, extinct

　stingは「刺す」。元はstickの仲間です (p.203)。stingyは「刺すように鋭い」→「ケチ」。裁縫のstitch「ステッチ、縫い目」も「刺す」感覚でとらえられます。stimulateは「刺激する」。instinctは「なんとなく内部感覚 (in) を突っつかれる」意味の「本能」です。

sting　　　　　　stimulate　　　　　　instinct

単語	主な訳語	ヒント
sting* [stɪŋ]	動 (虫などが) 刺す	
stingy [stín(d)ʒi]	形 けちな	-y (形容詞化)
stitch* [stɪtʃ]	名 ひと針、縫い目	「刺す」
stimulate* [stímjəlèɪt]	動 刺激する	-ate (動詞化)
stimulus* [stímjələs]	名 刺激、刺激物	「突っつく」
instinct* [ínstɪŋ(k)t]	名 本能	「(心に) 刺す」

環境問題でよく出る**extinction**は「突き刺して外に（ex）出される」感じで「絶滅」。**distinct**は「つついて外に（de）分けられる」から「まったく異なった」の意味。消火器は"fire extinguisher"で、火を追い出すイメージから覚えられます。

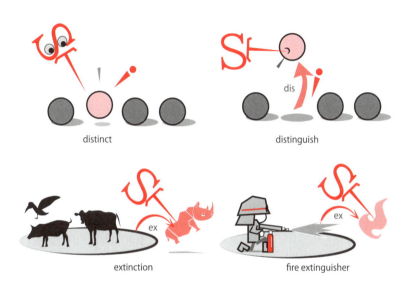

単語	主な訳語	ヒント
di**stinct**＊ [dɪstíŋ(k)t]	形 別個の、はっきりした	突いて＋分けられる（dis）
di**stin**guish＊ [dɪstíŋgwɪʃ]	動 識別する、区別する	「突いて分ける」
ex**tinct**ion＊ [ɪkstíŋ(k)ʃ(ə)n]	名 絶滅、消滅	突いて＋出す（ex）
ex**tin**guish＊ [ɪkstíŋgwɪʃ]	動 消火する、絶滅させる	突いて（sting）＋出す（ex）

第9章 語呂という最終兵器

23. "年に一回、兄にやる"

- annual　年1回の
- anni-, annu-　年
- anniversary

　"annual income"は「年収」、"annual report"は「年次報告書」。annualは「年一回の」を表し、annu-は「年」の意味です。anniversaryのvers-は「回る」を表すので(p.328)、anniversaryは「1年ぐるりと回った」という意味での毎年の「記念日」「命日」。"golden anniversary"は50周年記念日で、"silver anniversary"は25周年記念日。

　「記念日に、兄バンザイ」anniversary

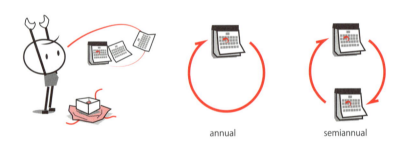

単語	主な訳語	ヒント
annual [ǽnju(ə)l]	形 年1回の	-al (形容詞化)
annually [ǽnju(ə)li]	副 年に一度	-ly (副詞化)
anniversary [æ̀nɪvə́ːrs(ə)ri]	名 (毎年の)記念日	anni (年) + vers (回る)
semiannual [sèmiǽnju(ə)l]	形 年に2回の	semi (半) + annual
annuity [ənjúːəti]	名 年金	「定期的に払われる」

380

第9章 語呂という最終兵器

24. "体をねじって父さん寝る"

- torsional　ねじりの
- tort-　ねじる
- tornado, torque

tr-が「くるりと回る」を意味することは前述しました(p.206)が、「ねじる」「よじる」を意味する"tr"もたくさんあります。torch「トーチ」「たいまつ」は布をねじったものに火をつけたことから付いた名のようです。トルク(torque)とは、回転軸に対してねじる力の強さのこと。torture「拷問」は誰かの体をねじることを連想させて覚えられます。

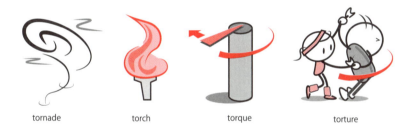

tornade　　　torch　　　torque　　　torture

単語	主な訳語	ヒント
torsion [tɔ́:rʃ(ə)n]	名 ねじること、ねじれ	-ion（名詞化）
torsional [tɔ́:rʃ(ə)n(ə)l]	形 ねじりの	-al（形容詞化）
tornado [tɔ:rnéidou]	名 トルネード、竜巻	
torch [tɔ:rtʃ]	名 たいまつ、懐中電灯	布をねじったもの
torque [tɔ:rk]	名 トルク	ねじる力の強さ
torture [tɔ́:rtʃər]	名 拷問、苦悩	「とうちゃん」ひねる
distort [distɔ́:rt]	動 ゆがむ、ゆがめる	dis（すっかり）

25. "ママは素材でこまっている"

- material　材料、資料
- mater-　母、産む
- maternity

　material「材料、資料」はmother「母」と同源の語で、「母材」という日本語と関連して覚えることができます。同源語のmatterは名詞では「事柄」、動詞では「重要である」です。名詞は「解決すべき事柄」、つまり「待ったなし」のissueに対して、「こまった」ことではあるものの「待った(matter)なし」の度合いが低い単なる「事柄」がmatter。上のイラストでは「ママのmatter(問題)はmaterial(素材)」なのでしょう。

　「父」に関連する語も下に挙げておきます：
「見てみぬふりが父のパターン」pattern

単語	主な訳語	ヒント
material [mətíəriəl]	名 服地、材料、資料	「母材」で連想
matter [mǽtər]	名 事柄 動 重要である	"Black Lives Matter."
maternity [mətə́:rnəti]	名 妊婦のための、母性	
maternal [mətə́:rn(ə)l]	形 母親らしい、母の	-al(形容詞化)
paternal [pətə́:rn(ə)l]	形 父親らしい、父の	-al(形容詞化)
pattern [pǽtərn]	名 型、模様、模範	「父(patter)のような手本」
patriot [péitriət]	名 愛国者	
patron [péitr(ə)n]	名 後援者	父のように守ってくれる

第9章 語呂という最終兵器

26. "自主にまかせて夫に飲ます"

- autonomous　自主的な
- auto-　自己の、自動車
- autograph, automobile

auto-というと近年では「自動車」を意味することも多いですが、これはautomobile「自動車」からきたもので、もともとのauto-は「自らの」「自己の」の意味です。autonomousは「(人が)自立した」「自律的な」や、「(団体などが)自治権のある」の意味の形容詞です。

「自律走行、夫のマウス」autonomous

いや、マウスが勝手に・・・

単語	主な訳語	ヒント
autonomous [ɔːtá(ː)nəməs]	形 自治権の、自立した	auto(自ら)＋管理
autonomy [ɔːtá(ː)nəmi]	名 自治国家、自律性	auto(自ら)＋管理
automatically✴ [ɔːtəmǽtɪk(ə)li]	副 自動で、無意識に	auto(自ら)＋動く
autograph [ɔ́ːtəgræf]	名 (有名人の)サイン、自筆	auto(自ら)＋書く
autocracy [ɔːtá(ː)krəsi]	名 独裁政治、独裁国家	auto(自己の)＋cracy(権)
automobile✴ [ɔ́ːtəmoubìːl]	名 自動車	auto(自ら)＋mobile(動く)
automaker [ɔ́ːtəmèɪkər]	名 自動車メーカー	automobile＋maker
autobahn [ɔ́ːtoubɑ̀ːn]	名 (ドイツの)高速道路	bahn(道)

27. "あの味に似てらあ、心に染みらあ"

- similar 似ている
- simil- 似ている、同じに近い
- resemble, simulate

　sameは「同じ」(次ページ)。「同じではないけどそれに近い」のがsimilarやresemble。「似たもの」にしようとする手法がsimulateで名詞形がsimulation。似たものが集まるのがassembleでassemblyは「集会」「議会」、「組み立て」。「似たものを作って(fac)送る」のがFAXことfacsimile。

よく似たサムライ　similar　　　simulation　　　assemble

単語	主な訳語	ヒント
similar [símələr]	形 似ている	同じ + ar (ような)
similarity [sìməlǽrəti]	名 類似、相似点	-ity (名詞化)
simulate [símjəlèɪt]	動 疑似的に作る	-ate (動詞化)
simulation [sìmjəléɪʃ(ə)n]	名 模擬実験	-ion (名詞化)
resemble [rizémb(ə)l]	動 似ている	re (強調)
assemble [əsémb(ə)l]	動 集まる、組み立てる	ad (向かって)
assembly [əsémbli]	名 議会、集会、組み立て	
facsimile [fæksím(ə)li]	名 ファックス	似たものを fac (作る)

第9章 語呂という最終兵器

28. "ふたり同時にサイ見る手に汗"

- simultaneous　同時の
- sim-　同じ、ひとつ
- assimilate

　similarの続きです。sameは「同じ」。これはsimpleのsimやsingleのsinといっしょで「同じ」または「1つ」。「同じに（似たように）見える」のがseem。同時に起こるのがsimultaneousで、"simultaneous interpretation"は「同時通訳」。同じものにするのがassimilate「同化する」。

same　　　　　　simultaneous　　　　　　assimilate

単語	主な訳語	ヒント
same [seɪm]	形代副 同じ	
simple [símp(ə)l]	形 簡単な	「重なりがひとつ」(p.182)
single [síŋg(ə)l]	形 1つの、個々の	
seem [siːm]	動 ～のように見える	
simultaneous* [sàɪm(ə)ltéɪniəs]	形 同時の	
simultaneously* [sàɪm(ə)ltéɪniəsli]	副 同時に、一斉に	-ly（副詞化）
assimilate* [əsíməlèɪt]	動 同化する	ad（向かって）+ sim（同じ）

385

第9章 語呂という最終兵器

29. "みんなの揃いで固いのです"

- solid　固体の、固い
- sol-　完全な、全体
- consolidate, solider

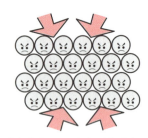

　全部が揃って締め固まっているような「固い」「完全な」のイメージです。solidは「固体」（液体はliquid、流体はfluid、気体はgas）。また、詰まっていない「中空」はhollowです（p.257）。consolidateは「共に（con）固まる」から組織などが「統合する」。solidは「薄っぺらでなくがっちりした」ことから「金貨」も表して、soldierはローマ時代の「給料（金貨）で雇われて戦う人」から「兵士」を表すようになりました。

consolidate

solidarity

solider

単語	主な訳語	ヒント
solid* [sá(:)ləd]	形 固体の、固い	
solidify [səlídɪfài]	形 強固にする	-ify（動詞化）
solidity [səlídəti]	名 硬さ、堅実さ	-ity（名詞化）
solidarity [sà(:)lədǽrəti]	名 団結	-ity（名詞化）
consolidate [kənsá(:)lɪdèɪt]	動 強固にする、統合する	con（共に）＋固まる
soldier* [sóuldʒər]	名 軍人、兵隊	雇われて戦う人
solemn* [sá(:)ləm]	形 重々しい、厳かな	
solicit* [səlísɪt]	動 懇願する	soli（全体）＋cite（駆り立てる）

知恵の活用：違いがわかる！

▶「固い」「硬い」：hard, firm, solid, stiff

hardは、圧力・衝撃などの外力に耐え、「削れない、つぶれない、へこまない、欠けない」ような「かたさ」を表す、「かたい」という意味の一般語です。

hard

firmは「強固な」が原義で、物や土台などが強固であったり、しっかり固定されていることを表します（p.96）。ただ、クッションや筋肉や果物など、もともと硬いことが良いことではないないものについては「カチンカチン」や「がっちがち」である必要なく、「引き締まった」「しっかりしている」という状態を意味し、良い意味で使われることが多いです。

firm

solidは、穴や空洞や割れ目がない固さを表し、構造が頑丈でびくともしないようなイメージです。抽象的には「手堅い」「確固たる」という意味でも使います。

solid

stiffは、弾力性がなく、容易に曲がらないことや容易に動かないことを表します。重労働をした後で、体全体が痛くて硬くなり動かせないようなこわばった状態も表します。（p.203）

stiff

第9章 語呂という最終兵器

30. "数ある偶然"

- casual 偶然の
- cas-/cid- 降ってくる
- case, occasion

　cas-は「降ってくる」「落ちる」の意味の語根です。casualは「降りかかった」から「偶然の」が原義。caseは「降ってくる」の意味から「場合」の意味に。chanceも同源で「偶然」「可能性」「機会」の意味で、類語のopportunityより「偶然」の意味合いが強くなります。公園にある、水が流れ落ちる「小滝」はcascadeで、動詞で「情報を次々に伝達する」の意味もあります。

case　　　　　　　chance　　　　　　　cascade

単語	主な訳語	ヒント
casual* [kǽʒuəl]	形 カジュアルな、偶然の	「偶然の」が原義
casually [kǽʒuəli]	副 気軽に、たまたま	-ly（副詞化）
casualty* [kǽʒuəlti]	名 (事故・災害の) 被害者	-ity（名詞化）
case : [keɪs]	名 事例、場合	降ってくる→出来事
chance : [tʃæns]	名 可能性、機会	降ってくる
occasion : [əkéɪʒ(ə)n]	名 機会、場合	ob（向かって）落ちる
cascade [kæskéɪd]	名 (数段から成る)小滝、情報の連続的な伝達	

第9章 語呂という最終兵器

31. "隕石ドーンと incident" 事件

- incident　事件
- cid-/cas-　降ってくる
- coincident, accident

cid- も cas- と同様、「降ってくる」。accident は「降ってくる」ような予期せず起こる良くない出来事で、人の意思によって起こるような犯罪には用いず、incident は小事件や犯罪を含む事件を表します。「いっしょに (co) 起こる」のが coincident「偶然の」。decay も同源で、「下に落ちる」「悪くなる」から「腐敗する」。音楽用語で decay は音量が徐々に下がっていくこと、つまり「減衰」を表します。

incident　　　　　accident　　　　　coincident

単語	主な訳語	ヒント
incident* [ínsɪd(ə)nt]	名 出来事、事件	in (上に) ＋降ってくる
incidentally* [ìnsɪdént(ə)li]	副 ついでにいえば	-al (形容詞化) ＋ ly (副詞化)
accident* [ǽksɪd(ə)nt]	名 事故、偶然	ad (向かって) ＋降ってくる
coincident [kouínsɪd(ə)nt]	形 同時に起こる、一致して	co (共に) ＋起こる
coincidence* [kouínsɪd(ə)ns]	名 (偶然の) 一致	
decay* [dɪkéɪ]	動 名 腐敗 (する)	de (下に) ＋ cay (落ちる)

第9章 語呂という最終兵器

32. "旅程に沿って行って乗り降り"

- itinerary　旅程
- it-　行く
- exit, circuit

　海外旅行や出張で出てくるこのitineraryという語はなかなか覚えにくいです。一発で覚えらる語呂を考えてみました。このitはvisitやexitの「行く」の意味で、それを知れば少しは楽になります。visitのvisは「見る」(p.362)ですから、visitは単に「行く」ではなくて「見に行く」の意味。「くるりと(circ)く行く」のがcircuitで「越えて(trans)行く」のがtransit。initialは「中に(in)行く」から「初めての」で、「始める力」を表すのがinitiative（自発性、率先、新提案）です。

単語	主な訳語	ヒント
itinerary [aɪtínərèri]	名 旅程(表)、旅行計画	
visit * [vízət]	動 訪問する	vis(見に)＋行く
exit * [éɡzət]	名 出口　動 退去する	ex(外に)＋行く
circuit * [sə́ːrkət]	名 回路、周回、サーキット	circ(くるり)＋行く
orbit * [ɔ́ːrbət]	名 (天体などの)軌道	orb(円)＋行く
transit [trǽnsət]	名動 運送、通過(する)	trans(越えて)＋行く
initial * [iníʃ(ə)l]	形 最初の　名 頭文字	中に(in)＋行く→はじめの
initiative * [iníʃətɪv]	名 自発性、率先、新提案	「始める力」
perish * [pérɪʃ]	動 惨死する、崩壊する	per(完全に)行ってしまう

第9章 語呂という最終兵器

33. "出た杭は抑える"

- deter　抑止する、阻む
- ter-　恐ろしい
- terrible, terror

ter-は「恐ろしい」。terribleは「恐ろしい」「ひどい」。deterのdeは「離す」で、「不安や恐れによって行動を思いとどまらせる」の意味。テロ(terror)は「恐怖」の意味から。terrificは良いものの程度を形容する意味にも転意しています。deteriorateは別語源ですが、形も意味も似ているので並べました。

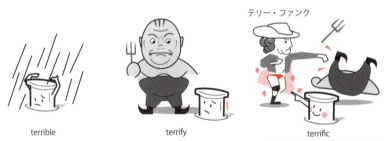

terrible　　　　　terrify　　　　　terrific

単語	主な訳語	ヒント
de**ter*** [dɪtə́:r]	動 思いとどまらせる、抑止する	恐怖(ter)で離す(de)
terrible* [térəb(ə)l]	形 恐ろしい、猛烈な	ter + ible（形容詞化）
terrify* [térəfàɪ]	動 おびえさせる	-ify（動詞化）
terrific* [tərífɪk]	形 ものすごい	-ic（形容詞化）
terror* [térər]	名 恐怖、テロ	
terrorist* [tér(ə)rɪst]	名 テロリスト	-ist（する人）
dete**ri**orate* [dɪtíəriərèɪt]	動 悪化する	語源異なる

第9章 語呂という最終兵器

34. "明らかにオビ押す重み"

- obvious　明らかな
- vi-, vey-　行く、運ぶ、道
- convey, vehicle, weight

　obviousのob-は「対して」の意味で、自分に対して「どでん!」と置かれ、目をつぶってもわかるような「明らか」「見え見え」。viの部分は「行く」「運ぶ」を表し、形は様々。語呂に「重み」という語を入れたのは、weightもobviousと同源だからで、「重いものを運ぶ(道)」というようなこの語根の共通イメージが持てます。carが「車」の中でも「乗用」を表すのに対し、vehicleはもっと意味が広く、バスやトラックなどを含む全般を表し、物を運ぶロケットもvehicleと表現されます。今話題のinvoice「インボイス」は、原義は「送り状」で、請求書などを意味します。

単語	主な訳語	ヒント
obvious [á(:)bviəs]	形 明らかな、わかりきった	ob(対して)+道
previous [príːviəs]	形 先の、以前の	pre(前)+道
convey [kənvéi]	動 伝達する、運ぶ	con(共に)+運ぶ
vehicle [víːək(ə)l]	名 乗り物、伝達手段	vehi(運ぶ)+cle(もの)
envoy [énvɔi]	名 使節、代表、行使	en+voy(道)→送る
invoice [ínvɔis]	名 送り状、請求書、納品書	「行く」から
weight [weit]	名 重さ	運ぶ
way [wei]	名 道、方法	運ぶ場所
wagon [wǽg(ə)n]	名 荷馬車、ワゴン	
vein [vein]	名 静脈、血管	語源異なる

知恵の活用：違いがわかる！

▶「明らかな」：clear, obvious, evident

clearは「透明」ですから (p.158)、ハッキリしていて明快なことを表し、この中で最も一般的な語です。

clear

obviousは「ob (対して) + vi (行く、道) + ous」で、「向かう道の上にどでんと出ている」のイメージでとらえられます。そんな「明白な」、「見てすぐにわかる」「見え見えの」の意味です。"obvious reason"「明白な理由（見え見えの理由）」、"obvious sign"「明白な兆候」

obvious

clearとobviousの両方に共通するのは「見え見えである」という感覚ですが、clearは積極的に「見えるようにされている」ことであるのに対して、obviousは積極的というよりむしろ、見え見えに「なってしまっている」というイメージです。clearが積極的にくもったガラスを磨いてよく見えるようにした「スケスケ」である一方、obviousは「どでんと目の前に出てしまっている」といった「ばればれ」の状態です。

evidentは「ex (外) + vid (見る)」なので (p.362)、外に現れている事実から推論して明白であることを表し、「誰が見たってそうだ」という意味です。名詞形がevidence。

evident

393

第9章 語呂という最終兵器

35. "規模を減らして地味にする"

- diminish　減らす、減る
- mini-　小さい
- minor, minute, minister

　diminishは「減らす」「軽視する」「弱める」「減る」、音楽で「半音下げる」。このminiは「小さい」。1時間を60等分して小さくしたのがminute「分」で、minutesになると「議事録」で「小さく書いた覚書」の意味。形容詞のminute（読み方異なる）は「微小な」。ministerはもともとは「より小さな召使」の意味でしたが、「大臣」の意味で使われます。ちなみに「地味」といえばdimは「（光を）薄暗くする」。

単語	主な訳語	ヒント
diminish* [dɪmínɪʃ]	動 減らす、減少する	di(=de)＋min＋ish（動詞化）
minus* [máɪnəs]	名 形 マイナス（の）	「より小さい」
minor* [máɪnər]	形 さほど大きくない	「より小さい」
minimum* [mínɪməm]	形 名 最低（の）、最小（の）	(miniの最上級)
minimal* [mínɪm(ə)l]	形 最小の、極小の	
minute** [mínət]	名 分、非常に短い間	「小さく刻んだ時間」
minutes* [mínəts]	名 議事録	「小さく書いた物」
minute* [maɪnjúːt]	形 微小な、詳細な	(発音異なる)
mince [mɪns]	名 ひき肉	「小さく切る」
minister* [mínɪstər]	名 大臣	「小さな召使」から
administration* [ədmìnɪstréɪʃ(ə)n]	名 政権、行政	ad（向かって）＋仕える

第9章 語呂という最終兵器

36. "おそらく今ごろ風呂バブル"

- probably　おそらく
- prob-, prov-　「試」「証」
- approve, proof

　probe, proveは「試す」「証明する」。「立証ができそうだな」と思う「おそらく」の気持ちがprobable。「立証」なので「偶然性」のperhaps (p.162)よりも確度が高いイメージが感じられます。approveは「何かに向かって(ad)良さを証明する」から「承認する」。「耐水性の」を意味するwaterproofのproofは「耐える」を表しますが、これも「立証する」の意味からつながります。proofは他に「証拠」「証拠品」。

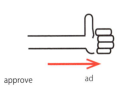
approve　ad

proof

単語	主な訳語	ヒント
probable* [prá(:)bəb(ə)l]	副 おそらく	prove（立証）＋ able（できる）
probe* [proub]	動 検査する、精査	
prove* [pru:v]	動 立証する	
approve* [əprú:v]	動 承認する	ad（向かって）＋立証する
disprove* [dɪsprú:v]	動 誤りを証明する	dis（反対）＋立証する
proof* [pru:f]	名 証拠　形 耐える	proveの名詞/形容詞形
disproof [dɪsprú:f]	名 反証	dis（反）＋ proof
waterproof* [wɔ́:tərprù:f]	形 防水の、耐水性の	water ＋ proof

37. "名前のみなり"

- nominal 名目上の
- nom-/nym- 名前
- anonymous, acronym

　nameと日本語の「名前」というのは音が不思議にそっくり。nominalは「名目上の」「形式的な」で、技術用語では「公称の」という意味です。acronym「頭文字語」のacroはacrobatのacroであり「高い」の意味で、頭文字を並べたものが一つの単語として発音可能なものをこう呼びます。UNESCOなどはacronymですが、FBIのように文字ごとにアルファベットのまま読むものはinitialismと言われます。

単語	主な訳語	ヒント
nominal* [ná(:)mən(ə)l]	形 名目上の、形式的な	名前＋al（形容詞化）
anonymous* [əná(:)nɪməs]	形 名前の不明な、匿名の	an（ない）＋nym
acronym [ǽkrənìm]	名 頭文字語	acro（頭）＋nym
synonym [sínənìm]	名 同意語、類義語	syn（同）＋nym
homonymous [houmá(:)nɪməs]	形 同音異義（語）の	homo（同じ）＋name
nominate [ná(:)mInèIt]	動 ノミネートする、任命する	「名前を挙げる」
noun* [naun]	名 名詞	
pronoun* [próunaun]	名 代名詞	pro-（代わりに）
renowned [rináund]	形 著名な	re（何度も）名を呼ばれる
onomatopoeia [à(:)nəmæ̀təpíːə]	名 オノマトペ	「名前を付ける」

第9章 語呂という最終兵器

38. "非難され、出直す"

- denounce　非難する
- noun-　告げる、知らせる
- announce、pronounce

前ページのpronounのnounと形は似ていますが別の語源で、「告げる」「知らせる」の意味です。denounceは「下に」「はっきり」＋「告げる」ので「公然と非難する」「告発する」の意味。announce「通告する」やpronounce「発音する」「宣言する」も同源です。

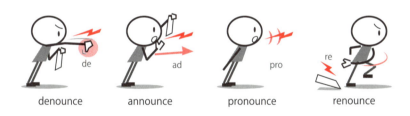

denounce　　announce　　pronounce　　renounce

単語	主な訳語	ヒント
denounce* [dɪnáuns]	動 公然と非難する	de（下に）＋ nounce（告げる）
announce: [ənáuns]	動 通告する、発表する	ad（向かって）告げる
announcement: [ənáunsmənt]	名 発表、公表	-ment（名詞化）
pronounce: [prənáuns]	動 発音する、宣言する	pro（公に）＋告げる
pronunciation: [prənʌ̀nsiéɪʃ(ə)n]	名 発音	-ation（名詞化）
renounce* [rɪnáuns]	動（権利などを）放棄する	「抗議する」から

39. "無理くり仕分ける"
"基準はこれくらいでいいや"

- criteria　判定基準
- cri-　分ける
- crisis, critical, crime

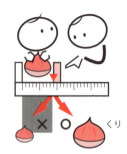

くり

　criteriaは「判定の基準（criterionの複数形）」で、このcri-は「分ける」の意味。criteriaは「合否を分ける判定基準」の意味で、criticalは「局面を左右する」というような意味での「重大な」。「離れる」のdisがついたdiscriminationは「分けられた状態」なので「差別」。secretは「分けられた秘密」で、このseはseparate（分ける）のse。criticalには「重大な」「危機的な」の他に「批判的な」の意味もありますが、これは「落ち度を分けて言明する」という解釈ができます。

単語	主な訳語	ヒント
criteria* [kraɪtíəriə]	名 判断基準	「分ける基準」
crisis* [kráɪsɪs]	名 危機	「重要な分岐点」
critical* [krítɪk(ə)l]	形 重大な、危機的、批判的	「局面を分ける」
critic* [krítɪk]	名 批評家	「見分け判定できる人」
criticize* [krítəsàɪz]	動 批判する、批評する	-ize（動詞化）
criticism* [krítəsìz(ə)m]	名 批判、批評	-ism（行為）
crime* [kraɪm]	名 犯罪	「判決を下された」
criminal* [krímɪn(ə)l]	形 犯罪の 名 犯罪者	
discrimination* [dɪskrìmɪnéɪʃ(ə)n]	名 差別	dis（離す）＋分ける
secret* [síːkrət]	名 形 秘密（の）	se（離す）「分けられたこと」

第9章 語呂という最終兵器

40. "認証？ さっと拭きゃイイっしょ"
"お里は確か？"

- certification　認証
- cert-　確かな
- certain, concern

「お里」とは「人の生い立ち」のこと。**cert-**は「確かな」を意味する語根です。**certain**は「確かな」「確実な」で、副詞の**certainly**は会話の中では「もちろん」「いいですとも」の意味にもなります。「確かなもの」にした**certification**は「証明証」や「認証」。例えば英検の合格証には"**Certificate**"と書いてあります。**cern**は確かなものを「ふるいにかける」というような意味の語根で、**concern**は「懸念」。"**be concerned about**"の形で「～を懸念している」。（注：さっと拭く程度では品質認証は取れません。強引な語呂）

単語	主な訳語	ヒント
certain [sə́ːrt(ə)n]	形 確信している	
certainly [sə́ːrt(ə)nli]	副 確かに	certain ＋ ly（副詞化）
certainty [sə́ːrt(ə)nti]	名 確実なこと、確信	certain ＋ ty（名詞化）
uncertainty [ʌnsə́ːrt(ə)nti]	名 不確実性	un-（否）
ascertain [æ̀sərtéɪn]	動 確かめる、突き止める	ad（向かって）＋ cert（確）
certificate [sərtífɪkət]	名 証明書 動 証明を与える	「確かなことにする」
certification [sə̀ːrtɪfɪkéɪʃ(ə)n]	名 証明、認証	-ion（名詞化）
concern [kənsə́ːrn]	名 心配、懸念	con（共に）「心に引っかかる」
concerned [kənsə́ːrnd]	形 心配して、懸念して	-ed（形容詞化）

第9章 語呂という最終兵器

41. "ここ通るには通行料"

- toll　通行料
- "学費が払えずひーひー"
- fee　料金、手数料

　tollはもともと「関税所」に払う税金に由来し、有料道路や橋を渡るときの通行料。tollgate、tollhouseは「料金所」。ETCは "Electronic Toll Collection System" の略。「通る」イメージから電話料金も表して、toll-freeは日本で言う「フリーダイヤル」。

　なお、tollには、新聞記事に出る "death toll"「死者数」「犠牲者数」としての使い方もあります。

　下に、「料金」を表す語を並べてみます。

単語	主な訳語	ヒント
toll* [toʊl]	名 通行料、電話料金	
toll* [toʊl]	名 死者数	
charge: [tʃɑːrdʒ]	名 料金、使用料、請求金額	「carに荷を積み込む」
rate: [reɪt]	名 料金、値段、代金	「割合」
fee* [fiː]	名 料金、手数料、報酬	
admission: [ədmíʃ(ə)n]	名 入場料	ad（向かって）+ mis（送る）
commission: [kəmíʃ(ə)n]	名 歩合、手数料	
fine* [faɪn]	名 罰金	

知恵の活用：違いがわかる！

▶「料金」：charge, rate, fee, fare

chargeの原義は「馬車（car）に荷を積む」。料金の意味のchargeは「積まれたものに見合う対価」ということで、提供されたサービスに応じて支払う料金。"service charge"、"hotel charge"、"delivery charge"（配達料金）、"electricity charge"（電気料金）、"admission charge"（入場料金）。chargeの範囲は広く、下に書くfareなどの支払われる料金（金額）もchargeの範囲に入ります。

charge

rateは「割合」の意味（p.282）なので「主にサービス・商品に対して、時間などの一定の基準に沿った」料金を表し、「相場」や、特別な「割合」の場合などにも使われます。"postal rate"（郵便料金）、"room rate"（ホテルの部屋代）、"special rates"（特別価格）など。

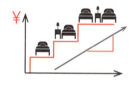
rate

feeは「納める金」のイメージで、専門性の強い仕事に「納める」場合に使います。"school fees"（授業料）、"entrance fee"（入学金）、"doctor's fees"（診察料）、"lawyer's fees"（弁護士への相談料）、"performance fee"（出演料）など。

fee

fareはラテン語で「行く」、「旅」の意味でfarewell（送別）のfare。「行く、旅」の料金ということなので、交通機関の運賃がうまくあてはまります。"bus fare"、"air fare"、"train fare"、"taxi fare"など。

fare

401

42. "慈悲がある。だからまし"

- mercy　慈悲
- merc-　報酬、取引
- market, merchant, merit

　mercyは「慈悲」の意味で、語源は「(神の与える)報酬」。フランス語のmerci（メルシー）「ありがとう」も同じ語源。遡ればmarket「市場」も同じで、merc-は「報酬の流れ」から「取引」「商品」のような意味につながることがとらえられます。merchandiseやcommercialがその仲間です。「報酬」を語源にmeritは「長所」「価値」の意味であり、その反対がdemerit。ちなみに"merit and demerit"は、"advantage and disadvantage"または"pros and cons"などと言うことが多いです。

単語	主な訳語	ヒント
mercy* [mə́ːrsi]	名 慈悲	
market** [mɑ́ːrkət]	名 市場	
merchandise* [mə́ːrtʃ(ə)ndàɪz]	名 商品 動 売り出す	
merchant* [mə́ːrtʃ(ə)nt]	名 商人	-ant（する人）
commerce* [kɑ́(ː)məːrs]	名 商業、貿易	co（共に）+ merce（商）
commercial* [kəmə́ːrʃ(ə)l]	形 商業上の、営利的な	-al（形容詞化）
merit* [mérət]	名 長所、価値、手柄	
demerit [dìːmérɪt]	名 欠点、短所	de（反対）+ merit

第9章 語呂という最終兵器

43. "弟子の振り見て我が振り直せ"
"教祖、教義で毒とりに"

- discipline　規律
- doctrine　教義
- dogma, paradox

　「弟子」からの連想でdisciple「弟子」は覚えやすいと思います。dis-は「離れて」でcip-は「取る」(p.407)で、語源からは意味としてはとらえにくいですが、discipの部分の綴りは覚えやすくなります。

　discipleは「教わる側」ですが、「教える側」の語であるdoctrineなどを挙げておきます。doctorはもともと「説く人」で、教えるものがdoctrine。さらに明記されたものがdocument。dogmaは根拠なしに信じ込むような教えです。

単語	主な訳語	ヒント
disciple* [dɪsáɪp(ə)l]	名 弟子	
discipline* [dísəplɪn]	名 訓練、規律	
self-discipline	名 自己鍛錬	
doctor* [dá(:)ktər]	名 医者、先生	「説く」「教える」
doctrine* [dá(:)ktrɪn]	名 教義、教え	
document* [dá(:)kjəmənt]	名 文書、書類 動 文書で記録する	「明記された教え」「教訓」
dogma* [dɔ́:gmə]	名 教義、独断的考え	(ギリシャ語)
orthodox* [ɔ́:rθədà(:)ks]	形 正統の	ortho (真っすぐな) 考え
paradox* [pǽrədà(:)ks]	名 矛盾、逆説、背理	para (完全に反対の) 考え

第9章 語呂という最終兵器

44. "候補者名は「漢字で」と！"

- candidate　候補者
- cand-　白い、輝く
- candle, candid

　cand-という語根はcandle「ろうそく」のように「白い」「輝く」を表します。chandelier「シャンデリア」をイメージすれば理解しやすいですし、candela「カンデラ」は光度の単位です。ではcandidate「候補者」とどう結びつくかというと、ローマ時代、公職候補者が輝くような白い衣をまとったことから。candidateに加えて覚えたいもう1つの単語がcandidで、意見などが「遠慮がない」「率直な」というような意味です。「色がつかない真っ白な意見」という理解ができます。

candle

candidate

candid

単語	主な訳語	ヒント
can**did**ate * [kǽndɪdèɪt]	名 候補者、志願者	(白い衣をまとった人)
can**d**le * [kǽnd(ə)l]	名 ろうそく	「輝く」
chan**d**elier [ʃæ̀nd(ə)líər]	名 シャンデリア	「輝く」
can**d**ela [kændíːlə]	名 カンデラ	(「輝き」の強さの単位)
can**d**id * [kǽndɪd]	形 率直な	「真っ白」

第9章 語呂という最終兵器

45. "杵つく運動 kinetic"

- kinetic 運動の
- cite- 駆り立てる
- cinema, cite, excite

　物理で習う「運動エネルギー」は"kinetic energy"。cinema「活動写真＝映画」は主にイギリスで使われる語で、ギリシャ語のkinema「動く」に由来し、kの綴りがcに転じたcinematographyの短縮形です。忌み言葉でシネマの「シネ」が「死ね」を連想するため、かつて日本では「キネマ」の方を使ったようです（諸説あり）。形の異なるciteの語根は「駆り立てる」「呼びたてる」というような行動的な意味で、exciteは「興奮させる」。

cinema　excite

solicit

incite

単語	主な訳語	ヒント
kinetic [kənétɪk]	形 運動の	
cinema: [sínəmə]	名 映画館、映画	(cinematographyの短縮形)
cite: [saɪt]	動 引用する、言及する	
excite* [ɪksáɪt]	動 興奮させる	ex（外へ）＋駆り立てる
solicit* [səlísɪt]	動 懇願する	soli（全）＋駆り立てる
incite [ɪnsáɪt]	動 駆り立てる、誘発する	in（中）＋駆り立てる
recite* [rɪsáɪt]	動 暗唱する、朗読する	re（再び）＋呼び立てる
recital* [rɪsáɪt(ə)l]	名 独演、リサイタル、朗読	-al（名詞化）

第9章 語呂という最終兵器

46. "おらが組織のおらがニセ医者"

- organization　組織
- org-　行う、機能する
- organ, organic, surgery

　語源的には energy の仲間で、「行う」を意味し、「組織的に機能する」と考えると理解しやすいです。体内で機能するのが organ「器官」で、楽器の「オルガン」は送風やパイプが「組織的に機能する仕組み」から。"organization chart" は「組織図」。URLにある ".org" は organization の略で、団体のドメイン名。surgery「手術」も同じ語源です。

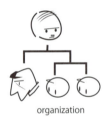
organization

organized

surgery

単語	主な訳語	ヒント
organ* [ɔ́ːrg(ə)n]	名 器官、臓器、オルガン	「オルゴール」も同源
organic* [ɔːrgǽnɪk]	形 有機農法の、有機の	-ic（形容詞化）
organize* [ɔ́ːrgənàɪz]	動 (会などを)催す、整理する	-ize（動詞化）
organization* [ɔ̀ːrg(ə)nəzéɪʃ(ə)n]	名 組織、機関	-ation（名詞化）
organized* [ɔ́ːrgənàɪzd]	形 組織的な、整理された	-ed（形容詞化）
organizer* [ɔ́ːrgənàɪzər]	名 主催者、幹事	-er（する人）
surgery* [sɔ́ːrdʒ(ə)ri]	名 手術、外科	「手で行う」
surgeon* [sɔ́ːrdʒ(ə)n]	名 外科医	

第9章 語呂という最終兵器

47. "予測受け取る「あんた失敗」と"

- anticipate　予測する
- anti-　前、ceive-　取る
- ancient, receive, accept

　anticipateのantiは「前」でcipateは「取る」で、「前もって取る」から「予測する」。名詞形はanticipation。「前＝古い」から、antique（骨とう品）に関連させてancient「古代の」、ancestor「先祖」、を覚えられます。ceive-/cept-はcap（p.152）の仲間で「取る」。receiveやreceiptがわかりやすいと思います。

単語	主な訳語	ヒント
anticipate* [æntísɪpèɪt]	動 予測する	anti（前もって）＋cipate（取る）
antique* [æntíːk]	形 骨董の 名 骨とう品	-tique（=tic 形容詞化）
ancient* [éɪnʃ(ə)nt]	形 古代の、昔の	-ent（形容詞化）
ancestor* [ǽnsestər]	名 先祖、祖先、原形	an（前）＋ces（行く）＋or（人）
participate* [æntísɪpèɪt]	動 参加する	parti（部分）をcip（取る）
receive* [rɪsíːv]	動 受け取る	re（元に）＋取る
receipt* [rɪsíːt]	名 領収書、レシート	「受け取られたもの」
conceive* [kənsíːv]	動 考え着く	con（完全に）＋取る
concept* [kɑ́(ː)nsept]	名 概念	conceiveの名詞形
perceive* [pərsíːv]	動 知覚する、理解する	per（完全に）＋取る
accept* [əksépt,]	動 受け入れる、容認する	ad（向かって）＋取る
deceive* [dɪsíːv]	動 だます	de（離す）＋取る

第9章 語呂という最終兵器

48. "解雇通告を出しまする"

- dismissal　解雇（通告）
- mis-/mit-　送る
- missile, commit

　dismissは「dis（出す）＋miss（送る）→送り出す」から、「退ける」「却下する」「解雇する」「解散する」で、名詞形がdismissal。このmis-はmissile「ミサイル」から「送る」イメージとして連想しやすいと思います。

単語	主な訳語	ヒント
dismiss* [dɪsmís]	動 退ける、解雇する	dis（出す）＋miss（送る）
dismissal* [dɪsmís(ə)l]	名 解雇、却下	
commit* [kəmít]	動 犯す、約束する	con（完全に）＋送る／任す
promise* [prá(:)məs]	動 名 約束（する）	pro（前に）＋送る→言い送る
missile* [mís(ə)l]	名 ミサイル	
mission* [míʃ(ə)n]	名 任務、使節団	-ion（名詞化）
emission [ɪmíʃ(ə)n]	名 放出物、放出	ex（出）＋送る

第9章 語呂という最終兵器

49. "除外はすでにお見とおし"

- omit　除外する
- mis-/mit-　送る
- message, permit

前ページの続きです。messageも含めて、mis-/mit-にはたくさんの同源語があります。

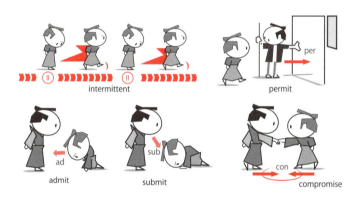

単語	主な訳語	ヒント
omit* [oumít]	動 除外する、省略する	o（離して）＋送る
message* [mésɪdʒ]	名 動 伝言（を送る）	-age（名詞化）
messenger* [més(ə)n(d)ʒər]	名 使者、使い走り	-er（する人）
intermittent [ìntərmít(ə)nt]	形 断続的な	inter-（間）
permit* [pərmít]	動 許可する	per（通す）→通過させる
permission* [pərmíʃ(ə)n]	名 許可	per（通して）＋送らせる
admit* [ədmít]	動 認める	ad（向かって）＋送る
submit* [səbmít]	動 提出する、服従させる	sub（下に）＋送る
compromise* [ká(:)mprəmàɪz]	名 妥協 動 歩み寄る	com（共に）＋約束する

409

第9章 語呂という最終兵器

50. "別の原稿をあらためる"

- alter　変える、改める
- alt-　改、別の、向こう側
- alternative, allergy

　alter「変える」は人やものごとを一部変えたりすること。電気のプラスとマイナスが交互に代わる「交流（AC）」は"alternate current"。alternativeは「（現状とは違う）別の」や「（代わりとなる）選択肢」。alienは「別の場所に属する」から「なじみのない」「異質な」「地球外生命体の」などの意味になっています。alibiは「別のところに」から「現場不在証明」。allergyは「異物への（有害な）作用」で「アレルギー」。elseやotherも同源です。日本語で「別の名前」は「あだ名」ですが、これってもしかして「other名」？

異なる名前が ありやす
alias

単語	主な訳語	ヒント
alter [ɔ́ːltər]	動 変える、改める	
alternate [ɔ́ːltərnət]	形 交互の 名 代役	「かわるがわるの」
alternative [ɔːltə́ːrnətɪv]	名 代替案 名 選択肢	"新たなる案"
alien [éɪliən]	形 異質な 名 外国人	「別の場所に属する」
alibi [ǽləbàɪ]	名 アリバイ	「別のところにあり」
allergy [ǽlərdʒi]	名 アレルギー	「異物への作用」
else [els]	副 その他に	
alias [éɪliəs]	名 偽名、別名	"異なる名前がありやす"
ultra- [ʌ́ltrə]	(接頭辞) 極端な	「度を越えた向こう側」

第9章 語呂という最終兵器

51. "「言う？なに申す？」"

- unanimous 満場一致の
- anim- 心、生きる、風
- animal, animation

英語ニュースで目にする unanimous「満場一致の」の un は uni=1 で、anim は「生き物」「心」なので unanimous は「1つの心」。anim- は遡れば「息をする」で、そこから「風」の意味にも。花のアネモネの語源もここから「風の娘」の意味だそう。「1」を意味する uni がつく語は unit, unify, uniform、unique などたくさんあります。unique の uni は「ひとつ」ですから「独特の」の意味です。

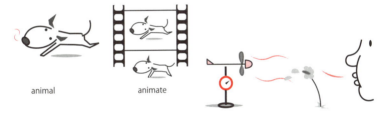

animal　　　animate

anemometer

単語	主な訳語	ヒント
unanimous* [junǽnɪməs]	形 満場一致の	ひとつの(uni)＋心＋ous（形容詞化）
unanimity [jùːnəníməti]	名 満場一致	-ity（名詞化）
animal** [ǽnɪm(ə)l]	名 動物	「息をする」
animate [ǽnɪmèɪt]	動 生命を吹き込む	-ate（動詞化）
animation [ǽnɪméɪʃ(ə)n]	名 アニメ、生気	-ion（名詞化）
anemometer [ænɪmɑ́(ː)mətər]	名 風速計	-meter（測り）

52. "あれだんだんと余分になる"

- redundant　余分な
- und-　波立つ、湧き立つ
- abundant, surround

　このund-は「波立つ」「湧く」のイメージ。redundantは水が余計に流れてあふれてしまうイメージ。なじみのある語ではsurroundがあり、湧きあふれる物によって周囲を囲むイメージです。

abound / aboundant　　　　　　　　　surround

単語	主な訳語	ヒント
redundant [rɪdʌ́ndənt]	形 余分な、冗長な	re(再)+湧き立つ
redundancy [rɪdʌ́ndənsi]	名 余分、冗長	redundantの名詞形
abound* [əbáʊnd]	動 たくさんある、富む	ab(離れて)+沸き立つ
abundant* [əbʌ́nd(ə)nt]	形 豊富にある	-ant(形容詞化)
abundance* [əbʌ́nd(ə)ns]	名 大量、豊富、余分	-ance(名詞化)
surround: [səráʊnd]	動 囲む 名 周囲	sur(上に)+あふれる

412

第9章 語呂という最終兵器

53. "コンセント工事に同意"

- consent　同意
- sens-　感じる
- sense, assent

「電源取り出し口」の意味の「コンセント」は和製英語。逆にそれを使った語呂です。sens-という語根は「感じる」。consentは「共に(con)感じる」から「同意」「同意する」。"common sense"は「共通の感じ方」なので「常識」。

assent

dissent

resent

単語	主な訳語	ヒント
consent* [kənsént]	動名 同意(する)	con(共に)+sent(感じる)
consensus* [kənsénsəs]	名 一致した意見、合意	
sense* [sens]	名 感覚、分別 動 感づく	
sentiment* [séntəmənt]	名 感情、心情、情緒	-ment(名詞化)
sensation* [senséɪʃ(ə)n]	名 感覚、感じ、大評判	-ation(名詞化)
sensible* [sénsəb(ə)l]	形 分別がある	感じることが+ible(できる)
sentence* [séntəns]	名 文、判決 動 判決を下す	「感情・意見の表現」
assent [əsént]	名動 同意(する)	ad(向かって)+感じる
dissent* [dɪsént]	名動 異議(を唱える)	dis(反)+感じる
resent* [rɪzént]	動 憤慨する	re(強調)→「強い感情」

第9章 語呂という最終兵器

54. "ここから先はダメ（domain）"

- domain　領土
- dome-　家、主人
- domestic, dominant

　東京ドームのdomeは「丸天井」のことで、日本語の「堂」と近い感じがします。フィレンツェの「ドゥオーモ」（大聖堂）の屋根の形でイメージできますが、domeはもともと「神の棲む家」で、そこから「家」そして「支配」の意味に。domesticは「家庭の」の意味で、DV（domestic violence＝家庭内暴力）のdomesticですが、家を「国」にたとえて「国内の」の意味にもなり、"domestic flight"は飛行機の「国内便」。domainは「領土」「領域」で、IT用語では「ネット上の住所」。

domestic　　　　　dominant　　　　　condominium

単語	主な訳語	ヒント
dome* [doum]	名 ドーム、丸天井	
domain* [douméɪn]	名 領土、領域	「主人として支配」
domination* [dà(ː)mɪnéɪʃ(ə)n]	名 支配、統治	-ation（名詞化）
dominant* [dá(ː)mɪnənt]	形 支配的な	-ant（形容詞化）
domestic* [dəméstɪk]	形 家庭の、国内の	-ic（形容詞化）
domesticated [dəméstɪkèɪtɪd]	形 飼いならされた	「家に入れられた」
condominium* [kà(ː)ndəmíniəm]	名 分譲マンション	com（共に）＋家

55. "補助金、額はさびしいで"

- subsidy　補助金、助成金
- sid-/sess-　座る
- president, session, resident

　sid-/sess-という語根は「座る」の意味。自転車のサドル(saddle)で覚えられます。subsideは「下(その場)に座る」のイメージで、感情や悪天候などが「静まる」「おさまる」を意味します。subsidyは「寄り添って座る」→「援助する」のイメージから「補助金」「助成金」。assessは「(裁定者の)隣に座る」から「査定する」

presidentが"プレゼンしてんど"

単語	主な訳語	ヒント
subside [səbsáɪd]	動 (感情、悪天候が)静まる	「下に座る」
subsidy* [sʌ́bsədi]	名 補助金、助成金	「寄り添って座る」
subsidiary* [səbsídièri]	名 子会社 形 二次的な	subside+ary
preside* [prɪzáɪd]	動 議長をする、取り仕切る	pre(前)に座る
president* [prézɪd(ə)nt]	名 議長、社長、大統領	preside + ent(人)
resident* [rézɪd(ə)nt]	名 居住者、滞在者	re(再び)＋座る
session* [séʃ(ə)n]	名 集まり、会合	「座っていること」
obsession* [əbséʃ(ə)n]	名 執着、執念	ob(対して)＋座る
assess* [əsés]	動 評価する、査定する	ad(向かって)＋座る

第9章 語呂という最終兵器

56. "「信じてくれ」と、クレジット！"

- cred- 信じる
- credit, incredible

　cred-という語根は「信じる」を意味します。core（ココロ）(p.164)とも語源的につながっています。「クレジットカード」のcreditの原義は「信用」。-ibleが付けばcredible「信用できる」で、さらに否定のin-がつけばincredible「信じられない」。ad（向かって）はcの前ではacに変わるのでad＋creditはaccreditになり、be accreditedの形で「（学校、人などが）認可される」の意味に。creedは「信条」「信仰」「教義」「宗派」。映画などでは「関与したスタッフ一覧」の意味で「クレジット＝credit」といいますがこれは"credit titles"の略です。

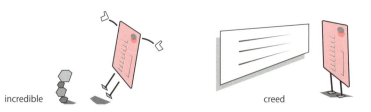

incredible　　　　　　　　　　creed

単語	主な訳語	ヒント
credit [krédət]	名 信用貸し、預金、信用	
credible [krédəb(ə)l]	形 信用できる	cred（信）＋ible（できる）
incredible [ɪnkrédəb(ə)l]	形 信じられない	in（否）＋credible
credibility [krèdəbíləti]	名 信頼性、確実性	-ity（名詞化）
accredit [əkrédət]	動 認可する	ad（向かって）＋credit
creed [kriːd]	名 信条	

第9章 語呂という最終兵器

57. "なぞ解くそろばん"

- solve　解く、解決する
- solu-　緩める、解く、溶ける
- resolve, dissolve

"L"のところ(p.108)で説明した「緩める」の語源仲間です。漢字でいえば「解」「溶」。solutionは問題などの「解決策」で、resolutionは「最終的」の意味を含んだ「解決策」の他、委員会などの「決議」や、"New Year's Resolution"「新年の抱負」のような「決意」の意味、さらに"high resolution"「高解像度」のように「解像度」の意味もあります。

resolution

dissolve

ab
absolutely

単語	主な訳語	ヒント
solve* [sɑ(:)lv]	動 解決する、解く	
solution* [səlúːʃ(ə)n]	名 解決策、解答、溶液	-tion（名詞化）
resolve* [rizá(:)lv]	動 解決する、分解する	re（再び・元のように）
resolution* [rèzəlúːʃ(ə)n]	名 解決策、決意	-tion（名詞化）
dissolve* [dɪzá(:)lv]	動 分解する、溶かす	dis（分ける）+溶く
absolute* [ǽbsəlùːt]	形 絶対的な、絶対値の	（対象から）ab（離れ）+解かれ
absolutely* [ǽbsəlùːtli]	副 完全に、確実に	-ly（副詞化）

417

第9章 語呂という最終兵器

58. "さるとびサスケのコンサルト"

- sult-　飛ぶ
- sult-　考える
- result, insult, consult

　sult-という語根には2つあり、互いの意味は全く異なります。「さるとび」の方が「飛ぶ」で、頭にreが付くresultは「跳ね返る」というような意味です。「上から」の意味のin-がsultに付くとinsult「侮辱する」、「向かって」の意味のad-が付くとassault「襲撃する」の意味になります。
　一方、コンサルト（consult）のsultは「考える」で、consultは「いっしょに考える」。

result　　　　　insult　　　　　consult

単語	主な訳語	ヒント
result* [rizʌ́lt]	名 結果　動 帰着する	re（反）＋sult（飛ぶ）→跳ね返る
assault* [əsɔ́ːlt]	名 強襲　動 暴行する	ad（向かって）＋sult（飛ぶ）
insult* [ínsʌlt]	動 名 侮辱（する）	in（上から）＋sult（飛ぶ）
consult* [kənsʌ́lt]	動 相談する	con（共に）＋sult（考える）
consultant* [kənsʌ́lt(ə)nt]	名 顧問、コンサルタント	-ant（人）

知恵の活用：違いがわかる！

▶「結果」：result, outcome, effect, consequence

resultは「跳ね返る」から、出来事や行動が引き起こすような「結果」を意味し、「結果」を表す一般語です。

result

outcomeは、選挙や政策など成り行きが注目されることの結末や、研究の最終的な結果を表します。正確な因果関係があまりはっきりしない場合に、その過程の最後に起こる「結果」を言う場合に使われます。

outcome

effectは「e（外）＋作る」なので、入った何か（原因）の結果として直接的に生み出されるイメージで、「影響」の意味を表します（p.222）。

effect

consequenceは、事の成り行きとして、何かに続いて必然的に起こる結果を表します（p.236）。effectとは違って間接的な結果を表します。しばしば望ましくないような結果を暗示して、行為の「当然の報い」というような意味も含みます。

consequence

調査や研究を通じてわかった結果にはfindingが使えます。

finding

59. "心は、あの頃に住む"

- **anachronism** 時代錯誤
- **chrono-** 時間
- syn**chron**ize, **chron**ic

「アナクロな」という日本語を使うことがありますが、「時代遅れの」といったような意味です。これは anachronism のことで、chrono- は「時間」。ana- は「反する」で、anachronism は「時代錯誤」。「心はいつでもあの頃にある」の心理でしょう。言い方を変えれば「時代**おくれの**(chrono)」。chrono- は synchronize を考えれば覚えやすいと思います。もう1つ語呂を言うなら、"慢性的な**苦労に苦**"chronic。chronic は「慢性的な」で、"chronic disease" は「慢性病」、"chronic pain" は「慢性の痛み」。また、chronograph は、時間を測定・図示する装置、ストップウォッチが付いた時計。

synchronize

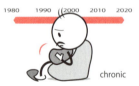
chronic

chronograph

単語	主な訳語	ヒント
ana**chron**ism [ənǽkrənìz(ə)m]	名 時代遅れの物・人、時代錯誤	
syn**chron**ize [síŋkrənàɪz]	動 同時に起こる、同期させる	syn(同じ)+時間
chronic* [krɑ́(ː)nɪk]	形 慢性の、長期にわたる	-ic(形容詞化)
chronicle [krɑ́(ː)nɪk(ə)l]	名 年代史	
chronograph [krɑ́(ː)nəgræf]	名 クロノグラフ	graph(書く、記録)

第9章 語呂という最終兵器

60. "財政、不意に終わる"

- fine　洗練した
- fin-　終わり、端、極限
- finance, infinity, define

　finishのfin-は「終わり、端、極限」。fineという形容詞は多義ですが、良さの極限なら「すばらしい」、細かさの極限なら「洗練された」、調子の完成度なら「元気な」「申し分ない」などの意味。「罰金」の意味のfineは「結末」の感覚。財政的「終点」がfinanceで「締め」の感覚。「端がない」のがinfinity。ぼんやりしている「端」をはっきり決めるのがdefineです。

finance　　infinity　　define　　confined

単語	主な訳語	ヒント
finish [fíniʃ]	動 終える、終わる	終わりにする
final [fáin(ə)l]	形 最終の、最終的な	-al（形容詞化）
fine [fain]	形 すばらしい、洗練した	「極限」「この上ない」
fine [fain]	名 罰金	「結末」
finance [fáinæns]	名 財務	「金銭的最後の締め」
finite [fáinait]	形 有限な	「端のある」
infinity [ínfinəti]	名 無限	in（否）＋ finit ＋ y
define [difáin]	動 定義する、明確にする	はっきり(de)端を決める
confined [kənfáind]	形 狭い	一緒に(con)端の間に入れられた
refine [rifáin]	動 洗練する	re（再び）＋ fine

あとがき

　本書はこれでおしまいです。半ばばかばかしい話に最後までお付き合いいただき、ありがとうございました。

　これまで塾講師として200人以上の生徒さんと一対一で向き合ってきて、本音を聞かせてもらいました。単語でどれだけ困っているか、何をどうやったけど覚えられないのかを直接聞いてきました。「何がわからないのか」「どうわからないのか」をたくさん教えてもらいました。自分の経験とはずいぶん違う方もたくさんいました。自分の経験だけに基づいて他の学習者に特定の書籍や学習方法をむやみに薦めるのは正しくないことを思い知らされる毎日です。

　長距離走が得意でも短距離走が苦手な人がいますし、その逆もあります。同じようにイメージで感じることが得意な人もいますし、不得意な人もいます。感性を活用することが得意な人も苦手な人もいます。ですから、この本を読んで「こんな本は役に立たない」と言い切る人も中にはいると思います。それでも、「役に立つ」という人は実際に少なからずいると思います。この本が、そういう人に届いて、役に立ってくれれば、私としてはたいへん幸せです。

すずきひろし

参考図書

「ジーニアス英和辞典」（大修館書店）

「ウィズダム英和辞典」（三省堂）

「ロングマン現代英英辞典」（桐原書店）

Merriam-Webster Dictionary

「英語語源事典」（研究社）

「シップリー英語語源事典」（大修館書店）

「メモリー英語語源事典」（大修館書店）

「接頭辞・接尾辞大全」 酒井玲子著 （国際語学社）

ONLINE ETYMOLOGY DICTIONARY

「語源の広場」(hatenablog)

「英語の文字・綴り・発音のしくみ」 大名力著 （研究社）

「英語解剖図鑑」 原島広至著 （KADOKAWA）

「角川字源辞典」（角川書店）

「文字の歴史」 ジョルジュ・ジャン著 （創元社）

「コトバの源を探る」 山中襄太著 （教育出版）

「日本語形成の謎に迫る」 澤田洋太郎著 （新泉社）

「言語は身振りから進化した」 マイケル・コーバリス著 （勁草書房）

「言語起源論」 ルソー著 （岩波文庫）

「言語の本質 ことばはどう生まれ、進化したか」 今井むつみ他著 （中公新書）

「イメージと語源でよくわかる似ている英単語使い分けBOOK」 清水建二・すずきひろし共著 （ベレ出版）

「英単語の語源図鑑、続英単語の語源図鑑」 清水建二・すずきひろし共著 （かんき出版）

「50歳からの語源で覚えて忘れない英単語1450」 すずきひろし著 （PHP研究所）

「都市伝説的英単語の不思議探訪」 すずきひろし著 （KDP）

索引 （abc 順）

単語	ページ
A	
abandon	32
abate	146
abduct	266
ability	154
abound	412
about	217
abrasion	189
abrasive	189
abrupt	129
absolute	417
absolutely	417
abstract	369
abundance	412
abundant	412
accept	407
access	259
accident	327, 389
accidental	76
accommodate	376
accommodation	376
accomplish	80, 184
accord	164
accountability	199
accredit	416
accumulate	248
accurate	45, 254
accuse	254
achieve	155
achievement	155
acknowledge	273
acquire	99, 123

acrobatic	83
acronym	396
across	70
act	308
actual	76, 308
acute	101
adapt	318
add	44
additional	76
address	44
adequate	125
adhere	44
adjust	44, 74
administration	394
admirable	232
admire	232
admission	401
admit	409
adopt	318
adventure	325
adverse	328, 330
advertise	44, 328, 330
affect	222
affirm	96
affluent	169
agenda	308
agent	308
aggressive	299
agility	308
agitate	308
ago	70
agony	281
agriculture	292
ahem	27

alias	410
alibi	410
alien	410
alive	70
allergy	208, 410
alleviate	104
alliance	106
allocate	45
allow	108
ally	106
aloud	70
alter	410
alternate	410
alternative	410
altitude	84
ambassador	217
ambient	217
ambiguous	217
ambition	217
ambulance	217
amend	374
amendment	374
amid	70
amount	233
amplitude	84
anachronism	420
analyze	107
anarchy	218
ancestor	259, 407
ancient	407
anemometer	411
angrily	89
angry	86
animal	411

animate	411	apply	74, 183	assume	284
animation	411	appoint	45	assumption	284
anniversary	380	appraisal	312	astonish	80
announce	397	appraise	312	attach	44, 73, 132
announcement	397	appreciate	312	attack	44
annoy	281	approach	45	attain	44
annual	380	approve	395	attempt	287
annually	380	aptitude	84	attend	73, 286
annuity	380	aqualung	141	attention	44, 286
anonymous	396	aquarium	141	attest	313
answer	198	Aquarius	141	attitude	84
anti-aging	216	aqueduct	141	attract	44, 73
antiballistic	216	architect	218	attribute	343
antibiotic	216, 252	architecture	218	auction	249
anticipate	407	argument	319	augment	249, 319
anticrime	216	around	126	authentic	344
anti-oxidant	216	arrive	45	authenticity	344
antipathy	216, 329	artifact	223	author	344
antique	407	artificial	223	authoritarian	344
antiracism	216	ascertain	355, 399	authority	344
antisocial	216	asleep	70	authorize	344
antiterrorism	216	aspect	301	autobahn	383
antitrust	216	aspire	310	autocracy	383
antivirus	216	assault	418	autograph	174, 383
antiwar	216	assemble	384	automaker	383
anti-warming	216	assembly	384	automatic	83
anxious	85	assent	413	automatically	383
apartment	311	assert	238	automobile	383
apology	277	assertive	238	autonomous	383
apparatus	346	assess	415	autonomy	383
appeal	118	assign	353	auxiliary	249
appendix	306	assimilate	385	available	314
appliance	183	assist	45, 201	avenue	325
applicable	183	association	237	avert	328
applicant	183	assort	283	avoid	137
application	183	assorted	283	await	142

425

awake	70	biathlon	253	bound	31
aware	70, 142	bicycle	157, 253	boyish	81
away	70	bilateral	253	brand	151
awe	249	bilingual	253	brandy	151
awesome	249	binary	253	breach	36, 334
awful	249	binocular	253	bread	151
		biodegradable	252, 229	break	36, 371
Ⓑ		biography	174, 252	breakdown	37
babe	27	biohazard	252	breakfast	37
baby	27	biology	252	breakthrough	37
bait	33	biomass	252	breed	151, 334
balance	105	biomimetics	252	brew	151
ball	150	biotechnology	252	brewery	151
balloon	150	biped	253	brick	36
ballot	150	bisexual	253	bridal	76
ban	32	bite	33	brief	245
bandit	32	bitter	33	broaden	55
bang	31	bladder	150	broil	151
banish	32	blame	148	brownish	81
bankruptcy	129	blank	149	bubble	77
bash	27, 31	blanket	149	budget	150
batter 動	79	blast	148	bump	31
batter 名	146	blaze	149	burp	30
battery	146	bleach	149, 334	by	217
battle	146	bleak	149		
battlefield	146	bleed	148, 334	**Ⓒ**	
beat	146	blister	148	cab	219
beetle	33	blood	148	cabbage	152
before	56	bloom	148	cabin	219
behind	293	blow	148	cabinet	219
believe	336	bluish	81	cage	256
bellows	150	bold	148	call	293
belly	150	bomb	27	calling	293
benefit	223	bong	31	cancel	166
bereaved	336	bossy	86	candela	404
beware	142	bounce	31	candid	404

426

candidate	404	caution	254	circuit	156, 390
candle	404	cautious	85, 254, 357	circular	156
cap	152	cave	256	circulator	156
capable	153	cavity	256	circumstance	156
capacity	153	cell	166	circus	157
capital	155	cellar	166	cite	405
capsule	153	celling	166	claim	293
captain	155	cellular	166	clarify	88, 158
caption	152	center	260	clash	27, 101
captive	152	centipede	178	classify	88
capture	152	central	76, 260	clatter	79
car	160	certain	399	clean	158
cardiac	165	certainly	399	cleanse	158
cardinal	165	certainty	399	clear	158, 393
cardiology	165	certificate	399	cleave	101
care	254	certification	399	clever	158
career	160	chance	388	click	27
careful	357	chandelier	404	client	349
carefully	89	change	261	climate	349
carpenter	160	chapter	152	climax	349
carriage	160	charge	160, 401	climb	349
carrier	160	chase	152	clinic	348
carry	160	chatter	27	clink	27
cart	160	check	355	clip	101
carve	101	chef	155	close	159
cascade	388	chew	27	closet	159
case (箱)	153	chief	155	cloudy	86
case (場合)	388	childish	81	coauthor	344
cash	153	choose	227	coeducation	46
cassette	153	chronic	420	cofounder	309
casual	388	chronicle	420	cognitive	273
casually	388	chronograph	420	coincidence	339, 389
casualty	388	chuckle	30, 77	coincident	389
catalog	277	cinema	405	collaborate	276
catch	152	cinematic	83	collaboration	276
cause	254	circle	156	collaborative	276

427

collateral	105	complement	185	cone	101
collect	226, 231	complementary	87	confectionery	82
collide	46	complete	47, 184	confess	47
colloquial	277	complex	182	confidence	47
colony	292	compliance	184	confident	321
color	166	complicated	182	confidential	47, 321
combat	146	compliment	185	confined	421
combination	46	complimentary	87	confirm	47, 96, 355
combine	253	comply	184	confuse	46
comfort	97	component	186	congested	46
comfortable	97	compose	186, 188	congress	299
command	364	comprehensive	357	conquer	47, 123
commemorate	47, 364	compress	119	conscience	193
commend	364	compromise	409	conscious	193
commerce	402	compulsory	118	consecutive	236
commercial	402	concave	256	consensus	413
commission	401	conceal	166	consent	413
commit	408	concede	259	consequence	236, 419
commodity	377	conceive	407	conservative	296
common	279, 361	concentrate	260	conserve	296
commonality	279	concept	407	consist	201
commune	365	concern	399	consistent	201
communication	365	concerned	399	consolidate	386
communist	279	concession	259	conspicuous	47
community	279	concise	47, 264	conspire	310
commute	365	conclude	47, 159	constant	200
compact	120	conclusion	159	constrain	289
company	46	concord	164	construction	368
compare	346	concourse	161	constructive	368
compartment	347	concrete	302	consult	363, 418
compass	179	concur	161	consultant	418
compassion	329	condemn	370	consume	284
compatible	329, 347	condition	221, 350	consumer	284
compel	118	condominium	414	consumption	284
compensation	372	condone	267	contact	75, 132
competitive	347	conduct	266	contain	133, 339

428

contemporary	287	courageous	164	customary	87
contest	313	course	161	cut	101
contract	319, 367	cover	219	cute	101
contraction	319	coworker	46	cutlery	82
contradict	220	crack	27	cycle	157
contrary	87	crackle	77	cyclone	157
contrast	319	create	302		
contribute	330, 343	creation	302	**D**	
contribution	343	creative	302		
contributor	343	creature	302	damage	370
controversial	330	credibility	416	damn	370
convenient	325	credible	416	danger	305
convention	325	credit	416	dangerous	85
convert	328	creed	416	dangle	77
convertible	328	crime	398	dash	80
convex	256	criminal	398	date	267
convey	392	crisis	398	dazzle	77
convict	138	criteria	398	debate	51, 146
convince	138	critic	398	debt	267
convincing	138	critical	398	decay	389
cooperation	46, 337	criticism	398	decease	337
coordinate	360	criticize	398	deceive	407
cordial	164	crude	128	decentralize	260
core	164	cruel	128	decide	51, 75, 264
corner	101	crystal-clear	158	decision	264
corporation	337	cultivate	292	decisive	264
correct	47, 333	culture	292	declare	51, 158
correspond	197	cumulative	248	decline	49, 348
correspondence	197	cumulus	248	decode	48
corrosion	189	cure	254	decrease	49, 75, 302
corruption	129	curious	85, 254	dedicate	220
cost	373	curl	156	deduction	266
cough	27, 30	currency	161	deepen	55
count on	307	current	161	defect	223
counterfeit	95	cursor	161	define	51, 421
courage	164	curve	156	deflation	149
				defy	50

429

degrade	299	destroy	368, 371	discard	48
degree	299	destruction	50, 368	disciple	403
dehydrate	48	destructive	368	discipline	403
delay	108	detach	48, 73, 132	disclose	159
delicate	111	detail	356	discord	164
delicatessen	111	detailed	356	discount	50
delicious	111	detain	133	discourage	164
delight	111	deter	391	discover	219
deliver	48, 107	deteriorate	391	discrimination	398
deluxe	110	determine	51, 265, 285	disease	50, 244, 337
demand	364	determined	285	dishonest	50
demanding	364	detour	206	disinclination	348
dementia	322	detox	48	dismal	228
demerit	50, 402	devastated	137	dismiss	408
demolish	51, 80, 371	diabetes	52	dismissal	408
denounce	51, 397	diagnosis	52, 273	dismount	233
deny	51	diagonal	52	disorder	50, 360
deodorant	48	diagram	52	dispense	372
depart	48	dialect	52	disperse	196
department	311	dialog	52, 277	display	183, 188
departure	311	diameter	52	disposable	187
depend	49, 306	diaper	52	disposal	187
deposit	49	diarrhea	52	disproof	395
depreciate	49, 312	dictation	220	disprove	395
depress	49, 119	dictator	221	disrespect	50
derail	48	dictionary	220	disrupt	129
deregulation	50	differ	239	dissent	413
derive	48	diminish	80, 394	dissolve	417
descend	49	direct	333	distance	200
descendant	49	dirt	291	distinct	379
describe	121, 181, 192, 209	dirtiness	291	distinguish	379
desert	238	dirty	291	distort	381
deserve	296	disability	50	distract	48
design	353	disadvantage	50	distribute	343
designate	353	disagree	50	distribution	343
dessert	296	disappear	50	distributor	343

district	289	drown	167	emerge	229, 231
disturb	206	drum	27	emergency	229
ditto	221	dry	167	emigrate	352
diverse	243, 328	duct	266	emission	408
diversify	88	due	267	emit	53
doctor	403	dunk	33	emotion	53, 331
doctrine	403	duplicate	183	employ	54
document	403	durability	268	enclose	159
dogma	403	durable	268	encourage	164
domain	414	duration	268	encyclopedia	157
dome	414	during	268	endanger	54
domestic	83, 414	dusty	86	endurance	268
domesticated	414			endure	268
dominant	414	**E**		energy	208
domination	414	each	246	enforce	54
donation	267	ease	244	engine	270
donor	267	easily	89	English	81
dose	267	easy	244	engrave	175
double	182	eccentric	260	enjoy	54
double-check	355	education	266	enlarge	54
downgrade	298	effect	222, 419	enroll	54
draft	366	eject	274	ensure	54
drag	366	elaborate	276	entertain	133
drain	167	elect	226	entitle	54
dramatic	83	electrocardiogram	165	envelope	54
drastic	83	elementary	87	environment	54, 351
draw	366	elevate	104	envoy	392
dread	241	eligible	226	epicenter	260
drench	167	eliminate	53	equal	125
drink	167	elimination	320	equality	125
drip	167	else	410	equation	125
drizzle	77, 167	embarrass	321	equity	125
drool	167	embassy	217	equivalent	125, 314
droop	167	embody	54	eraser	189
drop	167	embrace	321	erect	227
drought	167	emend	374	erode	189

431

eruption	129	expensive	372	fear	241
establish	80, 200	experience	304	feather	94
estate	200	experiment	304	fee	401
ethical	76	expert	304	feeling	331
evacuate	137	expertise	304	ferry	239
even	246	expire	310	fiction	223
event	53, 325	explicit	183	field	181
every	246	export	53	fill	184
evict	138	expose	187, 187	filthy	95
evident	362, 393	express	119	final	421
evolution	315	expression	53, 231	finance	421
evolve	315	extend	74, 286	fine	401
exact	255, 308	extinction	379	finding	419
examine	363	extinguish	379	finish	80, 421
excavation	256	extract	53	finite	421
exceed	259, 338	extraordinary	360	firm	96, 387
except	318	extravagant	137	first	56
excess	259	eyewitness	143	fit	237
excessive	259			fix	375
exchange	262	**F**		flag	181
excite	405	fabricate	95	flame	149
exclude	53, 74, 159	facilitate	222	flare	149
excursion	161	facility	222	flat	181
excuse	254	facsimile	384	flaw	95
exemption	284	fact	222	flee	169
exert	238	factor	222	fleet	169
exhibit	100	factory	222	flicker	79
exist	201	failure	95	flight	169
exit	53, 390	faint	94	flip	181
expand	74, 177	fake	95	float	168
expect	301, 318	fall	94	flood	168
expedite	178	false	95	floor	181
expedition	178	famous	85	flow	168
expend	372	fantastic	83	flower	149
expenditure	372	fast	96	fluctuate	169, 243
expense	372	fasten	55, 96	fluent	168

fluid	168	fund	309	give	185
flush	168	fundamental	309	glacier	171
flutter	79	funny	86	glad	170
flutter	181	fur	94	glance	170
flux	168	furnish	80	glare	170
fly	169	furry	94	glass	170
foam	94	fuzzy	94	glaze	171
foggy	86			gleam	171
fool	95, 291	**G**		glee	170
foolish	81, 291			glimmer	79, 171
foolproof	291	gain	98	glisten	171
for	56	gargle	27, 77	glitter	79, 171
force	96, 235	gather	98	glitzy	171
forearm	56	gaze	98	global	76
forecast	56	gene	270	glory	171
forehead	56	general	270	gloss	171
foresee	56	generate	270	glow	171
forge	95, 96	generation	270	gold	170
form	96	generous	271	gorgeous	247
formal	76, 96	genetic	83, 270	grab	98
former	56	genius	271	grace	173
fort	96	genocide	264	gradation	298
forth	56	genome	270	grade	298
forward	56	genre	270	gradual	298
foul	95	gentle	271	graduation	298
found	309	genuine	271, 347	graffiti	174
foundation	309	geographer	272	grain	175
founder	309	geographic	272	grammar	174
fraction	36	geography	174, 272	grand	173
fracture	36	geologist	272	grandparent	173
fragile	36	geology	272	grasp	98
fragment	36	geometry	272	grate	175
fraud	95	geophysics	272	gratitude	84, 173
frazzle	77	geothermal	272	gratuity	173
frighten	55	get	98	grave	173, 175
frizzle	77	giggle	30, 77	gravity	173
		girlish	81		

433

gray	172	hatred	248	**I**	
grayish	81	have	100	icebreaker	37
great	173	hazard	305	identify	88
grief	172	heal	358	ignore	273
grieve	172	healing	358	illegal	60, 332
grim	172	health	358	illogical	60
grin	30	healthy	358	illumination	110, 320
grind	175	heinous	248	illustrate	110, 181
grip	98	hemisphere	243	imaginary	87
gripe	172	hiccup	30	immediate	230, 261
grizzle	172	hide	293	immerse	229
groan	172	hierarchy	218	immersion	229, 231
groove	175	hinder	293	immigrant	352
gross	173	hive	100	immigrate	352
groundbreaking	37	hold	100	immigration	352
grump	172	hole	257	immoral	60
grumpy	172	holistic	358	immune	365
guard	142	hollow	257	immunity	365
guffaw	30	holy	358	impact	59, 120
gurgle	77	holyday	358	impatient	329
		home	100	impede	178
H		homicide	264	implement	184
habit	100	homonymous	396	implicit	183
habitat	100	honestly	89	imply	183, 188
half	243	honorary	87	impolite	60
hall	257	horrify	88	import	58
hallway	257	horror	176, 241	impose	59, 187
halve	243	house	100	impotent	234
handy	86	humorous	85	impress	119
happen	162	hurt	176	impression	59, 231
happily	89	husband	100	impulse	59, 118
harass	176	hut	100	inauthentic	344
hard	387	hydraulic	141	incident	59, 327, 389
harden	55	hydrogen	141, 271	incidentally	389
harsh	176	hydrophobia	141	incite	405
hate	248				

434

inclination	348	
incline	348	
include	58, 74, 159	
income	58	
inconsistent	60	
inconvenient	60	
incorrect	60	
increase	49, 58, 75, 302	
incredible	416	
incur	161	
indemnify	370	
independent	306	
index	220	
indicate	220	
indict	221	
indictment	221	
indie	306	
indifference	60	
indigenous	270	
industry	368	
inevitable	60	
infamous	60	
infant	60	
infect	223	
infer	239	
infinity	421	
inflate	149	
influence	121, 169	
influx	168	
inform	58	
infrastructure	368	
infringe	36	
ingenious	271	
ingenuity	271	
ingredient	299	
inhabitant	100	

initial	390	
initiative	390	
inject	274	
injury	60	
innate	280	
innocent	60, 281	
innovation	324	
innovative	324	
inpatient	329	
inquire	123	
insane	130	
insect	191	
insecticide	264	
insert	58, 238	
insist	59, 201	
inspect	300, 363	
inspiration	310	
inspire	310	
instinct	378	
instruction	368	
instrument	368	
insult	59, 418	
intact	132	
intangible	133	
intellect	226	
intend	286	
intense	286	
intensive	286	
interchange	262	
interchangeable	262	
interdict	221	
intermediate	261	
intermittent	409	
interpret	312	
interrupt	129	
introduce	266, 338	

introduction	266	
invalid	314	
invariable	242	
invent	58	
invention	325	
invest	320	
investigate	363	
investigation	320	
invite	58	
invoice	392	
involve	58, 315	
Irish	81	
irregular	60	
irresponsible	197	
issue	124, 225	
itinerary	390	

J

jealous	213
jealousy	213
jet	274
jewelry	82
Jewish	81
jingle	77
journey	207
justify	88

K

keen	101
keep	153
kick	101
kill	101
kinetic	405
know	273

L

labor	276
laboratory	276
laborious	276
lace	102, 336
ladder	103
lag	335
lake	109
lamp	110
lance	103
lantern	110
lap	212
laptop	212
lariat	102
last	108
late	108
later	108
lateral	105
latest	108
latitude	84
latitude	105
laugh	30
launch	103
laundry	109
lava	109
lavatory	109
lavish	109
law	335
lay	103, 336
lazy	107
leak	109
lean	103, 349
leash	102
leg	103
legacy	332
legal	332
legendary	87
legislate	332
legislation	332
lengthen	55
lengthy	102
let	108
level	105
lever	104
leverage	104
liability	106, 199
liable	106
liberty	107
lie	103
lift	104
light	104
light	110
limit	290
limitation	290
line	102
linear	102
linger	102, 108
liquid	109
liquor	109
literacy	154
literary	87
little	121
load	247
locket	127
log	103
logic	277
logical	277
logistics	103
logo	277
-logy	277
long	102
longitude	84, 105
loop	102
loophole	257
loose	107
lotion	109
loyal	332
loyalty	332
lucid	110
lucidity	110
luckily	89
lunar	110
lux	110
luxury	82, 110

M

machinery	82
maestro	114
magic	232
magical	76
magnificence	114
magnify	114
magnitude	84, 114
maintain	113, 133
major	114
make	113
malady	228
malaria	228
malevolent	228
malfunction	228
malice	228
malignant	228
malnutrition	228
malpractice	228
malware	228
manage	113
mandate	364

436

mandatory	364	merger	229	modular	376
manner	113	merit	402	modulate	377
manor	323	message	409	modulation	377
mansion	323	messenger	409	module	376
manual	113	metaphor	239	moist	112
manuscript	192	midday	261	moisture	112
many	114	middle	261	monarch	218
marine	112	midnight	261	more	114
market	402	migrate	352	moss	112
marsh	112	mild	113	most	114
marvelous	232	mince	394	mound	233
mash	113	mind	322	mount	233
mass	115	mindset	35	mountain	233
massive	115	mingle	113	mountainous	85
master	114	minimal	394	mountainous	233
masterpiece	114	minimum	394	much	114
material	382	minister	394	muddle	78
maternal	382	minor	394	muddle	113
maternity	382	minus	394	multiple	182
matter	382	minute	394	multiply	182
maxim	114	minutes	394	mumble	78
maximum	114	miracle	232	municipal	279
mayor	114	mirage	232	municipality	279
media	261	mirror	232	mush	113
medium	261	mislead	335	mutant	365
mega-	114	misread	335	mutual	365
melt	113	missile	408	mysterious	85
memorial	322	mission	408		
memorize	322	mist	112	**Ⓝ**	
memory	322	mix	113	naïve	280
mend	374	mode	376	nanny	280
mental	322	model	376	nasty	281
merchandize	402	moderate	377	nation	280
merchant	402	modern	377	nationality	280
mercy	402	modest	377	native	280
merge	112, 229	modify	88, 377	natural	280

437

nature	280	occupy	63, 153	pair	346
nausea	281	occur	63, 161	palm	180
neglect	226	octopus	179	pamphlet	177
nervous	85	offense	63	pan	177
newly	89	offer	63, 239, 339	pandemic	177
noise	281	omit	409	panorama	177
noisy	86	omnipotent	234	pantomime	177
nominal	396	onomatopoeia	396	parade	346
nominate	396	opponent	63, 186	paradox	403
normal	361	opposition	63, 186, 188	parallel	346
notify	88	orbit	390	paramount	233
noun	396	order	360	parcel	166
nourish	80, 280	ordinary	360	pardon	267
novel	324	organ	406	part	311
novelty	324	organic	406	participate	311, 407
nuisance	281	organization	406	participle	311
numerous	85	organize	406	particle	311
nurse	280	organized	406	particular	311
nursery	280	organizer	406	particulate	311
nutrition	280	original	76	partner	311
nutritious	280	orthodox	403	party	311
		out of order	360	pass	179

O

		outbreak	37	passage	179
object	62, 274, 338	outcome	419	passenger	179
objection	62	overlap	212, 334	passion	329, 331
obligation	106	overload	247	passive	329
observation	296	overwrap	334	pastry	82
observe	296	oxygen	271	paternal	382
obsess	62			path	179

P

obsession	415			patient	329
obstacle	62	pack	120	patriot	382
obstruct	62, 368	package	120	patron	382
obtain	62, 99, 133	packet	120	patter	79
obvious	392	pact	120	pattern	382
occasion	388	page	120	peak	117
occupation	63, 153	pain	117	peck	117

438

pedal	178	plenty	184	preside	415
pedestrian	178	point	116	president	415
pen	117	poisonous	85	press	119
penalty	117	polish	80	pressure	119
pending	306	polite	357	presumably	284
penetrate	117	pose	187	presume	284
pension	373	position	187	pretax	57
per capita	155	positive	187	prevail	314
perceive	407	possess	234	prevent	325
perfect	223	possession	234	preview	57
perfect	304	possible	234	previous	392
perform	304	postpone	186, 188	price	312
perhaps	162	postscript	192	prick	116
peril	304	potent	234	primary	87, 342
period	269	potential	154, 234	prime	342
perish	390	pout	116	primitive	342
permanent	304, 323	power	234	prince	342
permission	409	praise	312	principal	342
permit	409	precious	85, 312	principle	342
perpendicular	306	precise	255, 264	print	119
persecute	236	precision	264	prior	342
persist	201	precooked	57	prioritize	342
perspective	301, 304	predecessor	259	priority	342
pick	116, 227	predict	221	privilege	332
pictograph	174	prefer	239	prize	312
pierce	117	preference	239	probable	395
pin	116	pregnant	271	probe	395
pinch	117	prehistoric	57	problem	124
place	180	prejudice	57	procedure	258
plain	180, 245	preliminary	288	proceed	258, 358
plan	180	prepaid	57	process	258
plane	180	preparation	57	processed	258
plant	180, 224	prepare	346	produce	266, 338
plate	180	prescience	193	profit	223
plateau	180	prescribe	192	profound	309
pleat	182	preserve	296	program	174

progress	299	quality	122	rear	66
project	274	quantity	122	reason	282
promise	408	quest	123	reasonable	282
promote	57	question	123	rebate	146
pronoun	396	questionnaire	123	reboot	64
pronounce	397	quick	245	rebound	67
pronunciation	397	quiz	122	recall	64, 293
proof	395	quota	122	receipt	407
propel	118	quote	122	receive	407
propeller	57			recess	259
propose	186	**Ⓡ**		recession	259
prosecute	236	rabble	128	recital	405
prospect	301	race	336	recite	405
protect	57	rag	335	recline	75, 348
protest	313	rage	128	recognition	273
Protestant	313	raid	128	recognize	273
prove	395	raider	128	recommend	364
provide	185, 362	rainy	86	reconsider	64
province	138	rally	106	record	164
provisional	288, 362	ram	128	recover	219
publish	80	ramble	78	rectify	375
pulsation	118	ramp	111	recur	161
pulse	118	rap	212	recycle	157
punch	116	rapid	128	reddish	81
punctual	116	rate	282, 401	reduce	266
puncture	116	rather	128	redundancy	412
punish	80, 117	ratio	282	redundant	412
purchase	152	rational	282	reel	126
purify	88	rationalize	282	reference	239
purpose	186	rattle	78	refine	421
pursue	237	raw	128, 335	reflect	67
push	80, 118	ray	336	refrain	66
put	34	razor	189	refugee	352
		react	67	refundable	309
Ⓠ		read	282	regal	333
qualify	88	real	76, 347	regard	142

440

region	333	represent	65	reveal	66
regress	299	reputation	65	revenue	325
regret	64	request	123	reverse	66, 328
regular	333, 361	require	123	revise	362
regulation	333	reroute	292	revival	135
rehabilitation	100	research	65, 157, 363	revive	135
reject	274, 338	resell	64	revolution	315
relax	107	resemble	384	revolutionary	87
release	107	resent	413	revolve	315
relieve	104	reservation	296	rewrite	64
reluctant	66	reserve	296	riffle	78
rely	65, 106	resident	65, 415	right angle	333
rely on	307	resign	353	riot	128
remain	66, 323, 339	resist	201	rip	128
remainder	323	resolution	417	risk	305
remaining	323	resolve	65, 417	road	326
remarkable	65	resort	65, 283	rocket	127
remedy	375	resource	65, 208	role	126
remember	322	respect	300	roll	126, 263
remind	322	respiration	310	romantic	83
reminder	322	respire	310	roomy	86
remote	66	respond	67, 197	rope	126
remove	66	response	197	rotary	126
rename	64	responsibility	197	rotate	126
renew	324	restrain	289	rough	128
renewable	64, 324	restriction	289	round	126
renounce	397	restructure	64, 368	route	292
renovation	324	result	67, 418	routine	292
renowned	396	resume	284	royal	333
repair	346, 375	retail	356	royalty	333
repeat	64	retailer	356	rude	128
repel	118	retain	133	ruin	128
replace	66	retire	66	rule	333
replica	183	retract	66	rumble	78
replicate	183	return	75, 206	rupture	129
reply	67, 198	reuse	64	rush	80, 128

441

rustle	78	segregate	71	short	190

S

		select	71	shorten	55
		select	226, 231	shortly	89
sake	236	self-centered	260	shred	190
salty	86	self-discipline	403	sign	353
same	385	selfish	81	sign language	353
sane	130	semiannual	380	signal	353
sanity	130	sensation	413	signature	353
satisfy	88	sense	413	significant	353
scar	191	sensible	413	silent	130
scary	86	sentence	413	silk	194
scatter	191	sentiment	413	similar	384
science	193	separate	71, 346	similarity	384
scissors	264	sequence	236	simple	182, 245, 385
score	191	serene	130	simplify	88
Scottish	81	serial	238	simulate	384
scrap	191	series	238	simulation	384
scratch	191	serious	130	simultaneous	385
scratch	192	servant	296	simultaneously	385
script	192	serve	296	single	385
sculpture	191	session	415	sit	35
search	157	set	35	situation	350
seat	35	settle	35	skill	154
secede	71	setup	35	skinny	86
seclude	159	shake	27	skirt	191
second	236	shape	97, 190	slack	195
secondary	87	share	190	slam	33
secret	71, 398	sharp	190	sled, sledge	194
secretary	71	sharpen	55	sleeve	194
section	191	shatter	190	sleigh	194
secure	71	shave	190	slender	194
security	71, 254	shear	190	slick	194
see	143	shimmer	79	slide	194
seek	236	shirt	190	slim	194
seem	385	shiver	79	slime	195
segment	191	shop	224	slip	194

sloppy	195	specify	88	stiff	203, 387
sloth	195	spectacle	301	stigma	203
slow	195	spectator	301	still	202
slowly	89	speculate	301	stimulate	378
sludge	195	spend	372	stimulus	378
slug	195	spicy	86	sting	378
sluggish	195	spin	263	stingy	378
slurp	27, 195	spirit	310	stitch	378
sly	195	spit	196	straight	289
small	121	splash	196	strain	289
so	130	sponsor	197	street	326
society	237	spontaneous	197	strengthen	55
solemn	386	spouse	197	stretch	289
solicit	386, 405	spray	196	strict	289
solid	257, 386	spread	196, 209	string	289
solidarity	386	sprinkle	196	strongly	89
solider	386	sprout	196	structure	368
solidify	386	sputter	196	struggle	78
solidity	386	stable	200, 209	stubborn	203
solitude	84	stain	203	stuck	202
solution	417	stall	202	stuff	203
solve	417	stance	200	sturdy	203
sore	176	star	202	stylish	81
sorry	176	stare	202	subcontractor	69
sort	283	static	202	subculture	69
sort out	283	station	200	subject	274
sorter	283	stationary	202	subliminal	69
sound	130	stationery	82	submarine	69
source	208	statistic	202	submerge	229
span	372	statue	200	submit	409
Spanish	81	status	200	subordinate	360
sparkle	78	stay	202	subscribe	192
spatter	196	steady	203	subsequent	236
special	301	stick	203	subside	415
specific	301, 303	sticker	203	subsidiary	415
specification	300	sticky	203	subsidy	415

443

substance	200	swamp	205	temperature	287
substitute	69	swan	205	temple	287
subtitle	69	swash	205	tempo	287
subtle	69	sway	204	temporary	287
suburban	69	sweep	204	tempt	287
subway	69	swerve	204	temptation	287
succeed	258	swift	205	tend	286
success	258	swim	204	tension	286
suffer	239	swing	204	tentative	288
suggest	69	swipe	204	term	269, 285
suicide	264	swirl	204	terminal	285
suit	237	swish	204	terminate	285
sunny	86	switch	204	terrible	391
supervise	362	swivel	204	terrific	391
supplement	184	swoop	205	terrify	88, 391
supplementary	87	symbol	72	terror	241, 391
supply	184	symmetry	72	terrorist	391
suppose	186	sympathy	72, 329	test	313
suppress	119	symphony	72	testify	313
surcharge	68	symptom	72	testimony	313
sure	71	synchronize	72	texture	132
surface	68	synchronize	420	thicken	55
surge	208, 209	synergy	72, 208, 209	thorough	240, 357
surgeon	406	synonym	396	threat	240
surgery	406	synthetic	72	threaten	240
surname	68	system	72	thrill	240
surpass	68, 179			throat	240
surplus	68	**T**		throttle	240
surround	68, 412			through	240
surrounding	350	tailor	356	tickle	78
survey	68, 362	tailored	356	toddle	78
survive	68, 135	take	132	toddler	78
suspect	301	tangible	133	toiletries	82
suspend	306	taste	132	toll	400
sustain	133	technique	133	too	131
swallow	205	telegram	174	torch	381
		temper	287		

tornado	381	tripod	178	urge	208, 209
torque	381	truck	367	urgent	208, 230
torsion	381	trust	307	usual	76
torsional	381	turban	206	usually	89
torture	381	turbine	206		
touch	132	turbulence	206	**Ⓥ**	
tour	206	turmoil	206	vacancy	136
trace	367	turn	206, 263	vacant	136
track	367	turnover	263	vacate	136
tractor	367	twinkle	78	vacation	136
trade	367	typical	361	vacuum	136
tradition	220, 359			vague	137
traditional	76	**Ⓤ**		vain	137
traffic	359	ultra-	410	validate	314
trailer	367	unable	61	valuable	314
train	367	unanimity	411	value	314
transaction	359	unanimous	411	vanish	80, 137
transceiver	359	uncertainty	399	variable	242
transcript	192	unconscious	193	variance	242
transfer	239, 359, 339	uncover	219	variant	242
transform	339, 359	undo	61	variation	242
transfuse	359	uneasy	61	variety	242
transit	359, 390	uneven	246	various	242
transition	359	unfair	61	vary	242
transparent	359	unfamiliar	61	vast	137
transport	359	unfortunate	61	vegan	135
traumatic	83	universal	328	vegetable	135
travel	207	unlike	61	vehicle	392
treat	367	unload	61	vein	392
tremble	78	unlock	61	velocity	134
trench	367	unpack	61	venture	325
tribe	343	untouchable	61	venue	325
tribute	343	unwrap	61	verdict	221, 354
trickle	78	upgrade	298	verification	354
trip	207	upset	35	verify	88, 354
triple	182	upturn	263	versatile	328

445

versus	328	way	326, 392	xylography	174
vertical	328	weaken	55		
very	131, 354	wealthy	86	**Y**	
vibrant	134	weight	392		
vibration	134	well	140	yell	27
vice versa	328	wet	140		
victor	138	whiskey	140	**Z**	
victory	138	whole	358		
view	362	wholesaler	358	zeal	213
vigil	142	wiggle	78	zealous	213
vigor	134	winter	140		
vigorous	134	wire	211		
violate	134	wise	143		
violence	134	wit	143		
viral	134	witch	143		
visible	362	withdraw	366		
visit	390	withdrawal	366		
visual	362	witness	143		
vital	135	wobble	78		
vitamin	135	workload	247		
vivid	135	worm	211		
vodka	140	worry	211		
void	137	worsen	55		
volume	315	wrap	211		
		wrench	210		
W		wrest	210		
		wrestling	210		
wagon	392	wriggle	211		
wait	142	wring	210		
wake	142	wrinkle	211		
wash	140	wrist	210		
waste	137	write	210		
watch	142	wrong	211		
watchdog	142				
water	140	**X**			
waterproof	395				
waver	79	xylography			

446

著者紹介

すずき ひろし

英語講師でイラストレーター。ベストセラー『英単語の語源図鑑』（かんき出版）シリーズの共著者で英単語イラスト図解化の考案者。単語の意味や英文法をイラスト図解でわかりやすく説明する方法を追求する。

神奈川県相模大野「おとなのための英語塾」やカルチャーセンターで、初歩の英語から受験英語、ビジネス英語など幅広く教える。

著書に、『英語学習劇場 前置詞おはなし絵巻』（ベレ出版）、『やさしい英単語の相性図鑑 語感でわかるコロケーション』（ソシム）、『英語ぎらいもコレならわかる！英文法の解剖図鑑』（青春出版社）、『50歳からの語源で覚えて忘れない英単語1450』（PHP研究所）、『都市伝説的英単語の不思議探訪』（KDP）などがある。

◉── カバーデザイン	神谷 利男デザイン株式会社
◉── DTP	清水 康広
◉── 本文イラスト	すずき ひろし
◉── 校正	仲 慶次

語源 × 語感 × イメージで ごっそり覚える英単語事典

2025年4月25日　　初版発行

著者	**すずき ひろし**
発行者	**内田 真介**
発行・発売	**ベレ出版** 〒162-0832　東京都新宿区岩戸町12レベッカビル TEL.03-5225-4790　FAX.03-5225-4795 ホームページ　http://www.beret.co.jp/
印刷	**モリモト印刷株式会社**
製本	**根本製本株式会社**

落丁本・乱丁本は小社編集部あてにお送りください。送料小社負担にてお取り替えします。
本書の無断複写は著作権法上での例外を除き禁じられています。購入者以外の第三者による本書のいかなる電子複製も一切認められておりません。

©Hiroshi Suzuki 2025. Printed in Japan

ISBN 978-4-86064-792-6 C2082　　　　　　　　　　編集担当　綿引ゆか

前置詞のイメージを楽しく学ぶ
英語学習イラスト活劇

中学レベルのやさしい英文で前置詞を感じる！
アクションあり！涙あり！
ドキドキの78シーンにちりばめられた前置詞
高校レベルの使い方までわかる

英語学習劇場 前置詞おはなし絵巻 ［音声DL付］

すずきひろし（文・イラスト）
208頁 / A5判 / 本体価格 1600円
ISBN 978-4-86064-692-9